CW01467746

Español Lengua Extra

Preparación al examen

Transcripciones y
Respuestas explicadas

Especial
DELE B2
Curso completo

Curso:
Pilar Alzugaray
Modelos de examen:
Pilar Alzugaray
María José Barrios
Paz Bartolomé

edelsa
GRUPO DIDASCALIA, S.A.

ÍNDICE

EXAMEN 1. Información, medios de comunicación y sociedad

Pistas 1-6. Tarea 1, p. 25

Pista 1   **Conversación 1**

Narrador: Va a escuchar a dos personas hablando sobre una información.
Hombre: ¿Te has enterado de lo de María Tenorio…?
Mujer: ¿La cantante? Cuenta, cuenta…
Hombre: Pues dicen que está saliendo con el torero Julio Romero.
Mujer: ¡Me dejas de piedra…! Pero si ella es mucho mayor que él… Y además, se ha quedado viuda hace poco.
Hombre: Ya, pero es una mujer encantadora y muy atractiva…
Mujer: Uf, ¡cómo van a estar esta semana las revistas del corazón…!

Pista 2   **Conversación 2**

Narrador: Va a escuchar una conversación que tiene lugar en el portal de una casa.
Hombre: Buenas tardes, Sra. de Alonso. Aquí tiene su correspondencia. Por cierto, le ha llegado un correo certificado; pero no lo han dejado porque se lo tienen que entregar en mano.
Mujer: Muchas gracias, Víctor. Espero que no sea ninguna multa de tráfico, porque mi hijo me mete en cada lío cuando me coge el coche… ¡Y ahora tengo que ir hasta Correos, que está en el quinto pino…!
Hombre: Lo siento, señora.

Pista 3   **Conversación 3**

Narrador: Va a escuchar una conversación telefónica.
Mujer: Quería poner una reclamación porque en el recibo aparece una llamada de 18 € desde Alemania que yo no he hecho.
Hombre: Pues aquí nos consta que usted aceptó una llamada a cobro revertido desde ese país el día 7 de abril.
Mujer: ¡Pues no me lo explico…!
Hombre: ¿Y no habrá sido algún familiar o…?
Mujer: ¡Pero ya le he dicho que eso es imposible, porque vivo sola!

Pista 4   **Conversación 4**

Narrador: Va a escuchar una conversación sobre una noticia.
Mujer: ¡Pero si la noticia ha aparecido en todas las portadas con titulares así de grandes! ¡Cómo es posible que no te hayas enterado!
Hombre: Es que me acabo de despertar…
Mujer: ¿A estas horas?
Hombre: Es que esta noche no he podido pegar ojo.
Mujer: Sí, realmente tienes muy mala cara… Pero, venga, enciende la tele, que empieza la rueda de prensa del ministro.

Pista 5   **Conversación 5**

Narrador: Va a escuchar una conversación entre una madre y un hijo.
Mujer: Guille, hijo, deja ya de zapear y ponme la 8, que quiero ver las noticias…
Hombre: Ya, es que estoy viendo las carreras de motos y el partido de Nadal…
Mujer: Anda, vete a estudiar… y deja ya el mando.
Hombre: Pero si ahora en la 8 ponen un documental y además hay anuncios, mira.
Mujer: ¿Lo ves? ¡Has metido la pata! ¡Ya han empezado las noticias…! ¡Uf…!

Pista 6   Conversación 6

Narrador: Va a escuchar una conversación entre una abuela y su nieto.

Mujer: Jaime, ¿cómo puedo encontrar el documento?

Hombre: Pues, mira, abuela… Primero tienes que entrar en esta página, ¿ves?; y luego pinchas en este enlace azulito… ¡Y ya está!

Mujer: ¡Qué maravilla! Oye, ¿y para hablar con tu hermano en Alemania?

Hombre: Pues por videoconferencia… ¡Es muy fácil! Ahora te lo explico. ¿Conseguiste instalar el antivirus?

Mujer: Sí, de casualidad. Bueno, me ayudó tu madre…

Hombre: ¡Abuela, estás hecha una experta!

Pista 7. Tarea 2, p. 26

Iker: Hay trabajos y documentales que nos cuentan cosas increíbles, alucinantes pero, misteriosamente, nadie ha reaccionado ante ellas hasta que ha aparecido Zeistgeist. ¿Creéis en las teorías de la conspiración en la Red? En las redes, el 89,7% cree en ellas, frente al 10,3 % que no. Esos argumentos se han convertido en vídeos, que han usado la red para llegar a todos. El documental Zeistgeist ha tenido tantas visitas que ya no es solo un documental, sino un movimiento social.

Soledad: En Zeistgeist hay un dato muy importante en la ficha técnica: la dirección, el guion, el sonido y el montaje están hechos por Peter Joseph; y todo ello con medios técnicos muy escasos. Cincuenta millones de visitas han resucitado la idea de que una sola persona, gracias a Internet, puede conmover a millones de conciencias, por medio de un documental, maravilloso para unos y terrible para otros.

Iker: Lo que pasa es que estamos viviendo cambios brutales en la información. La Red es una ventana abierta al mundo, a veces peligrosa, puesto que parece que no hay filtro alguno.

Soledad: Zeistgeist está dividido en tres partes a cual más polémica. En la primera parte, dice que Jesús de Nazaret no es más que la unión del mito del dios solar y otros mesías nacidos el 25 de diciembre. Hay datos de otros autores que vienen a decir esto mismo, pero no hubo respuesta ni a favor ni en contra por parte de teólogos y otros expertos. Entonces llega Zeistgeist y tiene 50 millones de visitantes, sin publicidad en los medios; su autor prácticamente no ha dado entrevistas ni conocemos su cara y sin embargo, la respuesta a este documental ha sido tremenda desde el mundo académico, religioso, etcétera.

Iker: El vídeo no aporta nada nuevo, pero la presentación, muy emotiva, el ritmo, casi apocalíptico, son tremendamente eficaces. El vídeo es muy *amateur*, pero… ¿Por qué triunfa Zeistgeist?

320 palabras   *Adaptado de Milenio3. «Conspiración en la Red: Zeistgeist». Cadena SER.*
www.ivoox.com

Pista 8. Tarea 3, p. 27

Presentadora: Faltan pocos días para que lleguen los Reyes Magos cargados de regalos. Algunos, los más afortunados, ya habrán recibido la visita de Papá Noel, y entre el amplio catálogo de regalos que se puede hacer tanto a grandes como a pequeños, siempre se cuelan los videojuegos. Hablamos con Carlos Iglesias, secretario general de aDeSe, Asociación Española de Distribuidores y Editores de Software de Entretenimiento; buenas tardes.

Carlos Iglesias: Buenas tardes.

Presentadora: ¿Qué momento atraviesan las empresas de creación de videojuegos en nuestro país?

CI: Hablando de consumo más que de producción, atraviesan un buen momento. A pesar de las circunstancias que todos conocemos, la disminución del consumo de todo tipo de bienes, existe un crecimiento del consumo familiar de este tipo de ocio, integrado en el hogar como una opción más de entretenimiento.

Presentadora: ¿Y desde el punto de vista de la creación?

CI: Pues el momento es difícil y las circunstancias actuales lo hacen aún más difícil. Pretendemos evitar que la crisis nos afecte y convertir nuestro país no solo en un lugar consumidor de videojuegos, sino también creador y productor.

Presentadora: Porque los creativos que hay en nuestro país siguen trabajando para empresas extranjeras…

CI: Lo cierto es que no hay una industria importante que tenga conocimientos en esta área y los creativos tratan de irse a una compañía donde tengan posibilidades de desarrollo profesional. Por eso hace falta crear aquí una estructura suficientemente atractiva como para que esos profesionales se queden y puedan desarrollar su carrera en videojuegos de procedencia española.

Presentadora: Se habla mucho del problema de la piratería tanto en la música como en las películas, pero también los videojuegos sufren la piratería, ¿no?

CI: Todos los medios digitales están condenados a ser descargados de Internet y, por tanto, también los videojuegos.

Presentadora: ¿En cuánto se calculan las pérdidas?

CI: Eso es difícil de calcular, sobre todo porque gran parte de la piratería se produce *on-line*, y es casi imposible de controlar. Hace años se trataba de productos físicos, pero actualmente es imposible cuantificar el volumen de descargas reales en España. Podemos decir que somos uno de los países con mayor número de descargas del mundo, por tanto el nivel de piratería es tremendamente preocupante y podríamos hablar del 50 o 60% del total del consumo de videojuegos.

Presentadora: Hay gente que opina que los videojuegos, por su contenido violento, pueden ser perjudiciales para los niños. ¿A usted qué le parece?

CI: Yo creo que se va superando esa opinión y ya queda lejos esa negatividad hacia los videojuegos, pues se va viendo que pueden ser útiles cuando se usan bien. Muchos desarrollan el intelecto, fomentan la creatividad, favorecen la socialización, son un elemento con el que padres e hijos pueden compartir momentos, etcétera.

Presentadora: Muchas gracias por haber atendido nuestra llamada.

469 palabras   *Adaptado de Entrevista de actualidad en R5. «Videojuegos»*
www.rtve.es/alacarta

Pistas 9-15. Tarea 4, p. 28
Pista 9   **Persona 0 (ejemplo)**
Hombre: ¿Qué buscan los jóvenes en Internet? ¿Qué tipo de relación tienen con esta red internacional? ¿Qué peligros hay detrás de la pantalla?
La compañía proveedora de Internet Yahoo España indica que el 60% de los jóvenes ya no se imaginan la vida sin Internet, y un 49% está conectado más de dos horas al día.
La opción correcta es la F.
Pista 10   **Persona 1**
Mujer: Trabajo toda la mañana con el ordenador, así que cuando llego a casa no tengo muchas ganas de usarlo, pero si lo hago es para buscar alguna información o para entrar en Facebook. Por medio de esta red social la gente puede saber todo de ti: dónde estudias, dónde vives, de dónde eres… y hay personas que se aprovechan de esto. Y para los niños es un peligro muy grande.
Pista 11   **Persona 2 (acento mexicano)**
Hombre: Yo tengo un amigo al que le robaron la contraseña de Twitter, y con ese dato empezaron a insultar a la gente en su nombre. Eso le creó un gran problema, porque las otras personas, los insultados, lo agarraron fuera de la computadora y ahí empezaron los problemas de verdad.
Pista 12   **Persona 3**
Mujer: Internet es una gran herramienta que se utiliza especialmente para recoger información. Los jóvenes, sin embargo, lo utilizan más para redes sociales y otras formas de comunicarse o actividades de ocio: juegos, chat, foros, etcétera.
Hay personas que pierden la noción del tiempo cuando están delante de un ordenador y solo piensan en estar conectados o jugando, y no pueden parar. Abandonan todas sus responsabilidades y obligaciones.
Pista 13   **Persona 4 (acento rioplatense)**
Hombre: Tengo aquí un informe en el que se indica que Norton, la compañía de antivirus, hizo un estudio sobre los intereses de los jóvenes al conectarse a Internet. El ganador absoluto fue el sexo; después videos y también las redes sociales, como medio de contacto con otra gente de cualquier sitio del mundo. El *ciberadicto* se conecta más de 30 horas semanales, desatendiendo estudios, vida familiar, social y laboral.

Pista 14   **Persona 5**

Mujer: No creo que se deban censurar contenidos de Internet, pero sí hay que tener un uso responsable. Para mí es el mejor medio de comunicación que existe, pero usándolo bien y teniendo sentido común: no podemos volcar en la Red toda la información. Con los niños hay que tener cuidado, porque hay contenidos sexuales, violentos, que hay que restringirles, porque son edades muy vulnerables ante ese tipo de temas.

Pista 15   **Persona 6**

Hombre: Internet tiene riesgos en forma de virus informáticos que ya conocemos todos. Si no tenemos nuestro equipo bien protegido, podemos ser víctimas de este virus que puede tomar el control de nuestro ordenador y usarlo para diversos fines que ninguno de nosotros desearíamos. También hay programas espía que se pueden colar y hacer un registro de nuestra actividad para enviarlo a empresas o individuos que pueden comerciar con los datos.

Adaptado de Mente abierta.
www.ivoox.com

Pista 16 . Tarea 5, p. 29

Sabemos que Internet se está imponiendo como el medio por excelencia para conocer gente, sobre todo cuando uno está intentando encontrar pareja. Al ser un medio muy nuevo, podemos oír historias de todo tipo. Nosotros queremos que aprendáis bien cómo es el medio, de qué va, cómo funciona y cuáles son las características que lo hacen especial.

Nos vamos a centrar en las primeras etapas, que es donde algunos pueden sentirse más desorientados. A medida que la relación vaya avanzando con normalidad, hay un momento en el que el éxito o el fracaso dependerá más de las habilidades sociales y personales que tiene cada uno que de las propias características de la Red.

El hecho de que Internet sea un lugar muy frecuentado está muy bien en principio, pero esto nos obligará a hacer una selección, con criterios muy subjetivos, ya que cada uno sabe lo que quiere y lo que está buscando.

Una primera regla de oro de Internet es que no todo el mundo nos vale ni a todo el mundo le valemos; y además esto está bien. Nos ayudará a aprender, a asumir y a practicar que podemos decirle que *no* a alguien cuando nos escriba y que también nos pueden decir que *no* a nosotros.

La accesibilidad quiere decir que nos ven y nosotros vemos también a mucha gente; es relativamente fácil que se comuniquen con nosotros. En el ser humano hay una regla importante, que es que nos vemos obligados a devolver el saludo a quien nos saluda, pero en Internet esto no es necesario u obligatorio. Tenemos gente que de pronto se siente escandalizada o sorprendida cuando reciben un correo con ofertas de matrimonio o sexo rápido y no hay que escandalizarse por esto, realmente. ¿Qué hay que hacer en estos casos? Imaginaos que vais por la calle y alguien os dice algo así, que no suena nada serio. En ese caso lo ignoramos, nos damos la vuelta y seguimos andando. Pues aquí haremos lo mismo: ignoramos y borramos.

La tercera característica de Internet es la rapidez. Internet se ha hecho para ganar tiempo, no para perderlo. Esta es la tercera regla de oro. Tenemos varias formas de perder el tiempo: una, leernos todos los correos que recibimos de arriba abajo. Seguro que desde el asunto o desde las primeras líneas ya podéis decidir si merece la pena el correo o no. Otra forma de perder el tiempo es enfadarnos cuando alguien ha escrito algo que no nos gusta. Recordad: ignorar y borrar. Y la tercera forma de perderlo es cuando además contestamos a esos correos enfadados.

Por lo tanto, os sugerimos que no perdáis el tiempo y os centréis en buscar a esa persona que necesitáis. Internet es un medio por el que podemos conocer a mucha gente de una forma relativamente fácil y donde se acorta el tiempo, tanto para conocer a la gente como para dejar de conocerla.

486 palabras   *Adaptado de Practicopedia. «Cómo encontrar pareja por Internet». Meetic Affinity.*
http://relaciones.practicopedia.lainformacion.com/amor/

Pista 17. Tarea 1, p. 30

Después de tener contratado Internet móvil con mi compañía durante tres años, decidí darlo de baja. Llamé por teléfono y después de pedirme los datos, empezaron a pasarme de un operador a otro y al final me dijeron que llamara otro día a un horario determinado. Al día siguiente, lo que hice fue mandar un burofax con la solicitud de baja y recibí mi acuse de recibo. Eso fue un día 7 y ese mes lo pagué entero. Al mes siguiente me mandaron una carta para proceder al cobro. Inmediatamente los llamé. Tras ocho intentos, un comercial me atendió y me pasó a otro, y este a otro… Después de tenerme en espera quince minutos, salió una grabación diciéndome que llamara más tarde. Dos días después, por fin pude contactar con ellos: me dijeron que todo estaba solucionado e incluso me dieron un número para identificar la conversación. Pues bien, al mes siguiente me vino otro recibo. Por supuesto, di orden de devolución al banco. Desde entonces no paran de mandarme cartas amenazando con emprender acciones legales y meterme en un registro de morosos. ¿Si para contratar un servicio no hay problema, por qué a la hora de darse de baja lo hay?

202 palabras   *Adaptado de www.quejas-y-reclamaciones.net/empresa*

EXAMEN 2. Trabajo, vivienda, economía e industria

Pistas 18-23. Tarea 1, p. 61

Pista 18   Conversación 1

Narrador: Va a escuchar a dos compañeros que acaban de entrar en un piso recién alquilado por Internet.

Mujer: ¡Uf, cómo está todo…! ¡Esto necesita una limpieza a fondo antes de que hagamos la mudanza!

Hombre: ¡Qué pereza! Pero no hay más remedio. Yo, si quieres, me ocupo del polvo y de la aspiradora. Y después puedo pasar la fregona, ¿vale? ¡Venga! ¡A trabajar!

Mujer: ¡Qué bien…! ¡Y a mí me tocan los baños y la cocina, que están asquerosos! ¿No? ¡Estupendo!

Pista 19   Conversación 2

Narrador: Va a escuchar a un matrimonio que tiene problemas en su vivienda.

Mujer: ¡Otra vez se ha ido la luz! Manolo, ¿puedes venir?

Hombre: Pero, Dolores, ¿qué pasa ahora?

Mujer: Pues que le he dado al interruptor y se ha fundido la bombilla.

Hombre: A ver, pásame la linterna, que voy a mirar el enchufe. ¡Ya veo! ¡Está roto! Creo que vamos a tener que llamar a un electricista. ¡Con estos gastos imprevistos es imposible llegar a fin de mes!

Pista 20   Conversación 3

Narrador: Va a escuchar a una pareja de novios que está buscando piso por Internet.

Mujer: Mira, ¿qué te parece este? Es un ático precioso.

Hombre: No sé, no me convence… ¿Y ese? ¡No está mal!

Mujer: Ya, pero da a un patio interior…

Hombre: Es verdad. ¿Y si nos quedamos con el primero que hemos visto? Creo que con una mano de pintura y unos pequeños arreglos puede quedar como nuevo.

Mujer: Tienes razón. Además, su precio no está por las nubes…

Pista 21   Conversación 4

Narrador: Va a escuchar a una mujer que está hablando con un empleado del banco.

Mujer: Pues tengo unos ahorros que quería invertir en algún producto con intereses altos.

Hombre: Tenemos planes de pensiones, depósitos, valores… ¡Ah, y unas acciones que…!

Mujer: Sí, sí, pero yo quiero que mi dinero esté seguro, que no dependa de la bolsa. ¡Ah y quiero disponer de él cuando lo necesite y sin gastos!

Hombre: ¡No se preocupe, señora, haremos todo lo que esté en nuestras manos!

Pista 22   **Conversación 5**

Narrador: Va a escuchar una conversación telefónica entre dos personas que hablan sobre la reforma de un piso.

Mujer: … Acabo de comprar un piso y quería un presupuesto de reforma. Pensaba cambiar la distribución y hacer nuevos los baños y la cocina, pero necesito ideas.

Hombre: Muy bien, para eso tendría que pasar a verlo. ¿Cómo podemos quedar?

Mujer: Yo puedo por las tardes y el conserje puede enseñárselo a cualquier hora.

Hombre: Pues mañana mismo me paso por allí... ¿Me puede dar sus datos?

Pista 23   **Conversación 6**

Narrador: Va a escuchar una conversación entre dos personas que se encuentran por la calle.

Hombre: Buenos días, Matilde, qué raro verte por aquí.

Mujer: Ya, Paco, es que estoy en el paro desde ayer.

Hombre: ¡Ay, cuánto lo siento, mujer! ¿Y qué vas a hacer ahora?

Mujer: Pues ir al abogado, al Servicio Público de Empleo, a hacer los papeles para cobrar el paro…

Hombre: ¿Pero no vas a jubilarte?

Mujer: ¡Ya me gustaría! He pensado montar un pequeño negocio. Estoy harta de trabajar de sol a sol para otros.

Pista 24. Tarea 2, p. 62

Juan: No es fácil, porque tienes que encontrar un piso barato y que te guste. Mi situación es más circunstancial que personal: mis compañeros de piso cogieron caminos distintos y me tuve que buscar algo.

Cristina: Conozco en primera persona lo que es vivir sin pareja a partir de cierta edad y teniendo que recomponer tu círculo de amigos, tu círculo social.

Juan: Cuesta mucho vivir solo. Yo he pasado de compartir gastos entre cinco a pagarlo solo yo.

Cristina: En España, un 12% de la población pertenece a este grupo. Es verdad que el *single* sigue saliendo como una necesidad, pero ahora miran mucho los precios y si antes uno iba a tres fiestas al mes, a lo mejor ahora va a una.

Juan: Cuando me mudé, lo primero que hice fue poner un cartel en la comunidad y ver si alguien quería compartir Internet. Ahora lo comparto con el de abajo.

Compras leche, compras lo que sea y te sobra por todos los lados y caducan yogures, natillas… Lo peor es que si quieres comprar barato tienes que comprar paquetes.

Ahora bien, vivir solo tiene muchas ventajas. Primero, yo creo que todos necesitamos vivir solos de vez en cuando y cuando llegas de trabajar y te apetece descansar, lo mejor es estar solo en tu casa, poner los pies en la mesa y que nadie te dirija la palabra.

Cristina: De lo que dispone el soltero es de más tiempo para disfrutar de su ocio.

Parece que la única opción es salir por las noches, a las discotecas… y a partir de cierta edad, no te apetecen tanto esos planes.

Juan: Tienes que organizarte y ser más responsable cuando compartes.

Cristina: Ser *single* tiene grandes ventajas, pero la crisis económica no solo afecta a familias numerosas. Los gastos fijos de una casa son prácticamente los mismos, y afrontarlos con un solo sueldo no siempre resulta sencillo.

319 palabras   *Adaptado de Cadena SER, Reportajes de Actualidad.*
                                          «La economía de los singles», Adriana Mourelos.

Pista 25. Tarea 3, p. 63

Acento mexicano

Presentadora: Etiqueta en los negocios…

Álvaro: Interesantísimo el tema, porque se ha convertido en una especie de cliché el decir: «¿Qué tal si nos vamos a comer y allá hablamos?», y a veces es contraproducente para la imagen pública y para el negocio.

Presentadora: ¿Por qué?

Álvaro: Porque lo primero que tenemos que saber es qué objetivos tenemos. Si el objetivo es hacer negocios, no hagas comidas de negocios.

Presentadora: Mucha gente hace comidas para socializar...

Álvaro: La pregunta es ¿quiero hacer negocio o quiero agasajar a la contraparte? Después decidirás plantear una comida de negocios, que vayan a tu oficina u organizar un desayuno de negocios. Porque déjenme, les cuento algunos de los beneficios de un desayuno de negocios: es meramente ejecutivo, porque es lo primero que vas a hacer en el día. Luego tienes el compromiso de regresar a la oficina porque tienes citas después del desayuno. No involucra alcohol y por eso se convierte en algo más profesional, no se empieza a soltar la lengua en otros aspectos. Además, es más breve y más fácil de organizar, es difícil que alguien te dé la negativa y, si lo vemos desde la cuestión del negocio, está claro que es mucho más barato.

Presentadora: Bueno, lo del alcohol en mi caso no es aplicable, porque siendo mujer, casi siempre que tengo comidas de negocios con hombres puedo salirme con : «Yo no tomo».

Álvaro: En los negocios no hay género; las buenas maneras prevalecen, lo cual quiere decir que un hombre se comporta igual enfrente de un hombre o una mujer.

Vamos a ver ahora la parte de quién paga. Esto entra en el sentido común: paga quien invita a comer. Quien elige el lugar para comer es el que va a pagar. En cuanto a la reservación y todo eso, se ocupa la persona que al final tiene que pagar, pero en esos casos, la contraparte tiene que hacer el intento, mínimo, de sacar la tarjeta cuando llega la cuenta. Ahí se hace un compromiso no escrito de que después se tendrá otra comida en la que el otro escogerá el lugar y tendrá que invitar.

Presentadora: ¿Quién ordena primero?

Álvaro: Siempre ordena primero el invitado y el anfitrión andará como un maestro de ceremonias. Si tú estás llevando a comer a un restaurante a alguien, puede pedir todo lo que hay en la carta. Muchas veces, por aparentar en estas comidas, se va al restaurante más exclusivo que tiene el platillo tal o la carta de vinos más cara. No está mal visto que el invitado pida el vino o el producto más caro.

Y otra recomendación para cualquier comida, no solo de negocios: no pongan el teléfono celular en la mesa ni anden revisándolo. Hay que apagarlo. Y si tienes que tomar una llamada urgente, te paras y te retiras pidiendo disculpas, pero no lo tomes en la mesa. Tampoco uses palillos, que pareces un mafioso. Todo eso se hace en el baño.

495 palabras   *Adaptado de «Etiqueta en los negocios». Martha Debayle entrevista a Álvaro Gordoa.*
http://marthadebayle.com; www.ivoox.com

Pistas 26-32. Tarea 4, p. 64
Pista 26   Persona 0 (ejemplo)
Hombre: El salario emocional tiene muchos componentes; toca el tema de las emociones, de las relaciones sociales, no es nada tangible y tiene que ver con las personas. Una empresa no deja de ser un grupo social que se está relacionando constantemente, y tiene una serie de emociones, bien sean de afecto, integración, sentirse correspondido y ser reconocidos. Los ingleses lo describen con tres elementos: apreciar, valorar y darse cuenta.
La opción correcta es la C.
Pista 27   Persona 1
Hombre: La base del salario emocional es que el trabajador se sienta parte de la empresa e implicado con los objetivos y que participe en ellos activamente, no por obligación. ¿Cómo conseguirlo? Hay diferentes mecanismos que pueden aumentar la motivación de un trabajador, hacer que mejore su rendimiento y que no se vaya de la empresa, porque si es difícil encontrar trabajo, también lo es para una empresa encontrar un trabajador cualificado.
Pista 28   Persona 2
Mujer: Este año 43 empresas españolas han conseguido entrar en el *top employers*, una auditoría que se hace para saber qué empresas son las mejores para trabajar. Confeccionan lo que se llama un «menú cafetería», que consiste en ofrecer a los empleados una serie de beneficios para que ellos puedan elegir los que quieran, desde el servicio de guardería en la misma empresa hasta jornadas lúdicas.
Pista 29   Persona 3
Mujer: ¡Qué casualidad! En mi empresa hoy nos han ofrecido hacer horas extra para realizarlas este sábado. En vez de pagarnos con dinero, como se venía haciendo hasta ahora, nos compensarán con una hora

y media libre por cada hora trabajada. Todos los que trabajamos lo hacemos por dinero, porque si no recibimos un sueldo a final de mes, quizás nos apuntaríamos en una ONG o realizaríamos un voluntariado.

Pista 30   **Persona 4 (acento argentino)**

Hombre: A mí me gustaría que si no me pudieran pagar con plata, que me pagasen en tiempo; es decir, esta cosa absurda que tienen tantos trabajos de que tenés que permanecer allí hasta que el jefe se levante y se marche por la puerta, para luego salir corriendo, pues me parece que es el peor de los casos posibles para que haya una productividad favorable en un trabajo.

Pista 31   **Persona 5**

Mujer: Cuando diseñas un proyecto para un cliente, lo entregas y a veces no lo cobras y al día siguiente hay que volver a por otro proyecto y seguir trabajando, la automotivación es fundamental. Todos trabajamos por dinero, pero, ¿cómo nos auto motivamos cuando tienes impagos, cuando esperas un año para cobrar facturas o cuando la retribución la percibes mucho después de finalizar el proyecto? Eso sí que es salario emocional.

Pista 32   **Persona 6 (acento argentino)**

Hombre: Trabajo en una empresa que tiene muchísimo trabajo, afortunadamente, pero el trato es pésimo. No valoran para nada el trabajo que hacés y el que hiciste. Muchos de nosotros llevamos muchos años y jamás te lo reconocen, no te valoran, al contrario. Un trato de mala educación. Nosotros querríamos tener un salario emocional, porque en dinero tampoco lo tenemos pero no lo queremos, pero un trato mejor sí.

Adaptado de RNE, «Afectos en la noche». Salario emocional.
http://media4.rtve.es/resources

Pista 33. Tarea 5, p. 65

Julio: ¡Hola! Quería darles las gracias, aquí, delante de todos, porque hace dos semanas aproximadamente les llamé contando mi problema: tenía dificultades para encontrar un local de alquiler para crear un comedor social…

Pues gracias a ustedes hemos podido dar con un local. Está situado en la calle Velarde, la antigua churrería Merino, propiedad de D. Alfonso Merino, que no nos cobra alquiler. Llevaba cerrado dos años y pico y simplemente ha sido limpiarlo y acondicionarlo. Este hombre tuvo conocimiento del tema, se lo remitió a su yerno, que es, a su vez, amigo mío y por ahí empezamos a movernos. Ya este lunes empezamos a dar las primeras comidas. Antes de eso tuvimos que movernos a través de las asociaciones de vecinos, para saber más o menos qué tipo de personas podían ser las necesitadas.

El local no reúne los requisitos para cocinar, pero un complejo hotelero se ha ofrecido para dejarnos su cocina a partir de las diez de la noche y nosotros elaboramos la comida allí, nos la llevamos, la calentamos en el local y la servimos en bandejas térmicas.

Actualmente tenemos a 16 personas que se benefician de este servicio. De esas personas hay dos familias completas, y ya estamos encontrando ayuda por parte de una frutería cuyo nombre no voy a dar, porque no quieren que lo haga, ya que lo hacen de forma altruista. Dos supermercados también se han comprometido para, a partir de primeros de mes, ofrecernos productos, así como una pescadería.

Al señor que nos cede el local lo conozco poco, pero es una persona normal y corriente, se ha jubilado, tiene su pensión de jubilación, no vive con mucha anchura tampoco, tiene dos hijos en paro y, sobre todo, es una persona muy decente, porque el que hace esto es, necesariamente, alguien muy bueno y decente.

Empezamos hace tres días. Hemos ido volando y sudando, rápidamente… No se pueden hacer ustedes una idea. Y hoy, por ejemplo, el desayuno ha sido café con leche o Cola Cao con repostería. A mediodía, hemos puesto unas lentejas estofadas, postre, pan y agua. Y esta noche, ha sido un caldo de verduras, un poquito de pollo asado y natillas. Con el dinero que teníamos previsto invertir en el alquiler ya hemos comprado, porque, aunque no lo pidan vemos que lo necesitan, dos o tres pares de zapatillas deportivas, dos juegos de chándal, y hemos encargado a una óptica unas gafas para un señor mayor que las había perdido. Con poquito se puede hacer mucho.

419 palabras

Adaptado de Cadena SER.
Hablar por Hablar. http://sdmedia.cadenaser.com

Pista 34. Tarea 1, p. 66

Quedarse sin trabajo cambia bruscamente nuestra vida cotidiana, provocando a menudo desconcierto e inseguridad. A la larga, además, puede acabar por llevarnos al desánimo y a la tristeza. Pese a ello, este momento debe vivirse como una etapa de cambio y desarrollo en la cual debemos adaptarnos a una nueva realidad y comenzar a trabajar para cambiarla. Este momento requerirá esfuerzo, paciencia, flexibilidad, activar contactos y analizar nuestro pasado profesional de manera exhaustiva y sincera. Para lograr este propósito, será fundamental mantener un estado de ánimo optimista, factor clave para detectar y aprovechar las oportunidades que se nos presenten.

Con el fin de gestionar nuestras emociones podemos recurrir al *coaching* personal, acudir a sesiones de motivación o a algo tan sencillo como dialogar con amigos, familiares...

Debemos ponernos en forma física y, emocionalmente, aumentar nuestra energía y prepararnos para la búsqueda. Hay muchas cosas que hacer: un merecido descanso, reflexionar sobre nuestra trayectoria, mirar al futuro, investigar el mercado, actualizar nuestro currículum y nuestros perfiles *on-line*; recopilar información del mercado laboral, quizás formarse, estudiar, buscar ofertas variadas, analizarlas...Y no olvides lo personal: estar con los tuyos, hacer deporte, leer...

Ánimo, no es un camino fácil, pero si lo afrontas con la actitud adecuada estará lleno de descubrimientos. Al otro lado, te espera una oportunidad para ganarte la vida y ser feliz.

220 palabras   *Adaptado de http://orientacion-laboral.infojobs.net/quedarse-en-paro*

EXAMEN 3. Educación, ciencia y tecnología

Pistas 35-40. Tarea 1, p. 95
Pista 35   Conversación 1

Narrador: Va a escuchar una conversación entre dos compañeros de clase.
Jaime: Marina, ¿qué tal te ha salido el examen?
Marina: Bueno…, no del todo mal. ¿Y a ti?
Jaime: ¡Pues fatal! No tenía ni idea de cómo calcular el área… Y creo que me he confundido en la fórmula de la densidad.
Marina: ¡Pero Jaime, si era *superfácil*!
Jaime: Sí, para ti, que se te da muy bien… ¡Yo ya veo que por mucho que estudie…!

Pista 36   Conversación 2

Narrador: Va a escuchar una conversación telefónica entre dos amigos.
María: Hola, Álvaro. ¿Podrías echarme una mano con el ordenador? Se me ha vuelto a bloquear.
Álvaro: ¿Otra vez? Bueno, tranquila. ¿Qué te aparece en la pantalla?
María: Nada. Estaba bajando un archivo y…
Álvaro: Sí, ya… ¿pero puedes mover el cursor?
María: ¡Qué va! Le doy al teclado y no hace nada…
Álvaro: ¡Qué habrás hecho, María! Bueno, fuerza el apagado, reinícialo, y a ver si…

Pista 37   Conversación 3

Narrador: Va a escuchar a una madre que está hablando con un orientador de una universidad privada.
Hombre: Así que su hija quiere estudiar una ingeniería con nosotros…
Mujer: Sí, lo ha intentado en la pública, pero no le ha dado la nota en la Prueba de Acceso a la Universidad. ¡Y eso que había sacado una media de notable en el bachillerato!
Hombre: Ya… Bueno, para entrar aquí tiene que hacer una prueba de acceso… Y es bastante dura. ¡Aquí tampoco le vamos a regalar nada!

Narrador: Va a escuchar a la delegada de Educación hablando con el representante de una asociación de padres de alumnos.

Mujer: Y como le decía, la política de becas está plenamente asegurada para todos los estudiantes sin recursos que obtengan buenos resultados académicos.

Hombre: ¿Y qué pasaría si por enfermedad o accidente… un alumno suspendiera alguna asignatura? ¿Se quedaría sin beca?

Mujer: Nosotros le garantizamos la escolaridad gratuita en centros públicos hasta los 18 años.

Hombre: Ya, pero entonces no recibiría ayuda económica en un colegio concertado, ¿no es eso?

Pista 39 Conversación 5

Narrador: Va a escuchar a una profesora dando instrucciones a sus alumnos.

Mujer: El trabajo final consiste en una pequeña investigación sobre algún tema no visto en clase. Por supuesto, tenéis que consultar información e incluir las tablas, gráficos y porcentajes necesarios para demostrar vuestros resultados.

Hombre: ¿Lo podemos presentar a mano?

Mujer: Mejor escrito a máquina, en folios blancos por una sola cara y cinco páginas como mínimo. Ah, y tenéis que presentar los resultados en clase.

Pista 40 Conversación 6

Narrador: Va a escuchar una conversación entre una madre y su hijo.

Madre: ¡Ay, hijo, qué disgustada estoy! Ayer me llamó tu tutor y me dijo que, como sigas así, vas a repetir curso.

Hijo: Ya, mamá, es que en el examen de *mates* me quedé en blanco.

Madre: Ya, y lo de hablar por los codos en clase y lo de faltar cada dos por tres tampoco es culpa tuya, ¿verdad?

Hijo: No, es el tutor; que me tiene manía.

Pista 41. Tarea 2, p. 96

Berta: Hace más de veinticinco años que tenemos un profesorado preparado para hacer relajación en clase con los alumnos. Los padres están encantados, y los maestros han comprobado que mejora el rendimiento escolar.

Luis: Los beneficios de estas técnicas se ven sobre todo en cuatro áreas. La primera es la salud, porque disminuye el estrés, el malestar. En segundo lugar, aumenta todas y cada una de las competencias emocionales, como la autoestima. En tercer lugar, mejora la convivencia en el clima del aula, porque los que practican estas técnicas generan una mejor predisposición para el trabajo y, al final, esto revierte en el resultado académico.

Berta: Y ahí está la labor importante, creo, de los educadores. No se trata solo de que los alumnos tengan mejor currículum, sino de estar pendientes de ellos, de sus éxitos. Los éxitos no vienen porque el niño aprenda Matemáticas, sino porque aprenda de sí mismo y encuentre una fuerza interior que le lleve a hacer bien las matemáticas.

Luis: Hace años descubrí que los recursos psicofísicos que utilizan los métodos de relajación con rigor científico son: la atención, la respiración, la visualización o *imagine*, la conciencia sensorial, la postura, la percepción de la energía corporal, que nos asustaba hace unos veinte años y hoy está en el candelero de las investigaciones, y el movimiento consciente. El docente los aprende poco a poco y luego los maneja *ad hoc* en clase.

Berta: Tenemos una sociedad con un analfabetismo emocional increíble y las emociones bloquean muchísimo el aprendizaje. Los profesores tienen que hacer todo un trabajo para motivar a esta gente.

Luis: Cualquiera es excelente en cosas que la escuela no acaba de medir. Yo he tenido tutorías donde el único niño que cocinaba de toda la clase lo suspendía todo. No puede haber éxito social si hay fracaso interior, si estoy mal conmigo mismo. En *La Vanguardia* un empresario decía algo precioso: «Nos contratan por el currículum y nos echan por el carácter».

326 palabras   *Adaptado de «Técnicas de relajación en clese». RTVE. www.rtve.es/alacarta*

Pista 42. Tarea 3, p. 97

Presentador: ¿Por qué la gente acude a Houston y se gasta el dinero que a menudo no tiene para buscar un remedio que puede encontrar aquí?

Mariano Barbacid: Bueno, en parte estamos hablando de hace unos años. Hoy en día, no hace falta salir de España para tratar un cáncer.

Presentador: Claro, y la mitad de los enfermos se cura de determinados cánceres…

M.B.: Sí, por supuesto, y además me alegra que hayas mencionado muchos cánceres. A ver si en la Academia de la Lengua encuentran una fórmula para llamarlo en plural, no en singular, cánceres, porque hay más cánceres que enfermedades infecciosas, y sin embargo nadie confunde una gripe con un sarampión. Como decías, el cáncer se puede curar, pero lo que debemos decir es que hay cánceres que se curan en mayor proporción y otros que se curan en menor proporción.

Presentador: Doctor, pero viendo esa imagen donde hay un cartel que dice *Se ruega no fumar*… ¿algunos cánceres nos los buscamos?

M.B.: Esa es una de las grandes tragedias, porque el cáncer forma parte de nuestra vida, es decir, no podemos hacer nada por evitarlo: cáncer vamos a tener. Cuanto más vivamos más probabilidades habrá, como principio general. Ahora bien, el cáncer de pulmón inducido por el tabaco es perfectamente evitable si dejáramos de fumar. Y que todavía haya un dilema, una controversia sobre este tema es increíble. Yo digo siempre que si mañana nos enteráramos de que un producto en el mercado era la cuarta parte de dañino que el tabaco, habría un escándalo.

Presentador: ¿En qué atmósfera se desenvuelve el trabajo del científico? Pensamos que sois personas muy serias, muy sesudas, que se aíslan…

M.B.: Somos personas normales, pero sí, evidentemente, hay un ambiente de creatividad, de competitividad, porque en nuestro mundo, el publicar algo tres meses antes que otro es fundamental. Y, sobre todo, vocación, disfrutar con lo que haces. En lo demás no somos nada especiales.

Presentador: ¿El nivel de la investigación en España es bueno?

M.B.: Creo que es bueno, aunque faltan investigadores. La investigación tiene un sistema administrativo muy rígido pero el CNIO[1] no tiene que utilizar ese procedimiento, sino que actuamos gracias a un mecanismo que nos permite gran flexibilidad creativa. Como todo, creo que es mejorable, pero pienso que España, poco a poco, va llegando al lugar que le corresponde.

Presentador: ¿Qué es más dañina, la enfermedad de la burocracia o la de la envidia?

M.B.: A mí me haría más daño la de la burocracia, porque es la que me impediría trabajar. La envidia puedes ignorarla.

Presentador: ¿Es Mariano Barbacid modesto o tímido?

M.B.: Hay una forma de ser modesto: salir fuera de España. Uno va a un congreso internacional, se encuentra con grandes figuras y la modestia vuelve inmediatamente. No es falsa modestia: no es bueno creer que uno contribuye de una forma excepcional a algo… Hay que seguir trabajando. Mira, mientras hay cáncer, hay que seguir investigando y no quedarse dormido.

498 palabras   *«En noches como esta». RTVE. www.rtve.es/alacarta/*

Pistas 43-49. Tarea 4, p. 98
Pista 43   Persona 0 (ejemplo)

Mujer: El primer aspecto más común y transversal que nos permiten los mundos virtuales dentro de la educación es la posibilidad de comunicarnos. Cuando hablamos de comunicarnos lo primero que pensamos es en el chat. Los mundos virtuales llevan siempre asociado un chat escrito, es decir, nosotros escribimos nuestro mensaje y los otros usuarios ven el mensaje y nos pueden contestar.
La opción correcta es la I.
Pista 44   Persona 1

Hombre: Otra posibilidad educativa de los mundos virtuales sería la simulación. Podemos simular entornos que copian o se parecen a escenas existentes en el mundo real. Ahora estoy imaginando, por ejemplo, una simulación espectacular que existe en Second life sobre la antigua Roma, donde todos los avatares

---

1 CNIO: Centro Nacional de Investigaciones Oncológicas.

van vestidos de romanos y las conductas que tienes que tener son las propias de un romano antiguo o de otras culturas.

Pista 45   Persona 2

Hombre: Otra capacidad de los mundos virtuales sería la construcción en 3D. Lo primero que pensamos es en construir un edificio, pero podemos hacer muchas otras cosas, como por ejemplo reproducir una obra de arte en tres dimensiones. Estoy pensando en unas reproducciones fantásticas que hay de unos cuadros de Van Gogh, donde el avatar está dentro del propio cuadro y puedes reproducir los distintos elementos de esa obra de arte.

Pista 46   Persona 3

Mujer: Nosotros, como profesores, podemos tener un registro de todo lo que se ha chateado, lo cual es muy útil. Esta mañana estábamos con una actividad dentro de un mundo virtual, con una clase de Latín, de Cultura Clásica, donde los alumnos tenían que comunicarse en latín, entonces el profesor tenía el registro de todo lo que sus alumnos habían escrito durante la actividad y luego lo podía valorar o corregir.

Pista 47   Persona 4 (acento argentino)

Hombre: Para menores de 18 años, existen otras plataformas mejores que Second Life. Una de las que actualmente tiene más difusión es OpenSim, casi idéntico a Second Life, pero tiene una escalabilidad, que dicen los informáticos, mucho mayor: podemos trabajar con uno en un *pendrive*, o compartirlo con la gente de un aula, o bien colgar la plataforma en Internet y permitir entrar a más usuarios.

Pista 48   Persona 5

Hombre: En mi instituto tenemos un mundo virtual con nueve islas. Cada isla se corresponde con una asignatura. Los alumnos se conectan solo desde dentro del instituto y cuando los profesores ponemos en marcha la plataforma los alumnos entran para hacer actividades concretas de cada asignatura o isla. Intentamos que estos mundos no sean algo externo al currículo o a nuestras clases.

Pista 49   Persona 6 (acento argentino)

Hombre: Nos da miedo entrar en un mundo virtual o entorno 3D; para nosotros es nuevo, pero para los alumnos no. Cuando haces cursos de formación para compañeros cuesta más que para los alumnos. Por ejemplo, hicimos una tarea de lengua en la que una de las actividades era crear una exposición con sus grabaciones de poemas dentro de un edificio en 3D. ¡Pues aprendieron rápido y salió bárbaro!

Adaptado de http://internetaula.ning.com

Pista 50. Tarea 5, p. 99

Superman es, sin duda, junto a Batman, el superhéroe estrella de una de las editoriales importantes en esto de los superhéroes, DC Cómics. Bueno, pues hoy nos toca otra de las grandes editoriales de cómics, Marvel, con *Los cuatro fantásticos*, creados por Stan Lee y Jack Kirby en noviembre de 1961. En el número uno de *Los cuatro fantásticos* se contaban las desventuras del cohete experimental diseñado por el científico Dr. Richards, al atravesar una tormenta de rayos cósmicos en su vuelo de prueba. Al llegar a la Tierra, los cuatro pasajeros de la nave, incluido el científico creador de la misma, descubren que habían sido transformados y que poseían nuevas e inquietantes habilidades: un hombre de goma, una mujer invisible, una antorcha humana y algo con más ladrillos que una urbanización en Marbella[2], que se llamaba *La cosa*. ¿Y qué son los rayos cósmicos? Son partículas cargadas que viajan por el Universo a una velocidad cercana a la de la luz. El campo magnético terrestre y la atmósfera nos protegen de esta lluvia continua, pero en cualquier caso todos los días chocan contra la atmósfera terrestre, y al hacerlo se descomponen en otras partículas secundarias menos energéticas. Si ahora mismo levantamos las manos durante unos diez segundos, unos doce de estos rayos cósmicos secundarios las atravesarán sin que nos demos cuenta. Podemos distinguir entre tres tipos de rayos cósmicos, según su energía y su origen. Por un lado tenemos los rayos cósmicos más comunes, que son los procedentes del Sol, también conocidos como viento solar. Son los menos energéticos, tan solo veinte veces la energía de los rayos X con los que nos hacen una radiografía. Por otro lado, las explosiones de las estrellas *supernovas* son las que generan rayos cósmicos. Estas estrellas expulsan gran parte de su materia y de su masa. Estos rayos cósmicos tienen asociada una energía, atención, como de unas 20 000 radiografías en un ratito.

---

2 Marbella: localidad situada en Málaga (Andalucía).

Por último, están los rayos cósmicos ultra energéticos, que son muy escasos, con una media de uno por km² cada siglo, pero con una energía del orden de uno con diez ceros detrás. Me niego a decir cuántas radiografías es eso. Su origen es aún una incógnita, ya que no conocemos el proceso físico que pueden provocar estos rayos cósmicos de inmensa energía.

¿Cómo afectarían semejantes balas cósmicas al cuerpo humano? ¿Harían realmente que nuestro cuerpo pareciera de chicle usado, como el de Reed Richards? Pues sabemos que las partículas de los rayos cósmicos son lo suficientemente pequeñitas y energéticas como para introducirse en nuestras células y dañar el ADN que estas contienen, lo cual, a la larga, puede generar cáncer o mutaciones genéticas que se podrían transmitir a nuestra descendencia.

460 palabras   *Adaptado de «A través del Universo. Superhéroes y astrofísica».*
http://universo.iaa.es

PRUEBA 3

Pista 51. Tarea 1, p. 100

La comisaria europea de Educación y Cultura, Androulla Vassiliou, ha avisado este lunes a los ministros de Educación de los Veintisiete de que los intercambios de estudiantes universitarios financiados por el programa Erasmus podrían interrumpirse a lo largo del año que viene si no hay acuerdo sobre el presupuesto de la Unión Europea.

«La combinación de la falta de respuesta sobre el presupuesto de 2012 y la falta de acuerdo presupuestario para 2013 significa que la interrupción de los intercambios Erasmus se producirá más pronto que tarde en el nuevo año», ha dicho Vassiliou.

«La situación de Erasmus es ahora muy grave», ha resaltado la responsable de Educación. El Ejecutivo comunitario empezará 2013 con una deuda de 220 millones de euros con las agencias nacionales responsables por los gastos de Erasmus y del programa de aprendizaje permanente, ha explicado.

Esta deuda podría saldarse con el presupuesto de 2013, pero ello provocaría que el programa se quedara de nuevo corto de fondos durante la segunda mitad del año.

«Creo firmemente que no deberían ser los jóvenes europeos los que paguen el precio del actual desacuerdo entre las instituciones», ha indicado Vassiliou.

La Comisión Europea ha pedido a los Estados miembros que aporten 9 000 millones de euros extra este año para cubrir las facturas pendientes de Erasmus y fondos regionales. Pero los países contribuyentes se niegan y piden a Bruselas que redirijan dinero de otras partidas.

234 palabras   *Adaptado de http://ecodiario.eleconomista.es*

EXAMEN 4. Ocio, compras, actividades artísticas y deportes

PRUEBA 2

Pistas 52-57. Tarea 1, p. 133
Pista 52   Conversación 1
Narrador: Va a escuchar a dos amigos hablando sobre una fiesta.
Hombre: ¿Y qué tal ayer tu cumpleaños?
Mujer: Lo pasamos en grande. Me prepararon una fiesta sorpresa: ¡Qué risa, iban todos disfrazados de japoneses! Habían comprado una buena carne pero le echaron tanta sal que… el cocinero acabó en la piscina. Y los demás, también.
Hombre: ¡Qué divertido! ¿Y terminasteis muy tarde?
Mujer: No lo sé... Yo me acosté, pero algunos salieron de juerga por ahí.
Pista 53   Conversación 2
Narrador: Va a escuchar una conversación telefónica sobre una reserva de entradas.

Mujer: Buenas tardes, ¿en qué puedo ayudarle?

Hombre: Buenas, quería reservar dos entradas para la función de este jueves.

Mujer: Lo siento, es el estreno y está todo cogido.

Hombre: Pues entonces…, para el próximo. ¿Podría darme unas butacas centradas y en las primeras filas?

Mujer: A ver… Sí, ya las tiene. Puede recogerlas en taquilla media hora antes de la representación. ¿Su nombre, por favor?

Pista 54   **Conversación 3**

Narrador: Va a escuchar una conversación sobre deportes.

Mujer: ¿Sabes qué hizo ayer Ferrer?

Hombre: Pues lo eliminaron.

Mujer: ¡Qué pena!, ¡con lo bien que iba en el torneo! ¿Y qué sabes del Real Madrid?

Hombre: Hoy entrena para el partido de mañana. Y lo tiene difícil, porque no le vale con un empate. Necesita ganar para clasificarse. Y juega fuera de casa.

Mujer: ¡Pues ojalá vayan muchos aficionados para animar al equipo, porque si no…!

Pista 55   **Conversación 4**

Narrador: Va a escuchar una conversación entre dos personas que están jugando.

Mujer: ¡Venga, tira los dados rápido y mueve tu ficha, que te voy ganar!

Hombre: ¡Qué dices, si te acabo de comer dos fichas y solo te queda una!

Mujer: ¡Claro, como es la primera vez que juego, te aprovechas de mí! ¡Eres un tramposo!

Hombre: ¡Ya te he ganado!

Mujer: Puf… Oye, ¿vas a la calle? ¿Me compras un décimo? A ver si con la lotería tengo más suerte.

Pista 56   **Conversación 5**

Narrador: Va a escuchar una conversación mantenida en una tienda.

Mujer: ¿Qué tal me quedan?

Hombre: No sé, un poco ajustados…

Mujer: Ya, pero son elásticos y seguro que dan de sí con el uso.

Hombre: Tú verás… ¿Por qué no te pruebas los estampados del escaparate? Parecen más amplios y cómodos.

Mujer: Ya, pero no me convencen… Decidido, me quedo con estos…Voy a pedir que me arreglen el bajo, que me quedan muy largos.

Hombre: ¡Como quieras!

Pista 57   **Conversación 6**

Narrador: Va a escuchar un concurso radiofónico sobre temas culturales.

Mujer: Primera pregunta, ¿Quién fue el director y uno de los guionistas de la película *Mar adentro*?

Hombre: Lo sé; Alejandro Amenábar.

Mujer: ¡Correcto! Siguiente: *El Guernica* de Picasso, ¿es un óleo o una acuarela?

Hombre: ¡Um…! Creo que un óleo.

Mujer: ¡Correcto! ¿A qué estilo artístico pertenece la fachada de la catedral de Santiago?

Hombre: Puf… aquí me han pillado… ¿Gótico?

Mujer: ¡No…! ¡Barroco! ¡Lo siento! Ha quedado eliminado.

Pista 58. Tarea 2, p. 134

Ramón (acento mexicano): Creo que la televisión no es la causa primordial por la que la gente no lee. Existen muchos motivos más como el Internet. Creo que no se debe satanizar la televisión y pensar que es la causante de todos los problemas de incultura, porque también las instituciones educativas deben forjar a los estudiantes y proveerlos de capacidades que los hagan superarse como personas.

Jessica (variante española): Yo sí creo que la televisión ha afectado a los hábitos de lectura, ya que las nuevas generaciones pasan más tiempo frente al televisor que haciendo otras cosas como leer, convivir con los familiares, o simplemente realizar actividades deportivas o físicas.

En ocasiones la televisión sirve como elemento educativo, pero esto es en casos muy remotos donde el contenido es meramente educacional.

Ramón: La falta de lectura en México se debe a varios factores, entre ellos la economía. Un hombre que trabaja más de 8 horas como jornada laboral diaria no tiene tiempo de leer un libro y prefiere la televisión, que le va a dar a conocer temas digeribles que no lo hagan esforzarse aún más después de su esfuerzo físico y mental de todo el día. Para el mexicano es indispensable laborar más de 8 horas diarias para sostener a toda una familia debido a la situación económica del país; en cambio, si hablamos de Inglaterra, por ejemplo, el índice de personas que recurren a la lectura es más alto, porque tienen mayores posibilidades económicas y más tiempo.

Jessica: No creo que el factor económico afecte a la falta de lectura, más bien se debe a un factor educacional que tiene todo un bagaje cultural muy profundo. Quizás en las escuelas no promueven mucho el hábito de la lectura, pero también en las casas deben promoverlo.

306 palabras   *Adaptado de «Los hábitos de lectura en México y España». www.convinceme.net/debates*

Pista 59. Tarea 3, p. 135

Julia Otero[3]: Sr. Blahnik, buenas tardes. Lleva usted ya mucho tiempo fuera de España, ¿verdad?

Blahnik.: Sí. Antes siempre venía a ver a mi madre y por eso la conozco a usted. A mi madre le gustaba mucho escuchar sus programas.

J.O.: Muchas gracias. No puedo corresponderle diciendo que tengo unos *manolos*, estos zapatos creados por usted, pero ahora que tenemos tienda en Barcelona… Es la segunda tienda que abre usted aquí, ¿no? La primera está en Madrid, semiescondida en un edificio de la calle Serrano, la de Barcelona que hoy se inaugura está dentro del hotel Mandarín. Es curioso que huya de los escaparates y de la ostentación…

Blahnik.: Soy una persona bastante discreta y por eso me encantan esos sitios para las tiendas.

J.O.: ¿Cuál fue la primera estrella de Hollywood que empezó a hablar de usted?

Blahnik.: Fue en los años 60: Bianca Jagger… no sé, y otras tantas mujeres que no eran actrices. Porque después vinieron Rachel Welch, etcétera.

J.O.: ¿Que a sus zapatos les llamen *manolos* le parece bien?

Blahnik.: La verdad es que en España siempre lo relaciono inconscientemente con nombres de toreros o de bares: el bar *Manolo*… pero fuera de España se ha convertido en algo normal.

J.O.: ¿Qué tienen en común una mujer que se compra sus zapatos en Indonesia, en España o en Nueva York?

Blahnik.: Es una mujer que sabe lo que quiere, con un concepto de la elegancia determinado.

J.O.: En estos momentos de crisis en buena parte del planeta, sus zapatos indican lujo…

Blahnik.: Sí, pero la gente que compre uno de mis zapatos va a comprar en su vida uno o dos pares, y le van a durar muchísimo.

J.O.: ¿Cuántos años pueden durar?

Blahnik.: Mis zapatos son un poco intemporales.

J.O.: ¿Cuándo diseñó el primer zapato?

Blahnik.: Cuando yo era pequeño eran los años 40 y no había muchos productos. Mamá fabricaba sus propios zapatos, con tela, etc., y ese fue el único contacto que tuve cuando empecé a hacerlos.

J.O.: ¿Cuánto cuestan los *manolos* más baratos?

Blahnik.: Del precio no sé absolutamente nada, pero sí sé que es un zapato que se tarda mucho en hacer y el precio tiene que ser elevado.

J.O.: Deduzco que se hacen artesanalmente…

Blahnik.: La mayoría están hechos a mano, pero algunos, como los que tienen el tacón bajo, pueden ser montados a mano y el tacón a máquina.

J.O.: ¿Cuál es el tacón más alto? ¿Doce centímetros?

Blahnik.: Puede ser, no sé exactamente.

J.O.: No sabe la altura, no sabe cuánto cuestan… El creador que vive en una burbuja y no quiere saber nada de la intendencia.

Blahnik.: No me gustan mucho los negocios ni la parafernalia.

---

3 Julia Otero: periodista muy conocida en España. Ha hecho programas de televisión, pero se dedica fundamentalmente a la radio.

J.O.: Otro día a ver si puede usted venir al estudio y hablamos con más tranquilidad.

Blahnik.: Encantado. Como le he dicho, la sigo desde hace mucho y me gusta su inteligencia.

J.O.: Muchísimas gracias, Sr. Blahnik.

507 palabras

Adaptado de «Julia en la Onda». Onda cero.
www.ondacero.es

Pistas 60-66. Tarea 4, p. 136
Pista 60   Persona 0 (ejemplo)

Hombre (acento rioplatense): Cada vez queda más patente que las nuevas tecnologías están invadiendo todos los conceptos de nuestra vida y no solo eso; gente que hasta hace unos años opinaba aquello de que *todo esto de los ordenadores y el Internet no está hecho para mí*, hasta cierto punto se ve «obligada» a sumergirse y adaptarse a este nuevo mundo.

La opción correcta es la A.

Pista 61   Persona 1

Hombre: Más útil e interesante me parecería el proyecto Street Museum si, por ejemplo, pudiera hacerse en ciudades como Roma o Grecia, que permitiera ver lo que fue la antigua ciudad antes de verse en ruinas. Esto nos daría una visión impagable de una realidad a la que no podríamos asomarnos de otro modo.

Pista 62   Persona 2

Mujer: Estoy de acuerdo, las «maquinitas» transforman los hábitos culturales. Pero no es algo tan nuevo como para atribuirlo a la llegada a nuestras vidas de las *tablet* o los móviles. Al igual que dice el artículo que *las cartas dieron paso a los correos electrónicos y estos a Twitter,* los museos ya se podían visitar virtualmente antes de la llegada de los últimos avances tecnológicos.

Pista 63   Persona 3

Hombre: Pero si hablamos de accesibilidad y universalización de la cultura, no podemos dejar de proclamar la necesidad de eso que se ha dado en llamar *diseño para todos*, es decir, un acceso a la tecnología que no excluya a los grandes grupos siempre olvidados, como los mayores y personas con bajo nivel cultural o económico. El reto para el futuro es ser capaces de extenderlo a todos.

Pista 64   Persona 4 (acento rioplatense)

Hombre: Los museos no se han quedado atrás. Se han ido adaptando a las diferentes novedades tecnológicas y soportes. Y ahora en lugar de incluir solo las imágenes que les permitía un CD, cuentan con un potente canal de video que ofrece una amplísima colección de contenidos audiovisuales. Sin duda se trata de un avance, pero no de una novedad, ni de una transformación de los hábitos culturales.

Pista 65   Persona 5

Mujer: La iniciativa del Museo de Londres con la aplicación de Street Museum me parece un claro ejemplo de que mediante las nuevas tecnologías no se para de renovarse e inventar. Además de tratarse de una idea original, los que presumen de «culturetas» no pueden echar en cara a nadie una iniciativa que te educa y te da a conocer datos que ignorabas.

Pista 66   Persona 6 (acento mexicano)

Hombre: Es obvio que este acceso a la cultura es imperfecto, pues nunca podrá sustituir la maravilla de encontrarse ante una obra original que puedes tocar, oler y sentir en toda su magnitud, pero es muy interesante para todo aquel que no puede acercarse a la creación artística personalmente. No se trata tanto de un cambio de hábito en el acceso a la cultura como de una universalización de la misma.

Adaptado de «Los cacharros transforman los hábitos culturales».
www.dosdoce.com/articulo

Pista 67. Tarea 5, p. 137

Las primeras técnicas fotográficas no tienen nada que ver con las de ahora. A muchos se nos viene a la mente esa imagen de una cámara de madera con trípode, desde donde el fotógrafo, tras el objetivo, tapándose la cabeza con una cortina, tomaba una imagen de los presentes. En el siglo XIX, en la época victoriana, la forma de tener una imagen de un ser querido solo podía ser por medio de un cuadro, lo cual tomaba su tiempo. Además, no todo el mundo tenía la oportunidad de hacerse un retrato pintado, de modo que cuando apareció la fotografía fue una auténtica revolución, ya que era un modo rápido de tener un recuerdo de las personas, aunque acabaran de fallecer, y así fue como nació la fotografía post mórtem. Hoy estamos insensibilizados ante fotos realmente crueles que vemos a diario en los medios de comunicación, pero ante esta costumbre, la gente suele mostrar rechazo. El concepto que tenemos ahora sobre la muerte es muy diferente al que tenían aquellas personas. Para ellos, la muerte era algo cotidiano, ya que se daban casi tantos fallecimientos como nacimientos. Además, fotografiar a un ser querido difunto era una forma de conservarlo en la memoria. Tenían quizá una visión más romántica del asunto. Hacer una fotografía en esa época era un servicio bastante costoso, puesto que el fotógrafo tenía que trasladarse a casa del difunto con todo su equipo fotográfico. No obstante, esto no justificaba los precios desorbitados que algunos fotógrafos cobraban por esos servicios. Por esa razón, fueron en primer lugar las familias adineradas y de clase media-alta las que pudieron permitirse el lujo de contratarlo. Cuando se inventó el negativo y se podía hacer más de una copia de un original, se convirtió casi en una costumbre obligada, lo que llevaba a muchos a aceptar precios algo abusivos, quisieran o no, ya que la ocasión no admitía espera. Las primeras fotos se tomaban con una máquina llamada daguerrotipo, que se inventó en 1839. A partir de una exposición en la cámara, el positivo, mediante mercurio, quedaba plasmado y la imagen se fijaba después sumergiéndola en una solución química. El tomar una fotografía con el daguerrotipo tenía algunos inconvenientes; el primero era el tiempo de exposición, que iba de 15 a 30 minutos. Imagínese, hoy en día, que se va a tomar una foto y tiene que pasar todo ese tiempo posando… impensable…; otro inconveniente de estas cámaras era que al no tener negativo no se podían hacer copias; además la fotografía resultaba bastante frágil; pero lo más destacable era que uno se veía expuesto a los vapores de yodo y mercurio, algo terrible para la salud. Quizá por eso los difuntos eran los mejores modelos. Más tarde, como he comentado, la fotografía avanzó y con ello se añadió la costumbre de repartir reproducciones de la foto o recuerdos entre los familiares que vivían lejos.

481 palabras«*Mundo incógnito*». *Fotografías post-mortem. http://mundoincognito.wordpress.com/radio/*

Pista 68. Tarea 1, p. 138

Me llamo Carlos Vaquerizo y soy fotógrafo profesional de bodas desde hace más de quince años.

La intención de este *podcast*[4] no es solo hablar de fotografía, sino compartir con todos vosotros un montón de ideas, consejos, sugerencias, tendencias, para que de este modo vuestra boda resulte aún más especial si cabe.

Digo esto porque en el mundo audiovisual se está produciendo un cambio imparable. Afortunadamente, al menos en mi opinión, y tras muchos años de una fotografía, digamos, clásica, posada, de típica boda, hace unos pocos años comenzó una pequeña revolución que ha terminado creando lo que se conoce como «fotoperiodismo» de bodas. Cierto es que este es un término demasiado amplio y no muy apropiado, pero parece que todos entendemos a lo que nos referimos cuando hablamos de ello: fotos muy naturales, sin poses rígidas, con poca intervención del fotógrafo durante la boda, siempre buscando momentos, emociones que reflejen lo mejor posible la esencia de los novios y su boda.

En siguientes capítulos hablaré detenidamente de estos estilos de fotografía, de otros que también existen en el mercado, de las diferencias entre unos y otros, de sus principales representantes, e incluso contaremos con la colaboración de alguno de ellos. Yo mismo tengo muchas experiencias que puedo compartir con vosotros.

Para responder a tus preguntas tenemos por delante muchos más capítulos. No dudes en ponerte en contacto conmigo a través de mi correo carlos@carlosvaq.com o busca en Facebook la página *Tu boda.*

245 palabras   *Adaptado de www.ivoox.com/podcast-tu-boda-fotografia*

---

4 Podcast: audio.

EXAMEN 5. Individuo, alimentación, salud e higiene

Pistas 1-6. Tarea 1, p. 171
Pista 1   Conversación 1

Narrador: Va a escuchar a unos padres que están hablando sobre su hijo.

Mujer: No sé qué le pasa al niño, no deja de llorar…

Hombre: Quizá le ha sentado mal la comida. No sé, voy a echarle un vistazo. Creo que no es más que un catarro. Se habrá contagiado en la guardería.

Mujer: Es verdad. Voy a darle un analgésico a ver si así puede dormir y nos deja ver la película tranquilos.

Pista 2   Conversación 2

Narrador: Va a escuchar una conversación entre dos viejos amigos que se encuentran por la calle.

Juan: Hombre, Pedro, ¡cuánto tiempo…! ¿Qué es de tu vida?

Pedro: Pues nada, aquí me ves. Vengo de hacerme un empaste en una muela. ¿Y a ti, Juan, qué te ha pasado que estás vendado?

Juan: Pues que me he caído y me he hecho un esguince.

Pedro: ¡Bueno, Juan…! ¡Con la salud de hierro que has tenido siempre!, ¡vaya faena! ¿No?

Pista 3   Conversación 3

Narrador: Va a escuchar una conversación en un restaurante entre un camarero y una clienta.

Hombre: ¿Sabe ya lo que va a tomar?

Mujer: Sí, de primero fabada y de segundo, no sé… ¿Qué me recomienda?

Hombre: Fuera de la carta tenemos lubina al horno y pechuga empanada con salsa de jerez y miel.

Mujer: Pues, la pechuga. Y de postre, una macedonia.

Hombre: ¿Y para beber?

Mujer: Agua, agua del grifo, por favor.

Pista 4   Conversación 4

Narrador: Va a escuchar una conversación entre dos compañeras de piso.

Mujer 1: Creo que tenemos que hacer un pequeño botiquín.

Mujer 2: Sí, me parece una buena idea. Por cierto, ¿me puedes dejar una lima? Se me ha roto una uña.

Mujer 1: Sí, mira, tienes una en mi mesilla. ¿Y tú tienes una gasa? Es para desinfectarme un grano…

Mujer 2: Lo siento, no tengo ninguna. Luego compramos un paquete, ¿vale?

Pista 5   Conversación 5

Narrador: Va a escuchar una conversación telefónica entre dos amigas.

Mujer 1: ¡Enhorabuena, Teresa! ¡Abuela por segunda vez! ¿Qué ha sido, niño o niña?

Mujer 2: ¡Niña…! ¡Y ya sabes que las niñas me vuelven loca!

Mujer 1: Oye, ¿se parece a su hermano, Álvaro?

Mujer 2: ¡Qué va, es clavada a mi nuera!

Mujer 1: ¿Y cómo le han puesto?

Mujer 2: Magia, ¿qué te parece? ¡Desde luego, los jóvenes de hoy en día no tienen dos dedos de frente…!

Pista 6   Conversación 6

Narrador: Va a escuchar una conversación telefónica entre un profesor y la madre de un niño.

Hombre: Siento decirle que su hijo se ha caído en el patio… Lo hemos llevado al ambulatorio y le han dado puntos.

Mujer: ¿Pero está bien?

Hombre: Tranquila, está bien. Tiene un golpe en la frente y un pequeño corte en la rodilla, pero es leve y no creo que le quede luego cicatriz.

Mujer: ¿Y le han dado algún medicamento?

Hombre: Sí, una pomada y un antiinflamatorio.

Pista 7. Tarea 2, p. 172

Plácido: El tabaco acompaña a los fumadores y eso hace que se convierta en un amigo inseparable y que cuando se deja el tabaco, se sienta como un duelo.

Teresa: Muchos fumadores se apoyan en el tabaco para muchas cosas.

Plácido: Cuando alguien toma la decisión de dejarlo se enfrenta a una tarea de aprendizaje extraordinariamente difícil. Dentro de Atención Primaria tenemos dos formas de actuar: de forma individual o de forma grupal, porque claro, el aprendizaje del fumador es un aprendizaje en grupo.

Teresa: Nosotros, en la Unidad de Tabaquismo del hospital de La Princesa de Madrid, lo que hacemos son terapias individuales, no grupales, porque para eso tenemos muy buena relación con nuestros centros de salud y les servimos de apoyo a ellos cuando lo necesitan. Yo creo que es fundamental tanto el abordaje multidisciplinar como la buena coordinación entre los centros de salud y todos los especialistas.

Plácido: ¿Qué hace falta para dejar de fumar? Tres cosas: primero, querer dejarlo; segundo, lo que antes se llamaba fuerza de voluntad y hoy motivación; tercero, saber cómo dejarlo.

Teresa: Todos sabemos que el tabaco es malo, pero no está mal que nos lo recuerden con datos porque eso a los pacientes muchas veces se les olvida. Si se les recuerda que con una calada van 50 000 sustancias, ya asusta más. Y si te hablan de esas sustancias, como la naftalina, el níquel, etc., más aún.

Plácido: No solo es prevenir recaídas que, efectivamente, son un gran problema y algo prevenible, sino aprender a afrontar la recaída en caso de que se produzca. Hay personas que recaen y otras que no y eso nos lleva a la clarificación de que hay personas que no son adictas. El verdadero problema de la recaída son los adictos.

Teresa: Deben tomar una decisión que implique un compromiso, que tengan expectativas correctas e incluso aprovechar el esfuerzo y verlo como una oportunidad para introducir hábitos saludables en el estilo de vida.

327 palabras

Adaptado de «Para todos la dos». RTVE.

Pista 8. Tarea 3, p. 173

Entrevistador: ¿Dar la mano de una forma correcta para dar una buena impresión a los demás dice muchas cosas de nosotros?

Elsa: Absolutamente. Cada gesto dice algo de quiénes somos y el saludo es la primera impresión que ofrecemos a los demás.

Entrevistador: ¿Y por qué razón frotamos nuestras manos desnudas con gente que a lo mejor no conocemos?

Elsa: Darse la mano es un rito bastante corriente en muchísimas partes del mundo, empezando con nuestros primos lejanos, los chimpancés, donde los más dominantes extienden una mano abierta a sus subordinados en un gesto como para calmarles, no para hacerles daño. En los grupos humanos es al revés: suele ser el subordinado el que inicia el apretón de manos porque de alguna forma el iniciar tú el saludo te hace más vulnerable.

Hay otras formas de saludarse que son más agresivas; por ejemplo, hay unas tribus esquimales que saludan a los nuevos a base de bofetones. Se van dando bofetones, cada vez más fuertes, hasta que uno cae al suelo.

Entrevistador: El dar la mano puede resultar violento también…

Elsa: Sí. Yo creo que vamos a dar algunos trucos para dar la mano.

Entrevistador: Sí, claro, vamos a ver el primero.

Elsa: Se ha demostrado que hay una relación muy directa entre cómo eres tú y cómo das la mano, es decir, que a veces no es fácil cambiar el modo de darla, pero vamos a ver por lo menos algunas de las peores, que es con la palma hacia abajo. Lo que se está diciendo es básicamente autoridad, dominancia, estoy aquí, mando yo. Cuidado con las personas que dan la mano así.

La mano hacia arriba es todo lo contrario: vulnerabilidad. Puede estar bien si el otro te pone su otra mano abajo, porque te está pidiendo disculpas. Realmente si das la mano hacia arriba parece que te estás excusando por algo.

Muy importante es la posición de los pulgares. Si pones el pulgar encima indica superioridad, porque además me obligas a bajar el mío. Si mi mano está hacia abajo o con el pulgar hacia abajo yo, de alguna forma, me estoy dejando dominar.

Entrevistador: ¿Por qué nos disgusta tanto el apretón de manos flojo?

Elsa: Porque se suele percibir que la persona que da el apretón tiene muy poco interés por ti o que es una persona blanda, sin carácter. Hay un estudio que dice que en una entrevista de trabajo si das un apretón de manos fuerte tienes más posibilidades de conseguir el trabajo, sobre todo si eres una mujer, porque estás destacando.

Entrevistador: Entonces, Elsa, ¿cuál sería la forma correcta de dar la mano?

Elsa: En principio y como norma general la mano de frente, nunca abajo o arriba y los pulgares horizontales, excepto si quieres pedir perdón. Y un truco: si das la mano como he dicho antes y tocas un poquito el codo del otro, le das inmediatamente sensación como de más calidez. ¡Ah! Y decir el nombre del otro mirándole a los ojos.

500 palabras

Adaptación de «Los gestos nos definen».
www.cuatro.com/el-hormiguero/Elsa-Punset

Pistas 9-15. Tarea 4, p. 174
Pista 9   Persona 0 (ejemplo)
Mujer: Yo soy muy dormilona. Fíjate: estoy acostumbrada a hacer pasteles y hasta llevando dos cartones de huevos por las escaleras di dos cabezadas. No se me cayeron, pero me dormí. Otras veces mientras ceno me duermo y se me cae el cuchillo. Si hay tormenta no siento los truenos; si mi marido se levanta, tampoco me entero… Antes más que ahora.

La opción correcta es la G.

Pista 10   Persona 1
Hombre: Soy Guardia Civil y cuando tenía veinte años fui destinado a Fuenterrabía. Desde Fuenterrabía al puerto hay un muro. Haciendo el servicio por la noche yo iba siempre de jefe de pareja, y entonces iba delante y me quedaba dormido de pie y, para no caerme, me pegaba al muro mientras iba andando y así no me caía en el trayecto.

Pista 11   Persona 2
Hombre: Ahora mismo, si estoy delante de la tele y con falta de sueño, entro en coma; y se lo digo yo porque mi mujer es enfermera de urgencias y lo dice. También si en ese momento estoy comiendo pipas, mientras me duermo, continúo comiéndolas sin darme cuenta. Les he dicho a mis hijos que me graben para ponerme en YouTube. Cuando me despierto, estoy con todas las cáscaras encima.

Pista 12   Persona 3
Mujer: Un año fui con mi marido a Roma. Cuando entramos en la Capilla Sixtina, nos sentamos y estábamos tan relajados viendo las obras de arte que nos quedamos los dos roncando. Menos mal que no había por allí ningún ladrón. Estábamos, literalmente, en la gloria. Pero sin duda alguna, para mí el mejor somnífero es la tele. Me siento delante y a los cinco minutos estoy dormida.

Pista 13   Persona 4
Mujer: Mi marido, cuando éramos novios, se daba cuenta de que me había dormido porque le daba golpes en la espalda con el casco cuando íbamos montados en su Vespa. Me quedaba dormida yendo de «paquete» en la moto. Puedo dormirme de pie, sentada, con ruido, luz o como sea.

Pista 14   Persona 5
Mujer: Yo duermo muy poquito. Me acuesto sobre las once o así, leo un poquito y a las tres y media ya estoy levantada. A mí antes me encantaba dormir por la mañana, pero ahora tengo síndrome de piernas inquietas y con eso no se duerme. Luego el día, para mí, es muy largo y me da tiempo a hacer de todo.

Pista 15   Persona 6
Hombre: Yo soy de dormir poco también pero porque para mí es una pérdida de tiempo; es necesario dormir, claro, pero prefiero estar despierto aunque no tenga nada que hacer. Suelo dormir unas cinco horas o menos. Me acuesto sobre las doce, leo un ratito y a las cinco me levanto. Y aguanto muy bien, porque las horas que duermo descanso bien.

Adaptado de «¿Cómo duermes?» Herrera en la Onda. Onda Cero.

Pista 16. Tarea 5, p. 175

Acento mexicano

Pues el chocolate, todos lo sabemos, es básicamente un alimento, además de que a mucha gente le gusta. Sin embargo, se han hecho estudios muy interesantes desde el punto de vista clínico y epidemiológico que han demostrado que el chocolate, y particularmente el cacao, componente más importante del chocolate, tiene muchos beneficios para la salud. Por ejemplo, en la salud cardiovascular, en la regulación de la presión arterial y, muy recientemente también, se ha descrito un efecto que previene el desarrollo prematuro de la diabetes, una enfermedad común hoy en día.

Muy interesante es la historia del chocolate, del cacao, en realidad, que es originario de aquí, de América. Los mexicas fueron los primeros que empezaron a utilizar el cacao como una infusión precisamente por el efecto calórico y energizante que tiene.

Fue Hernán Cortés, futuro conquistador, el que primero se dio cuenta de que este producto tan particular tenía un efecto energizante en sus soldados. Él lo llevó a Europa, primero a la Corte española. Ahí los Padres Agustinos asumieron casi como un secreto de estado el cómo se preparaba esta infusión. Después, bueno, con todas las conexiones que tenían en aquel tiempo los países europeos entre sus soberanos, pasó a Francia, a Inglaterra y se consolidó el cacao como un producto. Los suizos fueron los primeros en fabricar en primer lugar el chocolate con leche y después las distintas variedades.

Evidentemente, el chocolate, sobre todo el buen chocolate, es cacao de buena calidad y tiene su precio. Dicen que el ecuatoriano es el mejor cacao del mundo y está claro que cuando uno quiere consumir un buen chocolate tiene que pagarlo. Lo ideal sería que todos lo consumieran por salud a modo de prevención. Para todo el mundo sería altamente recomendable consumir pequeñas porciones de buen chocolate con alta proporción de cacao, pero las condiciones del mercado no siempre lo permiten.

El cacao, dentro de sus múltiples componentes, contiene una sustancia muy particular llamada *flavonoide*, que son antioxidantes. El proceso de acumulación de colesterol y de grasa a nivel de los grandes vasos, que termina por bloquearlos, va acompañado de un fenómeno de oxidación. Entonces, cuando uno consume antioxidantes, en este caso *flavonoides* provenientes del cacao, va a ejercer un efecto protector que permite disminuir el proceso.

384 palabras   *Adaptado de El chocolate y sus beneficios a la salud www.youtube.com*

PRUEBA 3

Pista 17. Tarea 1, p. 176

En los últimos años, con el desarrollo de los teléfonos móviles, hemos visto que se han colocado antenas por todas partes. Las emisiones que producen estas antenas están dentro de las llamadas de radiación no ionizante, que es toda energía en forma de ondas que se propagan a través del espacio.

Esta emisión de radiación puede producir cambios eléctricos en la membrana de todas las células del cuerpo, alterando los flujos celulares de algunos iones, sobre todo el calcio, lo que podría tener efectos biológicos importantes.

Aunque es indudable que ejercen efectos biológicos, el papel de las radiaciones no ionizantes como agentes cancerígenos es polémico.

Un estudio importante que está realizando el Centro Internacional de Investigaciones sobre el Cáncer –organismo especializado de la OMS– examina las relaciones entre la utilización de teléfonos móviles y posibles efectos adversos y aconseja:

- Que se cumpla la normativa, que se aisle apropiadamente la zona y que se tenga en cuenta a los vecinos de los alrededores: las ondas afectan horizontalmente más a los vecinos de enfrente que a los propios.

- Medidas sencillas de protección: vallas o barreras en torno a los emplazamientos de antenas pueden contribuir a evitar el acceso no autorizado a zonas donde quizá se excedan los límites fijados.

Desde el punto de vista de la salud pública, se piensa que hay que considerar estos hallazgos como serias advertencias sobre los potenciales efectos adversos de la radiación no ionizante.

237 palabras   *Adaptado de www.tuotromedico.com*

Pista 18-23. Tarea 1, p. 201

Pista 18 **Conversación 1**

Narrador: Va a escuchar una conversación sobre el tema de las elecciones.

Mujer: ¡Por fin ha terminado la campaña electoral! Estaba ya aburrida de tanto discurso.

Hombre: Sí, hoy nos toca jornada de reflexión. Por cierto, ¿ya sabes a quién vas a votar?

Mujer: Pues no me convence ninguno de los candidatos. No sé si abstenerme… ¿Y tú?

Hombre: Ya sabes que yo soy fiel a mi partido. Aquí tengo la papeleta preparada. ¡Venga, decídete y vamos juntos a votar mañana!

Pista 19 **Conversación 2**

Narrador: Va a escuchar una noticia sobre la jornada electoral.

Mujer: Acaban de cerrarse los colegios electorales. Mientras se procede al recuento de votos, vamos a hacer un repaso de las noticias más destacadas del día.

Hombre: ¡María, las noticias!

Mujer: Los líderes de los partidos políticos han acudido temprano a depositar su voto en las urnas. Las encuestas de opinión dan como ganador de estas elecciones a…

Hombre: ¡María, corre, que ya van a dar los resultados!

Pista 20 **Conversación 3**

Narrador: Va a escuchar una conversación sobre la noticia de un secuestro.

Mujer: ¡Qué fuerte!... El secuestrador la tuvo encerrada ocho años en el sótano de su casa hasta que ella pudo escaparse.

Hombre: ¿Cómo es posible que ningún vecino notara nada?

Mujer: Espero que se celebre pronto el juicio y que lo manden muchos años a la cárcel.

Hombre: ¡No me cabe en la cabeza que la policía no haya encontrado una sola pista en todos estos años!

Pista 21 **Conversación 4**

Narrador: Va a escuchar una conversación entre dos personas mayores.

Hombre: ¿Has leído el periódico? ¿Qué te parece la disminución del número de creyentes y practicantes en los últimos 20 años?

Mujer: Pues fatal… Parece que eso de rezar y de ir a la iglesia no les va mucho a los jóvenes. ¡Ya nada es pecado! ¡Vale todo: el divorcio, el…!

Hombre: ¡Bueno mujer, no te pongas así! Los tiempos cambian… ¡Qué le vamos a hacer…!

Pista 22 **Conversación 5**

Narrador: Va a escuchar una conversación entre un padre y su hija.

Mujer: ¿Papá, es verdad que el tío Juan estuvo en la guerra?

Hombre: Pues sí…, estaba haciendo el servicio militar; se declaró la guerra y no tuvo más remedio que luchar. ¡Qué iba a hacer!

Mujer: Y lo pasó muy mal, ¿no?

Hombre: ¡Desde luego! Le dispararon y le entró una bala cerca del corazón. ¡Casi se muere!; y luego le hicieron prisionero… ¡Pero esa es otra historia!

Pista 23 **Conversación 6**

Narrador: Va a escuchar a una pareja hablando sobre los planes para el fin de semana.

Mujer: ¿Quieres que vayamos este fin de semana a mi pueblo? Es la romería de santa Ana: la gente camina hasta una ermita y allí se celebra una misa.

Hombre: ¿Y…?

Mujer: Bueno, después hay baile, música y comida en el campo. Vente, hombre, que lo pasaremos bien; y así conoces a mi familia…

Hombre: ¡Ah, ahora recuerdo que tengo partido de tenis! ¡Qué lástima…!

Javier: Para mí, el Camino de Santiago es un camino de transformación, un coqueteo constante con la muerte, no siempre física, sino interior. Creo que, en esos 30 días aproximadamente que dura el Camino andando, lo que se produce es una transformación del sujeto, si se es peregrino, no turista.

Marta: Se dice que Compostela significa *Campo de estrellas* y se llama Santiago porque el apóstol lo recorrió en un momento de su vida.

En realidad fue a finales del siglo XIX cuando se cavó detrás del altar: allí se descubrieron unos huesos en una arqueta y el papa León XIII declaró dogma de fe lo que había sido tan solo una leyenda. Nadie podrá demostrar que los restos que están allí son del apóstol Santiago, primero porque no hay pruebas científicas firmes que lo digan. Se podría ver, hoy en día, solamente si se conservara el cuerpo de Juan, porque al ser hermanos podríamos comparar el ADN. Desgraciadamente, no se sabe lo que pasó con él en Éfeso. Es decir, nunca se podrá afirmar nada positivo, pero negativo tampoco.

Javier: ¿Pero cómo se explica que desde que Santiago predicó en España hasta el siglo XI no haya ningún testimonio escrito de los escritores cristianos de la época, muchos de ellos santos? El hecho real es que el apóstol nunca estuvo en España. Además no es verdad que sea una tradición de 2 000 años. Lo que es cierto es que esté o no esté Santiago allí, lo que se ha generado es increíble, y está muy bien, porque le da más publicidad para que la gente vaya.

Marta: Hay un lugar en el Camino, llamado *O Cebreiro*, donde se cree incluso que conservan el Santo Grial y, aunque hay pruebas de que no lo es, está vinculado a unas leyendas muy bonitas. Esta creencia tuvo tal trascendencia, que los Reyes Católicos acudieron a Santa María del Cebreiro para visitar la iglesia y quisieron llevarse el cáliz del milagro.

328 palabras

Adaptado de El otro lado de la realidad.
«El Camino de Santiago». Javier Sierra. Telemadrid.
www.ivoox.com

Entrevistadora: Tenemos la sensación de vivir sin sosiego, empujados por una fuerza que no sabemos de dónde viene y proyectados hacia un destino que tampoco conocemos con seguridad. Desde que nos levantamos hasta que nos acostamos, con los acontecimientos del día, nuestras ocupaciones, nuestros problemas, a veces surgen muchas preguntas. Es lo que ha hecho el ser humano desde el primer pensamiento racional. Esto se lo vamos a trasladar al profesor de Filosofía y Teología de la Universidad de Barcelona, don Francesc Torralba, autor de más de 50 libros que han sido traducidos a muchísimas lenguas. Buenas tardes.

Francesc: Buenas tardes.

Entrevistadora: Preguntas y más preguntas… ¿Es bueno preguntarse cosas?

Francesc: Forma parte del oficio del filósofo. De hecho es lo que hacemos, formular preguntas. Y a veces encuentras respuestas provisionales, nunca científicas; especialmente cuando hablamos del sentido de la vida nunca encontramos una respuesta concluyente; uno indaga, experimenta, explora, escucha cómo los otros han dado sentido a su vida y trata de buscar su propio sentido.

Entrevistadora: Si le hiciéramos esta pregunta a un teólogo, contestaría de una manera; a un científico, de otra…

Francesc: Y dentro de los científicos habría respuestas muy distintas, y también dentro de los teólogos y dentro de los filósofos, porque no hay una única respuesta al sentido de la vida y eso es lo más interesante.

Entrevistadora: Muchas veces escuchamos que los que no piensan son más felices…

Francesc: Esto se dice mucho, pero creo que hay determinados acontecimientos que suscitan esta pregunta a todo el mundo. A lo mejor estás paseando por la playa, o has tenido una experiencia dramática, como la muerte de un ser amado, o has tenido un fracaso laboral… y esta pregunta irrumpe con mucha fuerza. Es verdad que es una pregunta que no está siempre presente, por lo general. Nuestras preguntas suelen ser instrumentales: ¿Cómo voy a pagar la hipoteca? ¿De qué manera voy a resolver las vacaciones?, pero la pregunta sobre el sentido de la vida aparece en situaciones clave.

Entrevistadora: Casi 3 000 personas se suicidaron en España el año pasado. Es mucha gente, pero no se habla de ello, ¿no?

Francesc: Es un número elevadísimo, lo que en el fondo nos hace concluir que lo que da sentido a la vida no es tanto el tener o disponer del confort y bienestar, sino el poseer vínculos sólidos, una razón por la que vivir. Hay países donde resulta muy difícil vivir un día más, y sin embargo el índice de suicidios es muy bajo. Sin embargo, en otros países donde viven con una comodidad enorme, muchas personas se quitan la vida. Esto da mucho que pensar sobre cuál es el horizonte de la felicidad, lo que realmente llena a las personas. Creo que hay una constelación de verbos que dan sentido a la vida, no una cosa solamente: dar, construir, comprometerse, contemplar, compartir…

Entrevistadora: Muchísimas gracias. Ha sido un placer hablar con usted.

Francesc: Gracias a ustedes. Hasta pronto.

492 palabras

Adaptado de Te doy mi palabra. Onda Cero.
www.ivoox.com/entrevista-a-francesc-torralba

Pistas 26-32. Tarea 4, p. 204

Pista 26   Persona 0 (ejemplo)

Hombre: Los sanfermines empiezan a las doce de la mañana del 6 de julio, con el lanzamiento del *chupinazo* desde el balcón del ayuntamiento de Pamplona, y terminan a las doce de la noche del 14 de julio con el *Pobre de mí*, una canción de despedida.

Los sanfermines tienen un origen que se remonta a varios siglos. Su fama es reciente, vinculada a la difusión que le dio Ernest Heminway.

La opción correcta es la J.

Pista 27   Persona 1

Hombre: La Iglesia celebraba San Fermín el 10 de octubre, pero cansados de las inclemencias del tiempo en otoño, se pidió al obispo el cambio al 7 de julio en 1591. Por entonces también se celebraban ferias y corridas en Pamplona en julio, así que al final acabaron uniéndose ambas cosas, la fiesta religiosa y la de los toros.

Pista 28   Persona 2

Mujer: Hay muchos extranjeros en San Fermín. El primer fin de semana sobre todo son australianos; vienen del orden de siete u ocho mil cada año. También vienen muchos estadounidenses, canadienses, mexicanos, a los que les gusta mucho esta fiesta, y gente de todo el mundo. En general los extranjeros vienen a correr sin saber cómo se hace y sin mucha conciencia, pensando que los toros son como perros.

Pista 29   Persona 3

Hombre: La verdad es que correr delante de un toro tiene sus peligros y hay que lamentar la pérdida de algunas vidas humanas, concretamente desde 1924, año en que empezaron los registros oficiales de los sanfermines, han muerto 15 personas. La última víctima mortal fue un joven de 27 años, de Alcalá de Henares, que fue cogido por el toro *Capuchino* en el año 2009.

Pista 30   Persona 4

Mujer: La gente de Pamplona, lo que hacemos muchas veces el fin de semana de los sanfermines es marcharnos fuera, porque eso de pedir una bebida y que te metan un codo por la oreja en el bar al final te agobia. Probablemente sea la semana en la que menos gente de Pamplona hay en Pamplona.

Pista 31   Persona 5

Hombre: He corrido los encierros dos veces y es una sensación muy fuerte. Los sanfermines son una tradición, pero el problema es que hay gente que se mete sin saber. Si repasamos las grabaciones de las muertes en el encierro vemos que en la mayoría de los casos es porque la persona que ha caído se levanta y eso no hay que hacerlo. Hay que seguir tumbado hasta que pasan todos.

Pista 32   Persona 6

Hombre: Creo que si desaparecieran los sanfermines acabaríamos con el turismo, aunque los extranjeros piensan que la fiesta consiste solo en correr delante de los toros, pero los encierros no se hicieron para que la gente corra sin más, sino para conducir a los corrales a los toros que se van a torear al día siguiente en la plaza. Además el corredor no tiene que tocar al toro para nada.

Adaptado de RNE. Afectos matinales. «Los Sanfermines».
www.ivoox.com

Pista 33. Tarea 5, p. 205

Acento argentino

El Carnaval es una antigua tradición en la ciudad de Buenos Aires. La sátira, el baile, la música callejera, el humor, la alegría y la burla son los rasgos más distintivos. La máscara y el disfraz crean confusión de lugares sociales y de sexos: esclavos disfrazados de señores y al revés, hombres transformados en mujer, etc. Por esta rebelión contra lo establecido, muchas veces se señaló como subversivo. Traído a nuestras tierras por los conquistadores, el Carnaval es un festejo muy antiguo en el continente europeo.

En el río de la Plata, alrededor de 1600, los esclavos negros se congregaban junto a sus amos para celebrar este festejo. Durante la época colonial, los carnavales porteños llegaron a ser famosos e incluso fueron motivo de escándalo, como el fandango que se bailaba en la Casa de Comedias.

La costumbre que caracterizó al Carnaval porteño fue la de arrojarse agua. Los bonaerenses se mojaban los unos a los otros: ricos, pobres, blancos y negros, esclavos y señores. El abuso de esta costumbre causó distintas prohibiciones.

Los esclavos aprovechaban para mojar a todo el mundo, cobrándose así pequeñas venganzas. Estos juegos terminaban muchas veces con heridos o algún muerto. Por eso, a cada comienzo de Carnaval se dictaban medidas preventivas, que nunca funcionaban porque los policías también jugaban al carnaval.

A fines del siglo XIX, pese a la ordenanza que prohibía arrojar agua, se hicieron famosos los frascos Cradwell, que se vendían en la farmacia Cradwell de la calle San Martín y Rivadavia. Estos arrojaban agua perfumada.

Al despuntar el siglo XX, cada barrio tenía su murga[5]. Eran organizadas por vecinos y comerciantes y se llevaban a cabo por agrupaciones de jóvenes artistas que, junto con los músicos y las mascaritas[6], animaban la jornada. Las plazas y las fachadas de los edificios se adornaban con guirnaldas, banderines y lamparitas de colores.

En la década del 30, las agrupaciones de carnaval de los barrios pasaron a tener nombres divertidos, acompañados del nombre del barrio de origen: Los Eléctricos de Villa Devoto o Los Averiados de Palermo son algunas murgas legendarias de aquella época.

La dictadura, en 1976, anuló el artículo primero de la ley por la cual el lunes y martes de Carnaval eran feriados nacionales. En 1983, con el retorno de la democracia, las calles de Buenos Aires retomaron la música, el espíritu y el color del carnaval, que resucitó, como ave Fénix, de las cenizas…

Actualmente, las murgas mantienen viva la pasión por la parodia, los disfraces y el sonar del bombo. Muchos jóvenes artistas del teatro, la música y la danza han retomado la estética carnavalesca, dando difusión a este género en distintos centros culturales. A través de nuevas formas, el Carnaval se recicla, revitaliza y también adopta modos de resistencia: las murgas barriales son instrumentos de integración, donde la participación y la creación colectiva eliminan el discurso anticarnavalero.

510 palabras

Adaptado del periódico VAS, Buenos Aires.
http://periodicovas.com/breve-historia-de-los-carnavales-portenos/

PRUEBA 3

Pista 34. Tarea 1, p. 206

El ayuntamiento precisa incorporar un administrativo que hable portugués y tenga experiencia en ventas. Entre sus funciones están:
- Preparación de presupuestos y relaciones con Portugal.
- Ayuda en la preparación de presupuestos para España.
- Tareas administrativas propias del departamento de ventas tanto de España como de Portugal.
- Otras tareas administrativas.
- Archivo de documentos.

---

5 Murga: por un lado, es un género coral-teatral-musical y, por otro, la denominación que se le da a los conjuntos que lo practican.

6 Mascarita: diminutivo de máscara.

- Crear bases de datos.

Requisitos:

- Formación universitaria, en especial en Ciencias Sociales o Economía.
- Idiomas: portugués, imprescindible. Se hará una prueba oral y escrita.
- Manejo de Microsoft Office: Excel y Word y correo electrónico.

Se valorará:

- Personas con experiencia en el sector.
- Persona dinámica con facilidad para trabajar en equipo.
- Persona con iniciativa.
- Compromiso.
- Flexibilidad para asumir distintas tareas.

Los interesados deben escribir una carta certificada al Departamento de Recursos Humanos del ayuntamiento antes del 15 de junio, adjuntando un currículum actualizado con fotografía. En el plazo de 15 días hábiles desde la recepción de la carta, procederemos a ponernos en contacto con el candidato para concertar una entrevista.

181 palabras   *Adaptado de http://es.jobomas.com/administrativo-con-portugues*

EXAMEN 7. Viajes, transportes, geografía y medio ambiente

PRUEBA 2

Pistas 35-40. Tarea 1, p. 239

Pista 35   Conversación 1

Narrador: Va a escuchar a una pareja que está hablando sobre su viaje de novios.

Mujer: Pues a mí me encantaría dar la vuelta al mundo… ¡Es tan romántico!

Hombre: Sí, cariño… pero tenemos un presupuesto. ¿Y un hotelito rural o una cabaña a orillas de un río con vistas a las montañas, allí solos tú y yo? Eso sí que es romántico…

Mujer: Bueno… ¿no preferirías algo más exótico o animado, como un viaje a Tailandia o un crucero?

Hombre: ¡Si tú lo dices!

Pista 36   Conversación 2

Narrador: Va a escuchar una conversación de una familia en la playa.

Mujer: El cubo, la pala y… ¡Manolo!, ¿el flotador del niño?

Hombre: ¡Lo he puesto en la otra bolsa…!

Mujer: ¡Ah, sí! Oye, dale crema a Carlitos. Y ponte tú también, si no, os ponéis rojos como un tomate.

Hombre: Vaaaale…

Mujer: ¡Agg…, el agua está llena de algas! ¡Y han puesto bandera roja…! ¡Hoy no nos bañamos…!

Hombre: Bueno, podemos pasear… o jugar a las palas.

Pista 37   Conversación 3

Narrador: Va a escuchar una conversación en la recepción de un hotel.

Hombre: ¿Puedo ayudarle en algo, señora?

Mujer: Pues sí, quería pedir la hoja de reclamaciones…

Hombre: ¿Tiene algún problema?

Mujer: Uno no, varios. He reservado una habitación doble que dé al mar y solo veo al vecino de enfrente. En lugar de una cama doble hay una individual y otra supletoria y, para colmo, el aire acondicionado no funciona.

Hombre: Lo siento mucho, señora, veré lo que se puede hacer.

Pista 38   Conversación 4

Narrador: Va a escuchar una conversación telefónica entre una mujer y su marido.

Mujer: ¡Mariano, se me ha pinchado una rueda y me he chocado contra unos arbustos! Estoy muy nerviosa… ¿Qué hago?

Hombre: Bueno, mujer, tranquila. Ponte el chaleco amarillo, coloca la señal de accidente y luego llama al seguro. Te enviarán una grúa para llevar el coche al taller.

Mujer: ¿Y por qué no vienes tú y me pones la rueda de repuesto?

Hombre: Pero, Lola, ¡si estoy de viaje por Andalucía…!

Pista 39   **Conversación 5**

Narrador: Va a escuchar una conversación entre unos amigos que están preparando un viaje.

Hombre: Bueno, entonces dormimos en el mismo compartimento los cuatro y por la mañana llegamos allí tan frescos.

Mujer: No sé yo…, ¡seguro que no pego ojo!

Hombre: Que no, mujer… Bien, el sábado hacemos alpinismo y el domingo el descenso por el barranco… ¡Ah!, y por la tarde vemos la puesta de sol, es impresionante.

Mujer: ¡Ya verás cómo a esa hora cae un chaparrón!

Pista 40   **Conversación 6**

Narrador: Va a escuchar una conversación entre dos personas que viajan en coche siguiendo las instrucciones de un navegador.

Mujer (voz de navegador): Gire a la derecha en el primer cruce. Cuando llegue a una rotonda coja la salida en dirección Burgos.

Hombre: Margarita que por ahí no es… ¿No ves que nos estamos saliendo de la carretera?

Mujer (voz de navegador): Dé la vuelta en cuanto pueda y coja la autovía A1 en dirección Burgos. Dé la vuelta ahora.

Hombre: ¡No, Margarita no frenes aquí, que estamos en plena curva!

Pista 41. Tarea 2, p. 240

Joan: Las motivaciones son distintas para elegir los viajes organizados. … En muchos casos, en los que predominan las motivaciones más de curiosidad o de conocimiento, el compañero de viaje es un daño inevitable. En cambio, hay otras personas que van buscando el hacer nuevas amistades. Por tanto, en la medida en que las motivaciones son diferentes en los viajeros, la relación con los compañeros también será distinta.

Montse: Los viajes son algo más que simples contenidos. No es ir a ver un país o ciudad determinados, sino que hay muchas más cosas, sobre todo vivir experiencias y sensaciones distintas; sobre todo, en los viajes organizados en grupo, la mayor demanda es la de poder mantener relaciones con la gente. Normalmente, estas relaciones se mantienen. Claro, a veces hay compañeros insoportables: el que no se ducha, el que quiere llevar la voz cantante… pero estos, afortunadamente, son casos aislados.

Joan: Yo tenía un amigo que, en broma, solía decir que cuando Sartre dijo eso de «el infierno son los otros» era justo después de un viaje organizado. Es cierto que tú sabes cuáles son tus motivos para hacerlo, pero no tienen por qué coincidir con los de los demás. Nos hemos ido volviendo cada vez más viajeros y más exigentes con el producto comprado, pero también con los compañeros de viaje. Queremos que el viaje sea un éxito y eso también depende del otro. Además, en los viajes organizados se pierde un poco el contacto con los nativos…

Montse: No es verdad, porque en grupo también se habla con los de allí. Lo que limita esto es el idioma, claro, pero con gestos te puedes comunicar.

Joan: Pero si quieres tener más relación con la cultura local, tienes que ir más libre y estar dispuesto a pasar más tiempo. En realidad los humanos nos movemos entre dos extremos: el gusto por lo que es distinto y nuevo y la necesidad de ser una comunidad. Según el grupo buscaremos actividades de uno de los dos tipos.

341 palabras   *Adaptado de Para todos la 2. «viajes organizados». RTVE.*
                                                  www.rtve.es/alacarta/

Pista 42. Tarea 3, p. 241

Presentadora: Doctor, buenas noches.

Francisco Lozano: Buenas noches.

Presentadora: A lo largo de la historia varios científicos han intentado controlar el tiempo. ¿Crees que la ciencia lo hará posible algún día?

F.L.: No se puede decir ni que *sí* ni que *no* ahora mismo, porque impedimentos teóricos no existen, aunque todas las nociones que tenemos en estos momentos contradicen esa posibilidad siempre que se hable de viajes hacia el pasado. Me explico: Prigogine, Premio Nobel ruso, en uno de sus trabajos sacó varias conclusiones, una de las cuales es el hecho de que del pasado solo se puede fluir al presente y del presente solo se puede fluir al futuro. Esto sería una propiedad intrínseca de la naturaleza que no podemos violar de ninguna manera, por muy sofisticadas que sean las teorías y por muy costosas y elaboradas que sean las máquinas. Sin embargo, esta es una tesis, con su correspondiente trabajo científico detrás que lo apoya. Pero eso no significa que la ciencia permita los viajes en el tiempo hacia el futuro en estos momentos de una manera clara, y cuando digo «los permita» quiero decir no tanto en la práctica como en la teoría. Sabemos que a partir de la teoría de la relatividad de Einstein los tiempos de los objetos en movimiento no son nunca los mismos; por tanto, el móvil que vaya a una mayor velocidad que otro móvil tendrá un tiempo más rápido que el otro, con lo cual el primero respecto al segundo estaría viajando al futuro. Pero la flecha del tiempo de Prigogine y de tantos otros científicos impediría los viajes al pasado.

Presentadora: ¿Podemos estar seguros de que a día de hoy no existe ningún científico que, de forma privada, haya creado algo similar a la máquina del tiempo?

F.L.: Yo diría que no, pero claro, no puedes estar en varios sitios a la vez viendo todo lo que se investiga. Aun así, con las condiciones teóricas que tenemos en estos momentos, me atrevería a decir que no es posible.

Presentadora: ¿Qué es la *transcomunicación* y cómo podría ayudar en los viajes en el tiempo? Quiero decir, comunicarnos con alguien que está en otro plano o en otra dimensión.

F.L.: Ahora mismo no parece factible, aunque hay un enorme debate entre los científicos sobre este tema. ¿Podría haber universos con diferente espacio-tiempo que fluyen de una manera distinta al nuestro? No hay ninguna razón científica para pensar que no existan, pero no hay pruebas y todo son especulaciones.

Presentadora: Sabemos que experimentar con el tiempo puede resultar muy peligroso. Creo que Tom Bearden y Peter Kelly, durante un experimento de vanguardia, lograron abrir un agujero en el espacio-tiempo…

F.L.: El hecho de abrir un agujero en el espacio-tiempo se ha conseguido en muchas ocasiones en el campo de la mecánica cuántica con partículas. A nivel microscópico este fenómeno se repite en muchas ocasiones, pero de ahí a trasladarlo al campo humano, hay un abismo impresionante.

Presentadora: Muy interesante, Francisco. Gracias y hasta pronto.

504 palabras   Adaptado de «Luces en la oscuridad».
                                   Entrevista a Francisco Lozano Winterhalder. ABC Punto Radio.
                                   www.ivoox.com y www.abc.es/radio

Pistas 43-49. Tarea 4, p. 242
Pista 43   Persona 0 (ejemplo)
Hombre: En mi casa siempre me cuentan una cosa vinculada a esto. Mi padre acababa de recibir la plaza de cartero en Rosas, Gerona, y mi madre veraneaba allí. Se conocieron la noche anterior. Como en aquella época estaba mal visto llegar a casa tarde, la Luna les brindó la coartada perfecta para irse a un teleclub y estar juntos hasta altas horas. Le debo mucho a aquel acontecimiento.
La opción correcta es la I.

Pista 44   Persona 1
Hombre: Aquella noche estaba en una situación muy curiosa, porque yo tenía un niño de un año, que llevaba llorando toda la noche, así que estaba atendiendo al niño y viendo la tele a la vez. Me sentía emocionado como periodista ante lo que estaba ocurriendo y al mismo tiempo nervioso como padre. Estuve todo el tiempo haciendo dos cosas a la vez.

Pista 45   Persona 2
Mujer: Pues estábamos en un pueblecito de Málaga, donde siempre hemos veraneado. Como yo trabajaba en agosto, me iba con mis padres allí, porque mis hijas eran muy pequeñas y cuando por la mañana me iba, las niñas se quedaban con mi madre. Bueno, pues estábamos allí y recuerdo que nos levantamos a las tantas, después de estar todo el día emocionados. Tengo ese recuerdo de una noche de grandes emociones.

Pista 46   **Persona 3**

Mujer: Estaba en Ibiza y tenía diez años. Lo recuerdo perfectamente porque fue un acontecimiento impresionante. Mi abuela no se lo creía. Le decíamos «abuelita, está llegando el hombre a la Luna». A mí me parecían como dos muñecos animados, porque todavía era pequeña, pero por supuesto me lo creía. Y ella decía: «No, estos se han ido de vacaciones y luego vuelven contándonos que han estado en la luna».

Pista 47   **Persona 4**

Hombre: Yo estaba en un pueblo de la Costa Brava con mis padres, de veraneo. Estábamos ya dormidos, pero mis padres nos despertaron, y yo recuerdo veladamente la imagen de la tele en blanco y negro. La imagen que tengo en la cabeza no sé si es la que vi en ese momento o la que he visto un montón de veces después.

Pista 48   **Persona 5 (acento mexicano)**

Hombre: La iconografía del espacio, de los nuevos mundos, me tenía auténticamente cautivado. Fue una cosa magnética para aquellos niños nacidos en aquella época el ver a un señor que está flotando por un espacio que no entiendes muy bien y, de repente, pisa y deja esa huella en el suelo que, además, no se borra nunca.

Pista 49   **Persona 6 (acento rioplatense)**

Hombre: Hay que ser muy testarudo para decir «yo voy a la Luna», porque muchos te van a decir que no lo hagas. De gente que se arriesga, que tiene coraje y valor, yo saco siempre una conclusión: que el ser humano es increíble y que a veces hace cosas fantásticas, como el ir a la Luna. Ahora solo falta que se invente la teletransportación y que podamos ir a Marte.

Pista 50. Tarea 5, p. 243

Tal vez sea una tentación irresistible acercarse a la figura de Cristóbal Colón, el hombre que hace más de cinco siglos descubrió América, como si se tratara de una encrucijada de misterios por resolver, pero hay muy pocos aspectos de la vida del célebre almirante que no hayan sido evocados por los historiadores de manera contradictoria.

Colón es el autor del descubrimiento geográfico más importante de la historia. Su nueva ruta hacia América fue un elemento decisivo hacia la expansión mundial de Europa. ¿Cómo se explica entonces que sus principales signos de identidad sean hoy, quinientos años después, motivo de discusión?.

¿Dónde y cuándo nació? Ya desde los libros de texto de la escuela primaria hemos aceptado la ciudad italiana de Génova como el lugar de origen de Cristóbal Colón. Sin embargo, numerosos estudios e investigaciones le atribuyen los orígenes más diversos dentro de la geografía italiana, española, francesa o portuguesa.

¿Cómo era su aspecto físico? Fray Bartolomé de las Casas describe a Colón como una persona «de aspecto venerable, de gran estado y autoridad», pero los detalles físicos varían notablemente en función de los retratos inspirados en la persona del almirante.

¿Cómo se explica que conociera una ruta que aún no había hecho nadie antes? ¿O sí se había hecho? Navegar a occidente para llegar a poniente es una idea que venía repitiéndose desde la más remota antigüedad, según dejaron constancia los sabios griegos .

Holberg, en su libro *Los noruegos en la época pagana,* hace referencia a un viaje realizado en 1347 desde Groenlandia hasta la península del Labrador, al norte de Nueva York, es decir, 150 años antes del viaje de Colón.

Y conforme avanzamos en su biografía, los interrogantes se suceden: ¿fue un esclavista que sometió a los indígenas americanos? O por el contrario, tal como apuntan algunos de sus legados y cartas, ¿fue un humanista respetuoso y protector con la cultura que acababa de descubrir? ¿Por qué desembarcó en Portugal, a la vuelta de su primer viaje, en lugar de hacerlo en España?

Oficialmente, los restos de Colón reposan en Sevilla, pero ¿es realmente en la capital andaluza donde está enterrado el almirante? ¿Y en qué lugar falleció?

Ante un hecho tan crucial que cambió la historia de la humanidad, puede que estos interrogantes no se merezcan el tiempo y la importancia que el debate histórico les ha otorgado, pero no deja de ser curioso que la vida del navegante más célebre de todos los tiempos, el hombre que el 12 de octubre de 1492 consiguió desembarcar en un nuevo continente y trazar una ruta de ida y vuelta entre Europa y el llamado Nuevo Mundo, genere tantas controversias después de medio milenio.

Algunos dicen que el ocultismo que gira en torno a la figura de Colón es fruto de una censura oficial que ha condicionado nuestra percepción clara de los hechos, y por esto tenemos tantas teorías sobre su vida.

Adaptado de Para todos la 2. «Cristóbal Colón». RTVE.
www.rtve.es/alacarta

Pista 51. Tarea 1, p. 244

La factura del teléfono, el recibo de la hipoteca, un problema con el tinte o ese vuelo que llegó ocho horas tarde. En el último año las reclamaciones han aumentado un 22%. ¿Estamos más informados o miramos más cada euro? ¿Qué es lo que denunciamos? Los problemas con las compañías telefónicas acaparan una de cada tres reclamaciones. A algunos usuarios les han suplantado la identidad y les han hecho un contrato de teléfono a su nombre. Aunque la empresa lo ha reconocido así, siguen llegando los recibos. Reclamar es una odisea: muchos minutos al teléfono escuchando una música repetitiva e incluso ofertas de Internet cuando tan solo se pretende dar de baja la línea.

Las denuncias a las compañías aéreas han aumentado un 50% en el último año. Comentamos el caso de un grupo de turistas que reclama costes e indemnizaciones a una compañía que anuló el vuelo cuando estaban en la misma puerta de embarque. En las zonas rurales son más escasas las denuncias, pero Teresa intenta que no sea así. De pueblo en pueblo enseña a los vecinos a reclamar bajo un lema: Estamos perdiendo dinero si no denunciamos. Le cuesta hacer llegar el mensaje, porque muchos dudan que sea útil rellenar una hoja de reclamaciones. También Ramón piensa así. Acumula 30 denuncias contra los morosos que le deben más de un millón de euros, pero aún no ha conseguido nada. Por eso va de puerta en puerta reclamando el dinero para que su empresa no quiebre.

Adaptado de Comando actualidad. RTVE.
www.rtve.es

Examen 1. Información, medios de comunicación y sociedad

LÉXICO

INFORMACIÓN Y MEDIOS DE COMUNICACIÓN   p. 10

1. a-1; b-6; c-2; d-3; e-5; f-4.
2. 1-c; 2-a; 3-b; 4-e; 5-d. *Después de escribir una carta hay que guardarla en el **sobre**, y luego, escribir el nombre del **destinatario** y detrás el del **remitente**. Por último, se pega un **sello** y se echa al **buzón**.*
3. 1-d: en mano; 2-b: a mano; 3-e: apdo.; 4-f: casualidad; 5-i: por escrito; 6-a: prefijo.
4. a-digital; b-cliente; c-el recibo; d-revertido; e-plana; f-buzón; g-batería; h-baja; i-saldo; j-cobertura.
5. Respuesta libre.
6. Respuesta libre.
7. Se trata de un grupo de jóvenes. Están sentados en la calle. Están mirando su móvil. A pesar de estar juntos, no hay comunicación. Cada uno está pendiente de su propio móvil. Están juntos, pero aislados.
8. Respuesta libre.
9. a. Tipos de prensa:, la prensa escrita, la prensa amarilla (sensacionalista), la prensa gratuita, el suplemento, la prensa rosa (del corazón), la prensa deportiva, la prensa económica; b. Secciones de un periódico: la crónica, la primera página, el editorial, la crítica, la portada, la noticia de actualidad, el artículo de opinión, la carta al director, el artículo de fondo; c. Partes de una noticia: el titular, el pie de foto; el subtítulo; d. Profesión de prensa: el corresponsal, el editor, la redacción, el redactor jefe, la edición, el enviado especial.
10. Respuesta libre.
11. La radio: a. El programa radiofónico, b. La cadena, c. El locutor, d. La emisora, f. El oyente;
La televisión: e. El canal, g. El telespectador, h. Programa televisivo, i. Teleadicto, j. Zapear.
12. a-zapear; b-oyente; c-telespectador; d-locutor; e-emisora; f-cadena.
13. Respuesta libre.
14. Posibles respuestas.
A un niño le recomendaría ver dibujos animados y una película de Disney o Pixar; A un adolescente le recomendaría ver una película de superhéroes y un documental sobre Egipto; A un joven de 25 años le recomendaría ver un reportaje sobre el medio ambiente y un capítulo de la serie *Homeland*; A un señor de 50 años le recomendaría ver un partido de fútbol entre el Madrid y el Barça y un debate político; A una señora de 80 años le recomendaría ver una telenovela y un concurso de cocina.
15. a-4; b-7; c-2; d-3; e-1; f-6; g-5.
16. A.a-9; b-1; c-7; d-3-4; e-3-4; f-1-6; g-5; h-5-8; i-2. B.1: escribir el nombre de usuario y la contraseña; 2: adjuntarlo; 3: eliminar los virus; 4: pinchar el enlace; 5: bajársela.
17. Respuesta libre.
18. a. hoy por hoy (en el momento actual, pero que podría cambiar en el futuro); b. he echado un vistazo (he mirado superficialmente); c. corrió de boca en boca (se propagó de unas personas a otras); d. se hizo un lío (se enredó); e. sé de buena tinta (lo sé de fuentes fiables); f. cada dos por tres (con frecuencia); g. de bote en bote (llena de gente); h. se fue por las ramas (se fue del tema principal); i. pagó el pato (cargó con la culpa de otros); j. pon los puntos sobre las íes (deja las cosas claras).

SERIE 1 p. 14

1-B: el. Los sustantivos femeninos que empiezan por a- o ha- tónicas o acentuadas llevan el artículo *el* o *un* (el *ar*ma, el hambre, el aula, el agua…; excepto: la a, la hache). En plural: las armas. Con adjetivo: *la peligrosa arma*.

2-B: toda el. Es la misma regla que la anterior. *Agua* es un sustantivo femenino por lo que los adjetivos y cuantificadores que lo acompañen deben ir en femenino.

3-B: gran. Se usa este apócope del adjetivo *grande* cuando va delante de un nombre en singular: gran pueblo, gran ciudad. Detrás: un pueblo *grande*, una ciudad *grande*. Plural: *grandes* pueblos, *grandes* ciudades; ciudades *grandes*. Además puede cambiar el significado: gran pueblo (tamaño e importancia); pueblo grande (tamaño).

4-A: bueno. Aunque ha nacido una niña, el sustantivo bebé es masculino y por eso el adjetivo *bueno* también tiene que ser masculino. No hay apócope porque el adjetivo va detrás del nombre.

5-B: Ø. No se usan artículos con los verbo *ser, hacerse*… más nombres o adjetivos de categorías (profesión, nacionalidad, religión…).

6-A: un. En este caso se usa el artículo porque el nombre *periodista* va calificado con *muy reconocido* y ya no tiene valor general. *Una* no puede ser porque el nombre es masculino.

7-B: Ø. No se usa el artículo cuando el objeto directo se refiere a algo general, no concreto.

8-C: de El. Cuando el artículo forma parte del nombre propio no se puede hacer la contracción *del*.

9-A: lo de. Se usa *lo de* cuando hacemos referencia, sin mencionarla, a una información que puede ser conocida o compartida por los hablantes. Las otras opciones no tienen sentido en la frase.

10-C: del. *De + el = del*. *El* se refiere al museo, presente en la frase anterior, no al nombre *Reina Sofía*.

11-C: los. Se usa este artículo en plural con nombre de día de la semana para expresar habitualidad.

12-A: unos. Con adjetivo tiene valor enfático o ponderativo. La opción b) tendría que ser *muy* y la c) es ilógica.

SERIE 2 p. 14

1-C: aquellos. Este demostrativo sirve para indicar la lejanía en el espacio o en el tiempo, como en este caso, ya que habla de su juventud, es decir, de hace muchos años.

2-A: mis compañeras. Quiere decir que son las únicas compañeras. Con *algunas y unas compañeras mías* se indica que tiene más compañeras.

3-B: suya. Aunque se trata de una amiga de él, de Juan, el posesivo tiene que concordar con el nombre al que acompaña, *amiga*.

4-B: la. Se usa el artículo en lugar del posesivo *mi, tu,*… para referirnos a partes del cuerpo, ropa, objetos personales con verbos como *doler, romperse, estropearse tener*… La posesión en estos casos se suele expresar con el pronombre de objeto indirecto: *me* duele.

5-C: media. *La mitad* se usa con *de*. Y el partitivo *media* va sin artículo.

6-A: triple. No puede ser *tercio* (que significa tres veces menos), ni *tres veces más,* porque este numeral se usa sin artículo.

7-A: tercio. Esto se deduce por el contexto (*no llegará*) ya que la cantidad debe ser inferior a la mitad. Por este motivo tampoco puede ser *triple*. *Tercera parte* necesita un artículo en femenino.

8-B: ninguna. La frase es negativa (*no han dado*) y por eso es necesario usar la forma negativa de este cuantificador. Por eso *alguna* no puede ser. *Nada de* no tiene sentido.

9-C: uno. En este contexto con *alguno* no se precisa la cantidad, pero con *uno* sí (es un motivo específico). *Ninguno* es ilógico en esta frase.

10-B: algo. Equivale a *un poco* y se usa para quitar importancia a alguna característica negativa como *descuidado*. *Poco* se usa con adjetivos de cualidades positivas, aquí sería *cuidado*, y tiene intención negativa.

11-C: Cualquier. Se usa esta forma cuando este indefinido va delante de nombre masculino y femenino.

12-A: cualquiera. Esta forma de indefinido se usa cuando va detrás de nombre masculino y femenino. También se usa para introducir complementos (cualquiera de ellos, de esto…) u oraciones de relativo.

SERIE 3   p. 15

1-C: conmigo. La opción a) es incorrecta y la b) no tiene lógica en este contexto.

2-B: te la. *Te* es el pronombre de objeto indirecto y se refiere a Jaime, que como es un vocativo está en 2ª persona. Por eso es incorrecta la opción c) *se la.* Cuando el objeto directo de una frase se sitúa delante del verbo (*la factura del teléfono*) es obligatorio usar detrás, además, la forma de pronombre de objeto directo correspondiente, (*la*) en este caso. Por eso es incorrecta la opción c) *te lo.*

3-C: se lo. El pronombre *lo* se refiere a la idea o información anterior (*Juan ha roto con Ana...*) y *se* es la forma que adopta el objeto indirecto *le* (referido a *nadie*) delante de un pronombre de objeto directo.

4-C: lo. Este pronombre puede sustituir a un atributo (estar seguro) además de a un objeto directo.

5-B: se me. Con el pronombre *se* (voz media) se presenta el hecho como involuntario. Siempre se coloca delante del otro pronombre.

6-A: quedemos. *Quedar* significa tener una cita con alguien. *Quedarse* es permanecer en el lugar donde se está, y en esta frase no tendría sentido. *Venir* implica movimiento hacia los hablantes, no hacia fuera de ellos.

7-B: se parece. *Parecerse* es ser similar a alguien en algo. *Parecer* es tener aspecto de algo y en esta frase no tendría sentido. A *es parecido* le falta la preposición *a.*

8-B: Cuántos. Los interrogativos tienen que concordar con el verbo y *cuántos* es el único que lo hace.

9-B: qué. La opción a) es incorrecta porque no tiene el valor interrogativo necesario en esta frase; y la c) también lo es porque el interrogativo *cuál* no puede ir seguido de un sustantivo.

10-B: por qué. Solo esta opción tiene el valor interrogativo indirecto que se requiere en la frase. Por este motivo aparece *qué* con tilde.

11-C: Porque. Aunque la frase es interrogativa la palabra que falta no es un interrogativo sino una conjunción causal.

12-B: cómo. Este es el único exclamativo en la frase que expresa la intensidad del agradecimiento.

SERIE 4   p. 15

1-C: que. Las oraciones de relativo especificativas (las que van sin comas) sin preposición, tanto referidas a personas como a objetos, se usan siempre con el relativo *que.*

2-C: de quien. Es una oración de relativo especificativa en la que la presencia de la preposición *de* se justifica por el verbo *hablar: se dice* hablar de.

3-A: que. Esta relativa explicativa no necesita preposición porque tiene función de sujeto.

4-B: que. El antecedente *Tú,* pronombre tónico, exige el relativo *que.*

5-B: Los que. Los relativos *el que, la que, los que y las que* concuerdan en género y número con el antecedente y si no está expreso, lo hace con el resto de los elementos de la frase: verbo, atributo... Aquí concuerda con *estén suscritos*: masculino, plural.

6-A: quien. Este relativo tiene valor generalizador y concuerda con el verbo en 3ª persona singular, a diferencia de *la que (femenino) y los que (plural),* que se refieren a personas que no están en ese contexto.

7-B: con el que. El antecedente es nombre masculino, *editor.* El verbo *pelearse* rige la preposición *con.*

8-B: como. Este adverbio relativo se ajusta al contexto, es decir, a la forma en que se puede enviar el paquete.

9-B: adonde. La RAE prefiere este relativo, *adonde,* con verbo de movimiento y con antecedente expreso: *el pueblo;* pero también acepta la forma *a donde* en este contexto. Las opciones a) y c) son imposibles porque *dónde* es un interrogativo y *en donde* indica el lugar, no la dirección y el movimiento.

10-A: donde. La opción b) sería equivalente a *donde* si llevara la preposición *en: el lugar en el que;* c) solo se usa con verbo de movimiento que rige la preposición *a.*

11-A: lo que. El relativo neutro e invariable *lo que* equivale al *conjunto de cosas* que sugiere el contexto.

12-C: por lo que. El antecedente de este relativo neutro es toda la frase anterior: *ayer nos dijiste una mentira.*

SERIE 1   p. 16

1-C: ¿Qué pensáis de lo del…? La opción a) no puede ser porque para expresar la opinión se utiliza la preposición *de* después de *pensar*. b) no es correcto porque la palabra *despido* tiene que ir precedida por un artículo determinado y *de + el = del*.

2-B: ¿Qué te parece...? A la opción a) le falta la preposición *de* después de *pensar*. En la c) tendríamos que añadir *sobre* o *acerca de* después de *opinión*.

3-A: ¿Consideras que…? Para que funcione la b), tendríamos que quitar el *que* y añadir una coma después de *opinión*. La opción c) no tiene sentido.

4-C: A mi modo de ver. Es correcto porque es la única opción que lleva coma detrás. Para las opciones a) y b) tendríamos que tener un *que* en vez de la coma.

5-B: Según… A la opción a) le falta *de* después de opinión. La opción c) no tiene sentido, habría que alterar el orden de las palabras y quitar la coma: *Los expertos consideran que…*

6-A: Yo diría que… b) tendría que ser *a mí me pareció* y c) necesitaría un verbo en pasado en la segunda frase.

7-C: ¿Cómo lo ves? Las opciones a) y la b) están incompletas, les falta *lo* que sustituye a toda la frase: el hecho de cambiar de compañía telefónica.

8-A: ¿Te parece buena idea? Las otras opciones no tienen lógica.

9-C: Yo lo encuentro una tontería. A las otras opciones les falta el pronombre *lo*.

10-B: Estuvo fatal que no entregaras… *Parece* necesita el pronombre *me* y a *veo* le sobra el pronombre *lo*.

11-A: Qué mal que den… Las otras opciones son ilógicas en este contexto.

12-C: me resulta extraño. El pronombre *me* hace que no sean posibles las otras opciones.

SERIE 2   p. 16

1-B: ¿Lo ves como yo? A la opción a) le falta *lo* y a la c) habría que quitarle *yo*.

2-A: ¿Estás de acuerdo con…? La expresión *estar de acuerdo* se utiliza con la preposición *con* y *en*.

3-C: a mí también me lo parece. Las otras opciones son incompatibles sintácticamente (*yo lo veo, yo lo creo…*).

4-A: yo también comparto tu opinión. b) es ilógica y a c) le falta le preposición *con*.

5-C: A mí tampoco me resulta agradable… Las otras opciones deberían llevar el pronombre *yo + no (lo veo, lo encuentro)* en vez de *A mí tampoco*, y no necesitarían incluir la frase *que den…* porque la idea ya estaría incluida en le pronombre *lo*.

6-A: yo no estoy de acuerdo contigo en lo de… La preposición de las otras opciones es incorrecta. Se dice estar de acuerdo con alguien **en** algo.

7-B: Desde luego que sí. Es la única opción que admite detrás *que sí*. a) y c) tendrían que ir sin nada detrás.

8-B: Pues yo no estoy del todo de acuerdo. Las otras opciones son incorrectas.

9-B: yo pienso justo lo contrario que tú. Las otras opciones no tienen sentido.

10-C: yo opino que no es justo que… La opción a) necesitaría suprimir *lo* y poner el verbo ser en subjuntivo (*que sea justo*). La b) es incompatible sintácticamente (*A mí no me parece…*).

11-C: Yo no estoy en absoluto de acuerdo... Las otras opciones son ilógicas.

12-A: yo no lo veo igual que tú. La b) es ilógica y la c) es incompatible con *que tú*.

SERIE 3   p. 17

1-B: Me pareció fatal… La opción a) está incompleta porque falta una valoración (*bien*) y parecer tendría que ir en pasado; c) es ilógica en este contexto.

2-C: No deberías haberte… La opción a) es ilógica y la b) incompatible sintácticamente.

3-B: Yo lo dudo. Esta es la única opción compatible con el pronombre *yo*.

4-A: si tú lo dices... Esta fórmula con la entonación adecuada sirve para expresar escepticismo.

5-C: Puede que tengas razón. Es la única opción que lleva coma detrás.

6-B: No dudo (de) que el artículo esté… La opción a) es ilógica y la c) tendría que ir sin el *sí*.

7-B: No hay duda de que… Es la única opción que puede ir delante de la preposición *de*.

8-A: Estoy absolutamente convencido de que… Las otras opciones son incorrectas. La b) no tiene sentido; y cierto, opción c), se utiliza siempre con *ser* como impersonal: es cierto que…

9-C: Sin duda, el editorial… Es la única opción que lleva coma detrás.

10-C: No es verdad que… haya hecho… Solo esta opción, por ser una valoración negada, se construye con subjuntivo.

11-B: No estoy del todo segura de que… Las opciones a) y b) son incompatibles sintácticamente.

12-A: Supongo que… será… Es la única opción que puede construirse con indicativo.

13-C: Tengo la sensación de que… Con la opción a) se expresa certeza, no falta de certeza como se indica en *Tu listado*. La opción b) necesitaría el verbo en subjuntivo.

14-B: Yo diría que lo de… La opción a) es incompatible porque le falta la preposición *de*, el verbo de la segunda frase tendría que ir en subjuntivo y además no tendría sentido. La c) no indica falta de certeza.

4. CORRECCIÓN DE ERRORES p. 17

a. Me llama la atención que **la** radio **se use** tanto en España. Se dice *llamarle la atención algo a alguien. Radio* es una palabra femenina como *moto*. El verbo de la subordinada después de *me llama la atención que* tiene que ir en subjuntivo.

b. Me parece que **la** libertad de expresión **es** un derecho… El verbo *parecer* va con indicativo. Se usa el artículo *la* delante de *Libertad porque se habla de ella* en sentido general.

c. El problema es **que** la libertad… Problema es una palabra masculina aunque termine en *a*, como *mapa*.

d. Desde mi punto de vista todo el mundo **necesita**… *En mi punto de vista* es incorrecto, no existe esa fórmula. *Todo el mundo*, aunque se refiere a un colectivo, funciona como una persona gramaticalmente, por eso el verbo va en tercera persona del singular: *necesita*.

e. Hay una diferencia entre **los españoles** y **yo al usar/cuando se usa/cuando usamos** Internet. El pronombre correcto es *yo,* no *mí*. Además, este pronombre siempre va detrás de las otras personas mencionadas en la frase. *En usando* es incorrecto. Las formas correctas son *al usar, cuando se usa o cuando usamos…*

f. Supongo que **es** verdad **lo que dices.** *Suponer* es un verbo de opinión que rige indicativo en la segunda frase. Falta el pronombre *lo* que se refiere a las cosas que se dicen.

g. No pienso que **sea** buena idea tener gratis… Los verbos de opinión en negativo necesitan construirse con subjuntivo en la segunda frase.

h. Es raro que la gente **no use**… *Es raro…* Se trata de una valoración y en la frase donde aparece lo que se valora (*que la gente…*) va con subjuntivo (*no use*). *La gente,* aunque se refiere a un colectivo, gramaticalmente funciona como una persona, por lo tanto el verbo va en tercera persona del singular (use).

i. Me he enterado **de** que… con **una** foto… La fórmula de opinión es *enterarse de algo. Foto* es una palabra femenina, aunque termine en *o*, como *mano, moto…*

j. Podría **estar** muy bien **lo que dices…,** pero no estoy de acuerdo **contigo/con ello/ con eso.**

5. USO DE PREPOSICIONES p. 17

a. Yo pienso **en**…; b. No estoy de acuerdo **con** mi madre; c. No me entero **de** nada; d. Estoy convencido **de** que…; e. Me he dado **de** baja; f. … se lo entregarán **en** mano; g. ponerse **al** teléfono; h. suscribirse **a** una revista; i. influir **en**…; j. me he dado cuenta **de** que.

MODELO DE EXAMEN 1

Prueba 1   Comprensión de lectura

Tarea 1, p. 18: 1-B: *Twitter […] se acomoda al narcisista, […] con tal de que se cumpla el requisito primario de que se le preste atención.* No es A porque se indica que los que usan Facebook necesitan dar detalles de su vida: el beso con la novia es solo una entre otras informaciones para compartir. No es C porque lo que se dice en el texto es: *Da igual generar admiradores o enemigos,* lo que no significa que con Twitter se generen enemigos necesariamente. **2-C:** *[…] existe una correlación entre las horas que la gente dedica a las redes sociales y el grado de soledad que siente en su vida.* No es A porque no dice que las personas que usen las redes estén deprimidas, sino que cuanto mayor tiempo se pase en ellas, *mayor posibilidad hay de sufrir un trastorno depresivo o antisocial.* No es B: *Esto no significa que todos los que navegan por las redes sociales sean unos tristes ineptos en el cara a cara.* **3-C:** *Al no poder ver al otro, al no detectar sus momentos de duda o rabia, la conexión no es humanamente completa.* No es A porque solo señala que en las redes sociales uno no muestra sus puntos débiles. Eso no significa que mostrar los puntos débiles lleve a una relación auténtica. No es B porque lo único que se indica en el texto es que en la vida real es imposible vender una relación de autosuficiencia. **4-B:** *[…] las redes sociales ofrecen la posibilidad de hacer algo menos complicado […] nos permiten pasar un rato divertido.* No es A porque en el texto se dice que *Siempre y cuando uno tenga también una vida fuera del terreno informático, las redes ofrecen la posibilidad de hacer algo menos complicado o ambicioso que forjar relaciones nuevas.* Esto no significa que se recomienden las redes sociales. No es C porque no es algo que se diga en el texto. **5-A:** *[…] un hombre fue acusado falsamente de pederastia en Twitter. Ahora, tanto la persona que publicó el tuit original como los que le retuitearon viven bajo la amenaza de una demanda.* No es B: *Twitter puede crear complicados problemas legales en el caso de que más países decidan seguir el ejemplo del Reino Unido.* Es una hipótesis, no una afirmación. No es C, porque los problemas legales pueden afectar no solo a quien publica el tuit, sino también a los que lo retuitean. **6-B:** *Pero negar que […] lo hacemos también por vanidad, para ser admirados, […] es caer en el autoengaño.* No es A: *Muchos periodistas dicen que se han metido en esta profesión […] para contar la verdad. Algo de eso hay, sin duda.* Por tanto, el autor no lo considera el fin básico. No es C porque lo que se dice en el texto es que los periodistas no pueden negar que buscan la admiración del público. Negar este hecho hace al periodista que se engañe a sí mismo, no a su público.

Tarea 2, p. 20: 7-C: Ambos tipos de educación *se ayudan, se complementan, se necesitan, pero son dos vidas distintas.* No es A porque Óscar contrasta la educación tradicional y la formación en línea en sus aspectos económicos. No es B, ya que no se refiere a esta cuestión. No es D, pues solo se refiere a la educación tradicional para hablar de las falsas creencias que se tienen sobre ella. **8-A:** *Otra ventaja es la flexibilidad en la evaluación: el propio sistema puede evaluar, previamente a la presentación del curso, a cada alumno en particular […].* No son B, C ni D porque en ellos no se menciona esta cuestión. **9-D:** *[…] cuando este fenómeno educativo esté más consolidado […] será más fácil determinar las ofertas de calidad.* No es A porque Óscar habla de las ventajas de la formación en línea, pero no se refiere a la elección de cursos en un futuro. No es B: habla de la importancia de adaptarse a este tipo de formación, pero no de las consecuencias que tendrá a la hora de elegir un curso. No es C: compara la formación tradicional y la enseñanza en línea, sin referirse a la influencia que tendrá la mayor oferta de cursos *on-line* en la decisión de optar por un curso en el futuro. **10-B:** *En el ámbito empresarial, este sistema implica un cambio de mentalidad en la dirección de formación de la empresa […].* No son A ni D porque no hablan de este tema. No es C porque su intervención se centra en los aspectos educativos y en la comparación de las enseñanzas tradicional y virtual, sin mencionar esta cuestión. **11-D:** *Las primeras ofertas de formación on-line competían […] contra el mito de la educación presencial y participativa de la universidad.* No es A, porque Óscar se refiere a la educación tradicional para señalar que es más cara que la formación en línea (de *costes menos elevados*), pero no habla de la idea que se tiene sobre la primera. No es B, pues Raquel cita únicamente la educación tradicional para precisar que complementará a la formación virtual en el futuro. No es C pues, aunque compara la educación tradicional y la virtual, no se refiere a ninguna creencia falsa sobre la primera. **12-C:** *Esta caracterización permite inferir que la evolución de la educación virtual no debería depender de la tradicional, sin embargo, en esta etapa inicial, la mayor parte de las acciones provienen de las estructuras tradicionales, y esto es lógico […].* No son A, B ni D porque, aunque se comparan los dos tipos de enseñanza, no se menciona que la formación *on-line* se inspire en la enseñanza tradicional. **13-D:** *Todo ello, junto a las ventajas del e-learning, propició un panorama muy prometedor que ha atraído a numerosas instituciones a replantearse sus cursos presenciales.* No es A: habla de las ventajas de la formación *on-line*, pero no se refiere a las medidas tomadas por los centros. No son B ni C porque no se menciona esta cuestión. **14-C:** *[…] pero también es lógico prever una incorrecta evolución si la educación virtual tiene que depender de la educación tradicional para su desarrollo […].* No son A ni D porque se limitan a comparar la educación en línea y la tradicional, pero no mencionan relaciones de dependencia entre ellas. No es B porque considera que la información tradicional complementa a la formación en línea. **15-B:** *Todos los directamente implicados en tareas de formación y desarrollo […] sabemos que no podemos dar la espalda a esta nueva concepción. Quien piense lo contrario y no esté en línea de salida cuando sea el momento, quedará irremediablemente fuera.* No son A, C ni D porque no hablan de las consecuencias de no adoptar las nuevas tecnologías. **16-D:** *Las primeras ofertas de forma-ción on-line competían contra el temor hacia lo desconocido que inspiraba Internet […].* No son A, B ni C porque no se refieren a los comienzos de la formación *on-line*.

Tarea 3, p. 22: 17-C: El fragmento eliminado ofrece un contraste entre lo que percibimos de forma consciente frente a la capacidad de nuestro cerebro para detectar otras cosas con *Sin embargo*, que aparece en el párrafo siguiente. **18-F:** El párrafo previo señala los dos efectos de la publicidad subliminal. El fragmento suprimido, encabezado por el conector <u>sin embargo</u>, matiza el valor de la oración anterior. **19-H:** El fragmento eliminado completa la frase previa y se conecta semántica y sintácticamente a ella mediante *a pesar de* y *tratarse de un mito*, referido al *falso experimento*. Además en la frase siguiente *Este* alude a Estados Unidos. **20-E:** El fragmento suprimido ofrece un ejemplo de lo afirmado en la oración previa. El contenido del fragmento, donde se habla de *palomitas*, conecta el fragmento con la parte final de la oración previa *durante la filmación de una película en un cine*. La frase siguiente también nos confirma que se trata de este fragmento ya que recoge el resultado del experimento con *venta de palomitas en un 58% y del refresco en un 18%*. **21-B:** El fragmento eliminado queda ejemplificado en la oración siguiente, lo que demuestra su relación con el tema gracias al marcador del discurso *Es decir*. **22-D:** La oración que sigue al fragmento suprimido explica el *curioso experimento* y se conecta al representar las *cuarenta personas* mediante los pronombres *Se y les*. Los enunciados que sobran son A y G.

Tarea 4, p. 24: 23-B: como. Se trata de una comparación de igualdad (*tan...como*). La construcción con *tan...que* (opción A) indica una consecuencia. No es posible la combinación *tan...de* (opción C). **24-A: a.** Se trata de una locución adverbial, una expresión fija, por lo que las otras dos opciones son incorrectas. **25-A: le.** El verbo *extrañar* no admite complemento directo (opción B). Existe una variante reflexiva (*ex-trañarse*), que exige la preposición *de,* no presente en el texto, lo que imposibilita la opción C. **26-C: es-tuviera.** *Extrañar* rige subjuntivo. Las opciones A y B son, por tanto, incorrectas, por tratarse de formas de indicativo: pretérito indefinido y pretérito imperfecto, respectivamente. **27-C: pero.** La oración no rectifica la frase previa, por lo que no es correcta la opción A. La opción B, el adverbio de cantidad *más,* carece de sentido en este contexto. **28-A: en fin,** *en suma, en pocas palabras.* No es correcta la opción B en este contexto, ya que *por fin* expresa con énfasis el término de una espera. No existe la expresión *a fin* (opción C). **29-B: acabar de.** *Haber ocurrido algo poco antes,* es decir: «como si hubiera hablado poco antes». Tal sentido no existe con las otras dos opciones. **30-C: levante.** Las opciones A y B son incorrectas porque el verbo *disculpar* rige subjuntivo. **31-A: como:** *de la manera/ forma que.* Esta inter-pretación descarta las opciones A y B. **32-C: sintiera** Aquí se expresa una hipótesis irreal en presente. Este significado imposibilita las opciones A y B. **33-B: siquiera** *tan solo.* Este sentido restrictivo no es posible con *incluso* (opción C) ni *además* (opción A). **34-A: haya sido.** La oración de probabilidad *lo más probable es que* exige subjuntivo, lo cual hace que las dos restantes opciones sean incorrectas. **35-C: le.** El pronombre se refiere al fragmento «a doña Agustina», que es complemento indirecto en esta oración. Por ello son incorrectos *lo* y *la,* pronombres de complemento directo. **36-B: descubrirse.** Detrás de una preposición no es posible el uso de una forma verbal personal (opción A) ni del gerundio (opción C).

Prueba 2	Comprensión auditiva	CD I

Pistas 1-6. Tarea 1, p. 25: 1-B: *¡Me dejas de piedra!* (con esta locución se expresa una gran sorpresa). No es A porque, aunque el hombre cuenta una noticia sin confirmar (*dicen*), no escuchamos que la haya leído en la prensa rosa o del corazón. Y no es C, porque la mujer no dice que la cantante se haya sepa-rado, sino que *se ha quedado viuda* (ha muerto su marido) *hace poco.* **2-B:** *espero que no sea una multa de tráfico...* (tiene miedo) *… me mete en cada lío* (le plantea problemas) *… cuando me coge el coche*

(cuando conduce su coche). No es A porque el correo certificado no lo ha podido recoger Víctor, ya que se lo tienen que entregar a ella personalmente (*en mano*). Y no es C porque Correos está muy lejos (*en el quinto pino*), no al final del parque. **3-C:** … *nos consta que usted aceptó… Pues no me lo explico* (no puede ser); *es imposible, porque vivo sola…* (niega el hecho). No es A porque la mujer quiere *poner una reclamación* por una llamada que ella no ha hecho; no dice que la factura no esté bien explicada. Y no es B porque el hombre dice que ella aceptó el pago (*una llamada a cobro revertido*) de una llamada desde Alemania, no que ella la hubiera realizado. **4-B:** … *tienes mala cara* (mal aspecto); … *esta noche no he podido pegar ojo* (no he podido dormir). No es A porque la mujer se sorprende de que el hombre no se haya enterado de la noticia, no de que no le haya informado de ella. No es C porque *una rueda de prensa* (declaraciones en directo con preguntas), no es un reportaje. **5-C:** *¿Lo ves? ¡Has metido la pata!* (te has equivocado) son formas de reprochar a su hijo la información falsa que le acaba de dar (*en la 8 ponen un documental…*). No es A porque la madre no le pide al hijo que le deje a ella cambiar de canal, sino que *deje de* (pare de) *zapear* (cambiar de canal). No es B porque el hijo no le da esa información (que en la Cadena 8 empieza un programa tras los anuncios), sino que *ponen un documental* y en ese momento hay anuncios. **6-A:** …*Pues, mira, abuela…*; *Primero tienes que entrar en esta página, ¿ves?, y luego pinchas…* son explicaciones. No es B porque la abuela quiere hablar con su nieto que está en Alemania, (*¿y para hablar con tu hermano…?*), no dice que quiere que su nieto Jaime hable con su tío. No es C porque la abuela consiguió instalar el antivirus *de casualidad* (de forma imprevista o inesperada, con suerte), no se dice que fuera de prueba.

Pista 7. Tarea 2, p. 26: 0-C: No se dice que haya documentales en los que, curiosamente, nadie reacciona, sino que hay trabajos y documentales que nos cuentan cosas increíbles, alucinantes pero, misteriosamente, nadie ha reaccionado ante ellas. **7-C:** *[…] en la ficha técnica de la película: la dirección, el guion, el sonido y el montaje están hechos por Peter Joseph.* No se dice nada sobre la producción. **8-B:** *[…] por medio de un documental maravilloso para unos y terrible para otros.* **9-C:** *En la primera parte […] dice que Jesús de Nazaret no es más que la unión del mito del dios solar y otros mesías nacidos el 25 de diciembre.* **10-A:** *Lo que pasa es que estamos viviendo cambios brutales en la información. La Red es una ventana abierta al mundo.* **11-A:** *El vídeo no aporta nada nuevo, pero la presentación, muy emotiva, el ritmo, casi apocalíptico, es tremendamente eficaz.* **12-B:** *Entonces llega Zeistgeist y tiene 50 millones de visitantes, sin publicidad en los medios.*

Pista 8. Tarea 3, p. 27: 13-C: *[…] entre el amplio catálogo de regalos que se puede hacer tanto a grandes como a pequeños, siempre se cuelan los videojuegos.* No es A porque lo que escuchamos en el audio es *Algunos, los más afortunados, ya habrán recibido la visita de Papá Noel*, no que los más afortunados reciban videojuegos. Tampoco es B porque la presentadora de la entrevista no dice que todos reciban videojuegos sino que *entre el amplio catálogo de regalos […] siempre se cuelan los videojuegos.* **14-C:** *existe un crecimiento del consumo familiar de este tipo de ocio, integrado en el hogar como una opción más de entretenimiento.* No es A porque en el audio escuchamos que la producción de videojuegos no atraviesa un buen momento en España. No es B porque en el audio se dice que el consumo atraviesa un buen momento, pero no la producción. **15-A:** *Lo cierto es que no hay una industria importante que tenga conocimientos en esta área […].* No es B porque lo que se dice en el audio es que no hay una industria importante en España. No es C porque *[…] los creativos tratan de irse a una compañía donde tengan posibilidades de desarrollo profesional.* **16-B:** *[…] la piratería se produce on-line, y es casi imposible de controlar.* No es A porque en el audio se dice que *el nivel de piratería es tremendamente preocupante y podríamos hablar del 50 o 60% del total del consumo de videojuegos*, no que el 50% de las descargas sea de videojuegos. Por la misma razón no es C. **17-A:** La presentadora afirma que hay gente que opina que los videojuegos, por su contenido violento, pueden ser perjudiciales para los niños. No es B porque lo que dice Carlos Iglesias es que la opinión sobre los videojuegos está cambiando (su influencia negativa sobre los niños), no que la opinión sobre los juegos violentos haya cambiado. No es C porque el Sr. Iglesias no dice que los niños que usan videojuegos sean más inteligentes, sino que muchos videojuegos *desarrollan el intelecto.* **18-C:** *Yo creo que se va superando esa opinión y ya queda lejos esa negatividad hacia los videojuegos y se va viendo que pueden ser útiles cuando se usan bien.* No es A porque en el audio escuchamos que *muchos (videojuegos) desarrollan el intelecto, fomentan la creatividad, favorecen la socia-*

lización [...], no que los niños más sociables los usen. No es B porque Iglesias dice que *(los videojuegos) son un elemento con el que padres e hijos pueden compartir momentos*, no que su uso <u>correcto</u> los una.

Pistas 9-15. Tarea 4, p. 28: 19-J: Persona 1 *Trabajo toda la mañana con el ordenador, así que cuando llego a casa no tengo muchas ganas de usarlo.* **20-A: Persona 2** *Yo tengo un amigo al que le robaron la contraseña de Twitter.* **21-B: Persona 3** *Hay personas que pierden la noción del tiempo cuando están delante de un ordenador y solo piensan en estar conectados o jugando, y no pueden parar.* **22-D: Persona 4** *El ciberadicto se conecta más de 30 horas semanales, desatendiendo estudios, vida familiar, social y laboral.* **23-I: Persona 5** *No creo que se deban censurar contenidos de Internet, pero sí hay que tener un uso responsable.* **24-C: Persona 6** *Si no tenemos nuestro equipo bien protegido, podemos ser víctimas de este virus que puede tomar el control de nuestro ordenador y usarlo para diversos fines que ninguno de nosotros desearíamos.* Los enunciados que sobran son E, porque a la persona 2 no le robaron la contraseña, sino a un amigo (*Yo tengo un amigo al que le robaron la contraseña de* Twitter, *y con ese dato empezaron a insultar a la gente en su nombre.*); G, porque el resultado del estudio que hizo Norton, según la persona 4 es que *el ganador absoluto (en las conexiones de los jóvenes a Internet) fue el sexo; después vídeos y también las redes sociales*, no que los vídeos tuvieran un contenido sexual y sean lo más buscado en Internet por la gente adulta; H, porque la persona 5 no dice que haya que tener sentido común con los niños, sino *Para mí es el mejor medio de comunicación que existe, pero usándolo bien y teniendo sentido común [...].* Por otra parte dice que *Con los niños hay que tener cuidado, porque hay contenidos sexuales, violentos, que hay que restringirles, porque son edades muy vulnerables ante ese tipo de temas*, no que se les deba permitir solo buscar información.

Pista 16. Tarea 5, p, 29: 25-C: *Sabemos que Internet se está imponiendo como el medio por excelencia para conocer gente [...].* No es A porque lo que escuchamos es que *Internet* <u>*se está imponiendo*</u> *como el medio por excelencia para conocer gente, sobre todo cuando uno está intentando encontrar pareja*; es decir poco a poco está convirtiéndose en el medio principal para encontrarla, no que lo sea ahora mismo. No es B porque en el audio se dice que *Al ser un medio muy nuevo, podemos oír historias de todo tipo* (relacionado con el hecho de conocer a gente nueva y, por extensión, a una posible pareja). **26-B:** *Nos vamos a centrar en las primeras etapas, que es donde algunos pueden sentirse más desorientados.* No es A porque en el audio dicen: <u>*A medida que la relación vaya avanzando*</u> *con normalidad,* <u>*hay un momento en que el éxito o el fracaso dependerá más de las habilidades sociales y personales*</u> *que tiene cada uno que de las propias características de la Red*, no que en Internet se demuestren las habilidades sociales y personales. Tampoco es C, porque las características propias de Internet no influyen para nada en las primeras etapas de una relación. **27-A:** *Nos ayudará a aprender, a asumir y a practicar que podemos decirle que no a alguien cuando nos escriba y que también nos pueden decir que no a nosotros.* No es B porque escuchamos que *El hecho de que Internet sea un lugar muy frecuentado está muy bien en principio, pero esto nos obligará a hacer una selección, con criterios muy subjetivos*, no que haya que actuar con subjetividad. No es C porque en el audio escuchamos que *una primera regla de oro de Internet es que no todo el mundo nos vale ni a todo el mundo le valemos.* **28-B:** *La accesibilidad quiere decir que nos ven y nosotros vemos también a mucha gente, es relativamente fácil que se comuniquen con nosotros.* No es A porque lo que escuchamos es que *En el ser humano hay una regla importante que es que nos vemos obligados a devolver el saludo a quien nos saluda, pero en Internet esto no es necesario u obligatorio.* No es C porque en el audio escuchamos que hay que ignorar y borrar a quien nos hable de cosas desagradables o nos haga propuestas extrañas o fuera de lugar. **29-C:** *Tenemos gente que de pronto se siente escandalizada o sorprendida cuando reciben un correo con ofertas de matrimonio o sexo rápido y no hay que escandalizarse por esto, realmente.* No es A porque lo que escuchamos es: *Internet se ha hecho para ganar tiempo, no para perderlo.* No es B porque escuchamos *Tenemos varias formas de perder el tiempo: una, leernos todos los correos que recibimos de arriba abajo.* **30-B:** *[...] Internet se ha hecho para ganar tiempo, no para perderlo.* No es A porque lo que se dice es *Por lo tanto os sugerimos que no perdáis el tiempo y os centréis en buscar esa persona que necesitáis*, no que nos centremos en no perder tiempo. No es C porque escuchamos que *Internet es un medio por el que podemos conocer a mucha gente de una forma relativamente fácil y donde se acorta el tiempo, tanto para conocer a la gente como para dejar de conocerla.*

LÉXICO

TRABAJO   p. 40

1. Respuesta libre. En el estudio el orden es: sacerdote, bombero, fisioterapeuta, profesor, artista, psicólogo, agente de ventas financieras, ingeniero.
http://www.profesiones.com.mx/10_de_las_profesiones_que_producen_mayor_bienestar.htm
2. a-4-B; b-5-A; c-1-E; d-2-C; e-3-D.
3. 1-b-obreros, construcción, reformas…; 2-e-oficinistas, empleados, abogados… 3-a-albañiles, arquitectos... 4-d- electricistas; 5-c-cocineros; 6-f- policías, enfermeros…
4. a. QUIRÓFANO; b. GRANJA; c. LABORATORIO; d. MONO; e. DELANTAL; f. BUFETE.
5. 1. Ejercer una profesión (c); 2. Llevar a cabo una tarea (d); 3. Ocupar un puesto (i); 4. Ascender a jefe de sección (h); 5. Coordinar un departamento (a); 6. Distribuir un producto (e); 7. Trabajar en malas condiciones (g); 8. Presentar al cliente un presupuesto (f); 9. Contratar a una persona (b). 10. Despedir a un empleado (j).
6. a. ocupa; b. ejerce; c. coordina; d. ascender.
7. El objetivo de este ejercicio es el uso de sinónimos dentro de un texto para evitar las repeticiones. Aunque en este ejercicio no se puede reflejar, se pueden diferenciar los registros: *subir, bajar*, son neutros y *aumentar y disminuir* son de un registro más culto. *Desempleado* es más neutro y *parado* es más coloquial. Además se pretende ayudar al estudiante a interpretar un gráfico y redactar un texto a partir de él.
a. … en el año 2009 aumentó **el desempleo (subió el paro)**. b. En el año 2012 **subió el paro (aumentó el desempleo)**… c. en la OCDE **disminuyó (el desempleo) (bajó el paro)**. d. El número de personas que **fueron despedidas** de su trabajo…; e. … **desempleados (parados)**… f. La cifra de personas que **perdió/ perdieron** el empleo… g. En la OCDE de 2009 a 2014 **bajó el paro (disminuyó el desempleo)**. h. El número total de **parados (desempleados)**.
8. a-3; b-4; c-5; d-1; e-2.
9. a-F: No hay que empezar a trabajar antes de firmar o renovar un contrato. b-F: Hay que leer el contrato completo incluso las cláusulas y la letra pequeña. c-V; d-F: No hay que afiliarse a un sindicato o participar en la negociación colectiva. En un contrato se debe reconocer el derecho a hacerlo; e-V; f-V.
10. a-8; b-4; c-7; d-5; e-3; f-2; g-9; h-1; i-6.
11. a-nóminas; b-jornada; c-dietas; d-laborable; e-cláusula; f-anticipo; g-jubilación; h-extra; i-en huelga; j-de baja.
12. Respuesta libre.
13. Respuesta libre.
14. a. habilidoso; b. torpe; c. pierde el autocontrol; d. la persona de confianza; e. trabajar para mantenerse; f. hacer que no lo he visto; g. no trabaja nada; h. designación personal; i. nos vamos a hacer ricos; j. Reacciona, muévete.
15. a. no pienso **hacer la vista gorda;** b. eres **un manazas;** c. **no pega** (o da) **golpe;** d. **perdiste los papeles;** e. **ponerte las pilas.**

VIVIENDA   p. 44

1. a-5; b-3; c-4; d-2; e-1. Los materiales de construcción son el cemento y el ladrillo.
2. 1. de albañilería y de fontanería; 2. de carpintería; 3. de albañilería y de carpintería.
3. a-4; b-6; c-5; d-3; e-1; f-2.
4. a. electricista; b. interruptor; c. bombilla; d. destornillador; e. enchufe.
5. a, b-4; c-2; e, i-3; f,h-1. Resto, respuesta libre. En España un piso es un tipo de vivienda de dos o más dormitorios y un apartamento es un piso pequeño de un dormitorio.

6. Respuesta libre.

A favor de alquilar y en contra de comprar: tienes más movilidad y menos riesgo si alquilas. Si no puedes pagar el alquiler te vas y no pierdes nada. Si no puedes pagar las letras (el crédito al banco, la hipoteca) te puedes quedar sin el dinero y sin la casa.

En contra del alquiler y a favor de comprar: con un trabajo estable el dinero del alquiler puede servir para pagar las letras del piso. Además, es una inversión ya que la vivienda viene a ser propiedad de uno.

7. Les gustaría encontrar un piso que tuviera salida de emergencia, que contara con un conserje, que tuviera buena distribución, que estuviera bien orientado, que fuera espacioso y acogedor, que diera a un jardín o a un patio interior, que tuviera mármol en los baños.

Los alumnos pueden añadir otras características.

8. a-2 El recogedor; b-3 La fregona; c-7 El suavizante; d-4 El trapo; e-1 La escoba; f-6 El detergente; g-8 La aspiradora; h-5 El lavavajillas; i-9 El cubo.

9. Todos están haciendo tareas domésticas y arreglando la casa. El padre está quitando el polvo y limpiando. La madre está pasando la fregona. El niño está pasando la aspiradora.

Respuesta libre.

10. 1. Esta habitación tiene muchos adornos y muebles de color dorado. En una de las mesillas de noche hay una lámpara. Hay una lámpara en el techo, un espejo grande encima de la cama y un mueble enfrente. También hay cortinas y un jarrón con flores. 2. Esta habitación es muy sencilla y bastante moderna con pocos muebles: solo tiene dos mesillas con lámparas, una planta y una alfombra. Combina tres colores: el color de la madera, un rojo marrón y el blanco 3. Este salón es moderno con pocos muebles y una luz tenue e indirecta. El ambiente es muy cálido. Consta de un sofá, una mesa de centro, una lámpara y al fondo se ve una estantería. 4. Este salón tiene muchos muebles y mucha decoración. Hay tres sofás, una mesa, un mueble con la televisión, un espejo grande, varias lámparas y plantas. La luz es muy blanca y directa.

Modelo de respuesta. Me gustaría que mi casa fuera acogedora y alegre, que estuviera en el centro de la ciudad y que tuviera mucha luz directa y muchos/pocos adornos.

11. a-4; b-5; c-2; d-3; e-1. Resto, respuesta libre.

12. A. a. La farola; b. El barrido de las calles; c. La papelera; d. El parque infantil; e. El paso de cebra y el semáforo; f. El buzón; g. La acera y la vía pública; h. La recogida de la basura; i. Los contenedores de vidrio y papel; j. El riego de los parques.

12. B. Respuesta libre.

13. a-2; b-5; c-7; d-10; e-8; f-3; g-9; h-1; i-6; j-4.

14. a. tirar la casa por la ventana; b. de segunda mano; c. como una casa; d. Está en el quinto pino; e. están por las nubes; f. me da de lado; g. como un trapo; h. me sacas de quicio; i. se le cruzaron los cables; j. tiene enchufe.

ECONOMÍA E INDUSTRIA   p. 48   Examen 2

1. a. ganancias; ingresos; b. gastos; c. pérdidas-préstamo-ahorros; d. recursos económicos.

2. Respuesta libre

3. Respuesta libre. Posible respuesta: Yo le recomendaría que ahora no invirtiera en bolsa porque las acciones están bajando. Estaría bien invertir en un piso porque los precios ya no son tan elevados. Si quiere prestar dinero o pedir un préstamo debe revisar bien los tipos de interés. Sería bueno ahorrar hasta que se estabilice la situación económica.

4. Respuesta libre. Posible respuesta: Yo creo que todo el mundo debería pagar impuestos para mantener el estado de bienestar y para que funcionen los servicios como la educación, la sanidad, etc. Los impuestos deben ser proporcionales a los salarios de las personas. En mi opinión, los alimentos y bienes básicos para la vida deben tener impuestos bajos y los que no los son, como el alcohol, el tabaco y los artículos de lujo, deben pagar impuestos más altos.

5. a-6; b-4; c-1; d-5; e-7; f-3; g-8; h-2. Se oponen a-4 y g-8, las demás se complementan.

6. a. la exportación; b. una deuda; c. la factura; d. la distribución; e. el descuento.

7. La industria aeronáutica es importante en el centro (Madrid). La industria del calzado es importante

en el Levante y en las islas baleares. El sector del automóvil está muy extendido en España por el norte y en la costa este. La industria naval es relevante en el norte. En el País Vasco existe industria siderúrgica y en Cataluña la petroquímica. La actividad química se concentra en el País Vasco y en Cataluña. En Madrid y País Vasco existe industria metalúrgica. En Cataluña hay industria textil.
Respuestas libres.

8. a. pez gordo; b. echar una mano; c. cuesta de enero (por los gastos de las Navidades); d. dinero negro; e. blanquear dinero; f. salir a la luz; g. ganarse la vida; h. costar un ojo de la cara; i. ser un negocio redondo; j. pasta.

GRAMÁTICA Examen 2

SERIE 1 p. 50

1-A: sincera. Cuando se unen dos o más adverbios terminados en *mente*, solo el último lleva esta terminación. Los anteriores llevan el adjetivo en forma femenina (*sincera*).

2-C: solamente. Con este adverbio se expresa la idea de restricción necesaria en la frase. Las opciones a), que indica lugar y la b), que expresa frecuencia, no tienen sentido lógico en este contexto.

3-A: totalmente. Con este adverbio se intensifica el significado del adjetivo *falso*. *Verdaderamente y nada* son ilógicos en este contexto.

4-A: agradablemente. Es la única opción que se adapta al sentido de oposición de la frase concesiva.

5-A: muy encima. Este adverbio con el cuantificador *muy* es el único que tiene lógica en el contexto. Estar encima de alguien tiene un significado figurado.

6-B: repentinamente. Es el único adverbio que trasmite la idea de algo inesperado y sorpresivo.

7-A: definitivamente. Con este adverbio se expresa el resultado de la argumentación, que es lo lógico en la frase.

8-C: admirablemente. Se quiere expresar el valor del comportamiento, no el dolor del accidente.

9-A: te salga bien. *Salir + bien* significa que algo resulte bien, idea que se relaciona con *suerte* y con el verbo de deseo, *espero*. También se usa *salir + mal,* que significa lo contrario.

10-C: me trata. *Tratar + bien* significa *cuidar, atender bien* a una persona. También se usa con *mal* con el significado opuesto.

11-C: raramente. Solo los adverbios de duración indeterminada pueden llevar el modificador *muy*.

12-B: A propósito. Sirve para introducir información nueva y dar un giro; va entre comas. *Precisamente* es parecido, pero no da ese giro y no va entre comas. *Justamente* se usa para reforzar una opinión.

SERIE 2 p. 50

1-C: escribes. El presente de indicativo tiene también un valor imperativo que se puede usar en la lengua oral para dar instrucciones. El imperativo *escriba* (usted, 3ª persona) no concuerda con la persona tú del resto de la frase (*te ayudo*).

2-C: llamo. Presente de indicativo con valor de pasado y usado en la lengua hablada para hacer más viva y actual la información. *Llamó* no concuerda en persona y *llamaba* es incorrecta porque la información de la frase es específica, no habitual.

3-A: llamas. Para hacer sugerencias se usa el presente de indicativo. Las otras opciones son incorrectas en este contexto.

4-B: ha venido. Con *todavía se usa el pretérito perfecto compuesto. No* se usa el pretérito simple para expresar una acción pasada no realizada relacionada con el presente. Además, *Vine* está en 1º persona, no en 3ª. *Venía* es incorrecta porque la acción de la frase no es habitual.

5-C: he comprado. La expresión de tiempo *hace poco* relaciona la acción pasada con el presente, por lo que lo correcto es el pretérito perfecto compuesto. *Compre y compraba* son incorrectas.

6-A: gustó. Para valorar un hecho pasado específico en un tiempo terminado se usa el pretérito perfecto simple. *Gustaba* se usaría para valorar acciones habituales y *gustaría,* para expresar deseos.

7-C: sabía. Valor del pretérito imperfecto para expresar una acción modificada o interrumpida por el contexto: antes de ese momento esa persona no tenía la información de que la otra trabajaba por cuenta propia. Las otras opciones son incorrectas porque no transmiten este valor.

8-C: pensaba. Valor del imperfecto para expresar un pensamiento anterior modificado (antes no pensaba eso, ahora sí) por el contexto (la información que acaba de conocer). Las otras opciones no expresan este uso.

9-A: estabas. Valor del imperfecto para expresar una acción en desarrollo pasada (Ana estaba hablando) interrumpida por el contexto o la situación (el ruido). Las otras opciones son incorrectas porque no pueden expresar esta idea.

10-B: acababa. Valor del imperfecto usado para reproducir sueños (en este caso funciona igual que el estilo indirecto) y juegos (*Vamos a jugar: yo era el rey y tú la reina, ¿vale?*). Las otras opciones son incorrectas.

11-A: había invertido. Pretérito pluscuamperfecto. Es una acción pasada anterior a otra acción pasada (*perdió…*) y en este contexto, es su causa también. Las otras opciones son ilógicas e incorrectas.

12-A: había pensado. Valor del pretérito pluscuamperfecto que sirve para expresar un pensamiento pasado (habíamos pensado ir de excursión) interrumpido en el pasado (el mal tiempo no lo hizo posible). *Pensaría* no reproduce un pensamiento anterior, sino una hipótesis y *pienso* no tiene lógica con la frase, *pero con…,* porque en esta última se expresa una idea opuesta.

SERIE 3   p. 51

1-C: llamarán. Valor del futuro de indicativo que precedido de *ya* indica imprecisión. Las otras opciones son incorrectas.

2-A: viajaré. Futuro de predicción y opinión. *Viaje* es incorrecto porque la opinión con *me parece* es positiva y debe ir con indicativo; y *viajaba* se refiere al pasado, no al futuro.

3-B: Habrá. Futuro de probabilidad presente o futura. No es *habría* porque este tiempo expresa probabilidad en pasado ni *hubo* porque se refiere al pasado.

4-C: habrán marchado. Futuro perfecto para expresar una acción futura anterior a otra acción también futura (*Cuando lleguemos*). Las otras opciones ser refieren al pasado, por eso son incorrectas.

5-B: habrá recibido. Valor del futuro perfecto para expresar una acción futura anterior a una fecha futura (*el cinco de enero). Habría recibido* se usaría en una situación del pasado *y recibiría* se refiere a una hipótesis, no a una acción.

6-C: habrá dormido. Futuro perfecto con valor de probabilidad en el pasado en una situación de presente. *Habría dormido* se usaría en una situación de pasado y *dormía* es incorrecta.

7-C: serían. Condicional con valor de probabilidad en el pasado. *Fueron* es incorrecta y *serán* se refiere a una situación presente.

8-A: vendría. Valor del condicional simple para expresar una acción posterior a otra acción pasada. También se puede explicar por la correlación de tiempos que se produce en el estilo indirecto cuando cambian las coordenadas temporales. Por este motivo *viene* es incorrecto ya que no se corresponde con *dijo*.

9-C: iría. Valor del condicional simple para expresar hipótesis en las condicionales irreales. Las otras opciones son incorrectas.

10-A: habría dado. Valor del condicional compuesto para expresar una hipótesis en las oraciones condicionales irreales de pasado. Las otras opciones son incorrectas porque se refieren a situaciones futuras.

11-C: habría pedido. Valor de consejo o influencia del condicional compuesto en una situación hipotética del pasado. *Pediré y pidiera* se refieren a situaciones futuras.

12-A: habrían recibido. Valor del condicional compuesto para expresar la probabilidad de una acción del pasado (*recibir los materiales)* anterior a otra acción pasada (*terminar la obra).* Las otras opciones se refieren a situaciones futuras.

SERIE 4   p. 51

1-B: había pensado. Pretérito pluscuamperfecto con el valor de expresar un pensamiento en el pasado (el jefe *había pensado ascenderla)* interrumpida por el contexto (ella *se va de la empresa). Pensé* no trasmite este valor y *pensaría* se refiere al futuro.

2-B: creía. Pretérito imperfecto de indicativo. Creencia pasada (antes *creía…*) interrumpida por el contexto (*los gastos no están incluidos*). Las otras opciones no transmiten este uso.

3-A: habrías salido. Condicional compuesto con valor de probabilidad en el pasado de una acción (*habrías salido)* anterior a otra también pasada (*llamé).*

4-A: Habrá ido. Futuro perfecto con valor de probabilidad en pasado en una situación presente. *Ha ido* no trasmite la idea de probabilidad y *habría ido* expresa la probabilidad en una situación pasada.

5-C: llamaremos. Futuro imperfecto con valor de imprecisión precedido de *ya*. Las otras opciones son incorrectas.

6-B: Llamo. Presente de indicativo con valor de pasado para hacer más viva y actual la información. *He llamado* con la expresión de tiempo *ayer* es incorrecto. *Llamaba* no expresa una acción específica como se requiere en este contexto.

7-C: habían dado. Pretérito pluscuamperfecto. Acción pasada (*dar de alta…*) anterior a otra acción pasada (*entrar en la casa*). *Han dado* expresaría una acción pasada en una situación presente. *Daban* es incorrecta porque con el imperfecto no se expresa acciones específicas.

8-C: habríais ido. Condicional compuesto. Valor de probabilidad en el pasado (*ya os habríais ido*) anterior a otra acción pasada (*cuando llegáramos a casa*). Las otras opciones no son posibles por las reglas de correlación de tiempos verbales.

9-A: coges. Presente de indicativo. Valor imperativo en lengua coloquial. Las otras opciones no tienen lógica en este contexto.

10-C: Serán. Futuro imperfecto de probabilidad en presente. *Serían* se usa para expresar la probabilidad en pasado y *eran* es un tiempo del pasado.

11-C: habrá terminado. Futuro perfecto con el que se expresa una acción futura terminada (*ya habrá terminado*) antes de otra acción futura (*cuando lleguemos*). *Habría terminado* y *había terminado* se usan en situaciones del pasado, no futuras.

12-B: compraría. Condicional simple con el valor de expresión de deseo en una situación hipotética. Las otras opciones son incorrectas: *habré comprado* se refiere al pasado y *compraré* no se ajusta a la correlación de tiempos.

FUNCIONES   Examen 2

SERIE 1   p. 52

1-B: Los que vimos… Fórmula de identificación de información ya conocida (*los pisos*). Las otras opciones son incorrectas. *Los de* o *esos de* no puede ir nunca delante de un verbo conjugado.

2-C: Los de la urbanización… Esta fórmula permite identificar un nombre mencionado anteriormente, en este caso, los pisos. Concuerda en género y número (*el de, la de, los de, las de*) con el nombre al que se refiere. Las otras opciones son incorrectas.

3-A: Eso de… Con esta fórmula podemos referirnos a una información conocida o mencionada anteriormente equivalente a e*l hecho de*. Las otras opciones son incorrectas.

4-B: Se trata de… Fórmula impersonal para identificar y presentar una información nueva. *Tratar de* se usa para explicar el argumento de un libro o película o para expresar el intento de conseguir algo.

5-C: Me gustaría saber. Fórmula cortés de petición de información. *Me gusta*, que expresa gusto, no tiene lógica en este contexto. Y *te gustaría* no concuerda con el verbo.

6-C: Cuál es la que… Fórmula para para pedir información a partir de varias opciones propuestas. Por este motivo *Qué es lo que…* es incorrecto porque no contempla la posibilidad de elección. La opción a) es incorrecta.

7-A: Puede darme más detalles sobre… *Puede darme* va seguido de un sustantivo en plural sin artículo o de un sustantivo en singular con artículo: *puede darme explicaciones o puede darme una explicación. Especificación* no se usa en este contexto en singular y sin artículo.

8-A: Qué es eso que… A la opción b) le sobra la preposición *de* y *aquello* de la opción c) no tiene lógica con *aquí abajo*.

9-B: Me puede explicar… Las otras opciones no son compatibles con la frase interrogativa.

10-B: para cuándo estará… Fórmula para preguntar un plazo de tiempo. A a) le falta la tilde en el adverbio interrogativo y a *en cuanto* le falta la palabra *tiempo*.

11-A: ¿Podría preguntarles…? Fórmula para pedir información comprometida de forma prudente. Las otras opciones son incompatibles con la frase interrogativa.

12-C: ¿Me dejan que les haga una sugerencia…? Fórmula cortés de petición de información. Las otras opciones no concuerdan con la persona *ustedes*.

SERIE 2   p. 52

1-C: ahí encima. Exponente para dar información sobre el lugar. Las otras opciones no tienen sentido en este contexto porque están incompletas.

2-B: donde siempre. La opción a) indica lugar y dirección y la opción c) es incorrecta. Esta fórmula se usa a menudo en la lengua oral y significa *donde está siempre*.

3-A: No es que… lo que pasa. Fórmula para explicar la causa de algo en respuesta a una pregunta. Las otras opciones son incorrectas.

4-B: Creo que te equivocas. Forma de responder al enunciado anterior. A la opción a) le falta el pronombre *te* y la opción c) es incorrecta porque está en subjuntivo.

5-B: Claro que… Esta fórmula seguida de la repetición del enunciado anterior se usa para confirmar la información y para expresar enfado o impaciencia. *Claro* está incompleto y *en absoluto* expresa negación de la información, es decir, lo contrario.

6-C: Es cierto eso de que… Fórmula para pedir confirmación de información sabida o compartida. Las otras opciones son incorrectas.

7-A: ¿No es así? Fórmula para pedir confirmación de la información anterior. Las otras opciones no tienen lógica en este contexto.

8-C: ¿No crees que…? Esta fórmula para pedir confirmación de la información en una frase interrogativa se construye con el verbo de la segunda frase en indicativo, por eso la opción a) es incorrecta. La opción b) no tiene sentido.

9-A: Dicen que… Forma de pedir confirmación de información de forma indirecta. A las otras opciones les sobra el pronombre *lo*.

10-B: ¿De verdad? Fórmula para pedir confirmación que expresa que la noticia es poco creíble o esperada. La opción a) es incorrecta y la c) tendría que ser *en serio*.

11-C: No hay duda de que… Fórmula para confirmar información. *Dudo (de) que* y *hay dudas (de) que* transmiten dudas y no confirmación de la información.

12-C: Pues claro que sí. Forma de confirmar información. La opción a) es ilógica y a la b) le falta la preposición *de*.

SERIE 3   p. 53

1-C: ¿Tiene nociones? *Tener nociones/conocimientos de sobre algo* es la fórmula que se emplea para preguntar si una persona tiene un determinado conocimiento de algo. *Capacidad y habilidad* son cualidades de una persona para hacer algo.

2-A: supongo. *Supongo/imagino* se usan para presuponer el conocimiento de algo. *Supone* no está en la persona correcta y ¿sabe? repite de forma ilógica el enunciado.

3-B: ¿Has oído algo sobre…? Fórmula para preguntar si se dispone de una información determinada. Las otras opciones son incorrectas.

4-B: Nadie me había avisado de que… *Había dicho* va sin la preposición *de* y *había enterado* es incorrecto. Lo correcto es *enterarse uno de algo*: Yo no me había enterado de que había una reunión.

5-C: No tenía ni idea de que… Fórmula empleada para expresar el desconocimiento de algo. Las otras fórmulas son incorrectas.

6-B: ¿Eres capaz de…? *Hábil y bueno* rigen la preposición *para*.

7-A: Tengo facilidad para… Fórmula para expresar la habilidad para algo. *Problema* indica la falta de habilidad y en este contexto tiene que ir en plural: *tengo problemas para*. El verbo *tener* va seguido de un nombre, no de un adjetivo como *incapaz*.

8-A: ¿Qué tal se te da…? Fórmula para preguntar a una persona la habilidad para hacer algo. Funciona gramaticalmente como el verbo *gustar*. Las otras opciones son incorrectas.

9-A: Yo soy negado para… Expresión para mostrar la falta de habilidad para hacer algo. *Hábil* es ilógico en este contexto y *fácil* es incorrecto en esta frase: se dice que *algo es fácil* no que *alguien es fácil*.

10-C: Pues yo no soy del todo mala en… Fórmula para expresar la habilidad con modestia. Las otras opciones son incorrectas.

11-B: ¿Te acuerdas de que…? Las fórmulas para hablar de recuerdos son: *acordarse de (*con pronombre y con preposición *de) algo y recordar algo* (sin pronombre y sin preposición). No hay que confundirlas.
12-A: ¡… se me ha olvidado! *Olvidarse de algo (Se me ha olvidado su nombre) y olvidar algo (Yo he olvidado su nombre)* son formas para expresar el olvido que tienen diferentes matices de significado: en el primer caso la acción es involuntaria. Funcionan gramaticalmente de forma distinta. Las otras opciones son incorrectas.
13-C: Yo no recuerdo que… Es la misma explicación que la del nº 11. A la opción a) le falta *de* y a la opción b) le falta *me*.
14-B: Tu cara me suena… La fórmula *sonar algo a alguien* sirve para expresar que eso te resulta familiar, que ya lo conocías. Funciona gramaticalmente como el verbo *gustar*. La opción a) es incorrecta y la c) tendría que ser: *tu cara me resulta familiar.*

4. CORRECCIÓN DE ERRORES   p. 53
a. La chica **de** negro está esperando **para hacer** una entrevista de trabajo.
b. El hombre **de** la derecha Ha perdido **su dinero** o todo su dinero y no puede comprar**se** una casa. La palabra *dinero* se usa en singular en un registro neutro, porque es un nombre no contable.
c. Desde mi punto de vista la habitación es **bastante grande** (amplia) y **está iluminada** (tiene mucha luz). *Un poco* no se usa con adjetivo con valor positivo y tiene, además, significado negativo: *la casa está un poco sucia.* No se puede coordinar *es grande y (e) iluminada*, porque este último adjetivo se usa con el verbo *estar*.
d. Todo el mundo **necesita salarios más altos** (*un salario más alto*).
e. Antes utilizábamos dinero, pero ahora utilizamos o usamos más tarjeta de crédito, tarjetas de crédito o **la** tarjeta de crédito. (Recordamos el uso del pretérito imperfecto para expresar contraste o comparación entre antes, el pasado, y ahora, el presente).
f. Me llama la atención ver gente a las cuatro **de** la mañana **en** o **por** la calle.
g. Por un lado **los pisos** son caros y **por otro** (lado) **está/existe el** problema de **pedir un préstamo**. *Hay la problema* es incorrecto porque el artículo *el/la…* no puede ir detrás del verbo *haber*. Además, el sustantivo *problema* es masculino. En este contexto no se dice *prestar dinero* sino *pedir un préstamo* o *pedir dinero prestado*. Por otra parte, la palabra *dinero* nunca va en plural.
h. La joven **de** la derecha no **está** muy bien preparada. Recordamos que es incorrecto decir no *es bien*… Se utiliza estar preparado para hablar de la formación.
i. Quiero conseguir vivir en el campo. Vivir en la ciudad puede **presentar/dar** problemas.
j. Los jóvenes no serán **capaces** de comprar *su propia casa*.

5. PREPOSICIONES   p. 53
a. Contrato **de alquiler.** b. Piso **en propiedad.** c. Estuve **de baja.** d. Nos trasladaremos **a,** se trata de un verbo de movimiento**.** e. Este piso **da a** un parque. f. Pagar **a plazos.** g. Pagar **al contado.** h. Invertir **en** bolsa. i. Contratar **a personas**. j. Estuvieron **en huelga.** (También es posible *de huelga* pero es menos usado).

MODELO DE EXAMEN 2

Prueba 1   **Comprensión de lectura**

Tarea 1, p. 54: 1-B: *[…] Robert Kiyosaki dice tener el secreto para que el dinero se multiplique.* No es A porque se dice que el libro ha estado entre los cinco títulos más vendidos, lo que no significa que sea el más vendido. No es C porque el libro puede ayudar a multiplicar el dinero, pero no exclusivamente a los millonarios. **2-B:** *[…] el padre de su amigo vio en aquella aventura de la pareja de escolares mucho potencial.* No es A porque no se dice que la razón del fracaso fuera que trabajaran por su cuenta. De hecho, no se da ninguna explicación explícita: «La fabricación de monedas fundiendo tubos de pasta de dentífrico, evidentemente, no tuvo éxito». No es C: «Él quería ser rico como sus compañeros de clase». Lo que señala el texto es que el padre de su amigo vio que necesitaban una educación diferente a la proporcionada por la escuela. **3-B:** *Asegura que oro, petróleo y* <u>*mercado inmobiliario*</u> *son la clave de su éxito.* No es A porque en el texto no se indica en ningún momento que no le gusten las tarjetas de crédito. Únicamente se menciona su interés por los beneficios <u>en efectivo</u> y por <u>los cheques</u> que llegan a su buzón. No es C porque no se dice que Kiyosaki prefiera los cheques al dinero en metálico, es decir, <u>en efectivo</u>. **4-A:** *El sistema educativo es bueno para la formación de una persona, pero no lo es tanto para los negocios.* No es B porque en el texto se dice que los profesores «no pueden enseñar lo que no saben», no que no sepan enseñar. No es C porque en el texto leemos que el sistema educativo es bueno para la formación pero no tanto para los negocios. **5-B:** *Una crisis puede ser un buen principio, si eres joven, para triunfar en las finanzas […].* No es A porque en el texto se manifiesta que una crisis puede ser un buen comienzo para triunfar. Esta afirmación no significa que las crisis se superen mejor cuando se es joven. No es C porque Kiyosaki recomienda a los empresarios ser conscientes de sus capacidades y tener fe. Eso no implica que los errores estén provocados necesariamente por una falta de confianza en las capacidades propias. **6-C:** *¿Trabajar por cuenta ajena?* Según *Kiyosaki, no nos hará llegar lejos.* No es A porque Kiyosaki considera que hay que comprobar el currículum del socio y que ha de contratarse un abogado para que vigile a tu abogado, pero no se establece ninguna relación de necesidad entre la contratación de un abogado y la presencia de un socio. No es B porque en el texto se indica que ser abogado no hace llegar más lejos que ser cajera de supermercado.

Tarea 2, p. 56: 7-B: *[…] Empezó a gritarme, diciendo que él era el único que sabía cómo debían hacerse las cosas. Y que le importaba muy poco lo que yo pensara, pues mi función se limitaba a cumplir sus órdenes […].* No es A porque el entrevistado es jefe y mantiene un trato de confianza con sus empleados. No es C porque señala que se sentía incomprendido por superiores y subordinados, pero no habla del carácter de sus jefes. No es D. Se indica que sus jefes eran bruscos e insolidarios, lo que no significa, necesariamente, que fueran arrogantes. **8-D:** *[…] Con el tiempo mi profesión se convirtió en una fuente constante de estrés. […] en 2008 tuve un ataque de ansiedad. Sentí que me moría allí mismo. […] Con la excusa de la crisis, empezaron los despidos masivos. Fue entonces cuando decidí que era yo quien debía controlar mi vida.* No es A porque no cuenta ninguna experiencia negativa. No es B porque, aunque relata malas experiencias, no menciona el tema de la salud. No es C ya que el único dato negativo que comenta es: «Muchas veces me sentía incomprendido por ambas partes». **9-B:** *[…] Su inseguridad le impedía confiar en los demás […].* No es A ni C porque ambos son jefes y mantienen una buena relación con sus empleados. No es D porque Mónica habla de jefes bruscos, insolidarios, insensibles, pero no dice que fueran inseguros. **10-D:** *Ahora ya no busco un lugar donde fichar, sino un proyecto más grande donde realizarme como ser humano.* No es A ni C porque no habla de un futuro trabajo. No es B porque tan solo dice que va a trabajar por su cuenta. **11-D:** *[…] Trabajaba fuera de horario, pero no se reconocía mi esfuerzo. […] me encontré con la misma situación: demasiados jefes insensibles que pedían resultados imposibles. […]* No es A ni C porque Javier y Josep son jefes y tratan bien a sus empleados. No es B porque dice que sus jefes eran <u>tóxicos</u> y habla en especial de uno, autoritario y arrogante, pero no precisa que sea ambicioso o poco realista. **12-C:** *[…] Adopté la imagen, falsa, de un profesional estricto. […] Finalmente me abrí a la autenticidad, a la sinceridad. Empecé a comunicarme con transparencia y honestidad.* No es A porque siempre ha tenido la misma actitud con sus empleados. No es B ni D porque ambos son empleados, no jefes. **13-A:** *[…] Nuestros colaboradores pueden trabajar desde casa y confiamos en ellos cuando nos dicen que están enfermos. […].* No es B ni D porque no son jefes, sino empleados. Además, no relatan experiencias positivas. No es C porque habla de la buena relación con sus empleados a través del diálogo con ellos para escuchar sus necesidades, pero no menciona el tema de confianza. **14-C:** *[…] comencé a dedicar parte de mi tiempo a escuchar las necesidades de mi equipo, tratando de facilitarles su trabajo sin dejar de exigirles.* No es A porque en el texto no se habla de esta cuestión. No es B ni D porque ambos textos son comentarios de empleados, no de jefes. **15-A:** *[…] Parte de nuestro éxito es que solo contratamos a personas maduras emocionalmente, responsables de generar su propia motivación, que no esperan que los demás las motiven y las hagan felices […].* No es B ni D porque ambos son empleados, no jefes. No es C porque Josep no habla de esa cuestión, sino de un cambio de actitud que tuvo hacia los demás. **16-A:** *[…] Cuando controlas el horario de tu gente pones de manifiesto que no confías en ellos […].* No es B ni D porque ambos testimonios pertenecen a personas que no son jefes. No es C porque Josep trasladaba la presión a sus empleados, pero no dice que les controlara.

Tarea 3, p. 58: 17-B: El fragmento eliminado ofrece un contraste entre la *inteligencia* de algunos contenedores y la falta de inteligencia de algunas personas para usarlos. El uso de <u>los</u> con el infinitivo (<u>usarlos</u>), que menciona los contenedores en esta oración, señala la conexión del fragmento con el párrafo. **18-D:** El párrafo que encabeza este fragmento se dedica a enumerar las propiedades de estos contenedores. La conexión sintáctica del fragmento suprimido se establece a través de <u>también</u> y mediante la eliminación del sujeto de <u>saben</u>, que es «los contenedores». **19-A:** Hay una conexión temática entre el fragmento suprimido y la oración precedente («solo se abren si identifican al usuario»). «El objetivo es doble» señala las ventajas que tiene identificar al usuario. Esta identificación permite un buen uso y saber quién (no) recicla. El fragmento eliminado es también una explicación de *Y es que los habitantes de Groningen pagan impuestos [...] ecológico*. **20-C:** Con la introducción del conector <u>además</u>, el fragmento eliminado continúa la enumeración de las características de estos contenedores inteligentes. **21-H:** «Además de compactar la basura [...]» añade otro argumento al tema del párrafo y se relaciona con "no ocupar espacio en la calle", consecuencia de su condición subterránea. **22-F:** <u>Esto</u> se refiere a la oración que comienza el párrafo. Hay una clara conexión semántica entre el fragmento suprimido (que resalta la importancia de la colaboración del ciudadano) y la oración precedente (la importancia de la separación correcta de los residuos). Los enunciados que sobran son E y G

Tarea 4, p. 60: 23-C: mirando. La perífrasis *quedarse + gerundio* expresa la continuidad de la acción. No existe el uso de *quedarse* seguido directamente del infinitivo (**quedarse mirar*). Sí es posible el uso del participio, pero para referirse al cambio de estado experimentado por un sujeto: *se quedó preocupado, triste, pensativo*. Aquí está mirando **algo**. **24-B: iba**. La perífrasis *ir a + infinitivo* exige la conjugación del verbo en presente o en pretérito imperfecto para mantener su significado de acción futura. **25-C: lo que** no se refiere a un objeto específico. No es posible *el que*, que exigiría un referente masculino, ni *la que*, que requeriría uno femenino. **26-B: solían**. Los tres verbos tienen en común el significado de adquirir o tener una costumbre. Sin embargo, *acostumbrar* y *habituar* necesitan un sujeto personal, mientras que *soler* permite un sujeto personal (en su significado de *tener costumbre*) y también un sujeto de cosa (con el significado de *ser frecuente),* que es la acepción con la que aparece en el texto. **27-A: regalarle**. *Le* representa a Ángel, por lo que es complemento indirecto. Por esta razón no es posible el uso de *lo*. Tampoco es correcto *se* porque el complemento indirecto no es reflexivo en esta oración. **28-A: en**. El verbo *pensar,* en su significado de «evocar» o «recordar» se usa con la preposición *en*. **29-B: algo**. No es posible *nada,* porque para que fuera correcto precisaría de un *no* previo. Tampoco es correcto *algún*, ya que necesita ir acompañado de un sustantivo: por ejemplo, «algún incidente». **30-C: soportaría**. Se trata de un caso de estilo indirecto, donde el verbo introductor (*saber*) se encuentra en pasado, lo que impide la aparición del futuro (*soportaré*). El tratarse de una interrogativa indirecta encabezada por *si* descarta la utilización del subjuntivo *soportara*. **31-A: volviesen**. *Querer* exige el uso de subjuntivo tras la conjunción *que*. En esta oración, como el verbo está en pasado (*quería),* el tiempo de subjuntivo correspondiente es el pretérito imperfecto (*volvieran/volviesen*). Esta es la razón de que el empleo de *volverían* y *volvieron* sea incorrecto, al tratarse del condicional y del pretérito perfecto simple, ambos pertenecientes al modo indicativo. **32-B: si**. *Preguntar,* va seguido de *si* cuando la respuesta esperada es *sí/no*. En la oración del texto no resulta posible el uso de la preposición *por,* válido en contextos diferentes (*preguntar por alguien,* por ejemplo). **33-A: pudiera**. *Antes de que* es una conjunción temporal que exige siempre el subjuntivo, lo que excluye el uso de *podía* y *pudo,* tiempos correspondientes al modo indicativo. **34-C: Quizá**, porque permite tanto el indicativo como el subjuntivo; *igual* rige exclusivamente indicativo. *Es posible* exige el subjuntivo, pero necesita la conjunción *que: Es posible que*. **35-C: le** es complemento indirecto (*pedir algo a alguien*) y representa *a Ángel*. Por eso resulta incorrecto el uso de *lo* (que se referiría a la cosa que se pide) y *se,* ya que el verbo no es reflexivo. **36-C: has**. La conjunción condicional *si* no permite el empleo del presente o del pretérito perfecto de subjuntivo. Tampoco admite el futuro simple y compuesto de indicativo.

Prueba 2	Comprensión auditiva	CD I

Pistas 18-23. Tarea 1, p. 61: 1-B: ... *puedo pasar la fregona* (utensilio para limpiar el suelo con agua). No es A porque todavía no han hecho *la mudanza* (el traslado) y tampoco C, porque el estado de los baños y la

cocina le resulta *asquerosos* a la chica (le dan asco). **2-C:** … *llegar a fin de mes* (tener el dinero suficiente para vivir). No es A porque Manolo no pide un *enchufe* sino una *linterna* (aparato que da luz). Tampoco es B porque está roto *el enchufe*, no el *interruptor*. **3-A:** El segundo piso del que hablan da a un *patio interior*, es decir, no tiene mucha luz y eso no les gusta. El que deciden comprar no *está por las nubes* (no es muy caro); no es B porque van a dar *una mano* (una capa) de pintura, no van a pintar a mano; tampoco dicen que quieran un piso nuevo, sino que el piso elegido va a quedar *como nuevo* (opción C). **4-C:** El hombre dice que le ayudarán todo lo que puedan (*haremos todo lo que esté en nuestras manos*). No es A porque no se dice que vaya a ingresar dinero; ni tampoco es B, porque la mujer quiere *invertir*, no gastar. **5-C:** el cálculo del coste de la reforma es el *presupuesto*. No es A porque ella no tiene claro lo que quiere hacer (*pensaba… pero necesito ideas*) y no es B porque se dice que el portero *puede enseñar* el piso, no que lo *enseñará*. **6-A:** La mujer va a ir al *Servicio Público de Empleo* y va a *hacer los papeles* para *cobrar el paro*. No es B porque a la mujer le gustaría jubilarse (*¡Ya me gustaría!*), pero no puede; tampoco es C porque dice que no tendrá que trabajar *de sol a sol* (muchas horas al día), no que vaya a trabajar al aire libre.

Pista 24. Tarea 2, p. 62: 0-A: *Mi situación es más circunstancial que personal…* **7-B:** *Conozco en primera persona lo que es vivir sin pareja a partir de cierta edad y teniendo que recomponer tu círculo de amigos, tu círculo social.* **8-B:** *[…] si antes uno venía a tres fiestas al mes, a lo mejor ahora viene a una.* **9-A:** *Compras leche, compras lo que sea y te sobra por todos los lados y caducan […].* **10-C:** *[…] lo mejor es estar solo en tu casa, poner los pies en la mesa y que nadie te dirija la palabra.* No dice que los solteros <u>suelan</u> poner los pies sobre la mesa. **11-A:** *Tienes que organizarte y ser más responsable cuando compartes.* **12-B:** *De lo que dispone el soltero es de más tiempo para disfrutar de su ocio.*

Pista 25. Tarea 3, p. 63: 13-B: *[…] porque se ha convertido en una especie de cliché el decir: «¿Qué tal si nos vamos a comer y allá hablamos?» […].* No es A porque en la entrevista se dice que el tema de la etiqueta en las comidas de negocios es interesantísimo, no que el ir a una comida de negocios lo sea. No es C porque en el audio dicen que a veces una comida de negocios es contraproducente para la imagen pública y profesional, no personal. **14-C:** *La pregunta es ¿quiero hacer negocio o quiero agasajar a la contraparte? Después decidirás plantear una comida de negocios, o que vayan a tu oficina u organizar un desayuno de negocios […].* No es A porque en el texto la presentadora dice que *«mucha gente hace comidas para socializar»*, no que se socialice en ellas. No es B porque en el texto se dice que *«lo primero que tenemos que saber es qué objetivos tenemos. Si el objetivo es hacer negocios, no hagas comidas de negocios»*, luego no se habla concretamente de objetivos profesionales. **15-C:** *[…] les cuento algunos de los beneficios de un desayuno de negocios […].* No es A porque en la entrevista dicen que *tienes el compromiso de regresar a la oficina porque tienes citas después del desayuno*, pero no se habla de los compromisos tras la comida. No es B porque en la entrevista se afirma que un desayuno de negocios *«no involucra alcohol y por eso se convierte en algo más profesional»*, pero no se dice que no se pueda pedir alcohol, si así lo deseas. **16-C:** *[…] las buenas maneras prevalecen […].* No es A porque en la entrevista no se escucha que las mujeres puedan decidir si beben o no alcohol. De hecho escuchamos que *en los negocios no hay género*. Lo mismo se aplicaría a B porque no se dice nada sobre que los hombres siempre beban alcohol en las comidas de negocios. **17-B:** *[…] paga quien invita a comer […] En cuanto a la reservación y todo eso, la persona que al final tiene que pagar […].* No es A porque lo que escuchamos es *[…] Vamos a ver ahora la parte de quién paga. Esto entra en el sentido común: paga quien invita a comer*, no que sea de sentido común pagar cuando te invitan a comer. No es C porque lo que se dice en el texto es que *la contraparte tiene que hacer <u>el intento</u>*, mínimo, de sacar la tarjeta cuando llega la cuenta […]. **18-A:** *[…] Y si tienes que tomar una llamada urgente, te paras y te retiras pidiendo disculpas, pero no lo tomes en la mesa […].* No es B porque lo que escuchamos en el audio es: *Tampoco uses palillos, que pareces un mafioso. […]*, no que los mafiosos usen palillos por norma. No es C porque lo que se dice en el audio es que si tienes que hacer una llamada o cualquier otra cosa no <u>debe</u> hacerse en la mesa, sino en el baño.

Pistas 26-32. Tarea 4, p. 64: 19-B: Persona 1 *La base de salario emocional es que el trabajador <u>se sienta</u> parte de la empresa […] Hay diferentes mecanismos que pueden aumentar la <u>motivación</u> de un trabajador.* **20-J: Persona 2** *Este año 43 empresas españolas han conseguido entrar en el* top employers *de*

España, una auditoría que se hace para saber qué empresas son las mejores para trabajar. **21-I: Persona 3** *En vez de pagarnos con dinero, como se venía haciendo hasta ahora, [...].* **22-A: Persona 4** *[...] esta cosa absurda que tienen tantos trabajos de que tienes que quedarte allí hasta que el jefe se levante y se marche [...] es el peor de los casos posibles para que haya una productividad favorable [...].* **23-D: Persona 5** *[...] cómo nos auto motivamos cuando tienes impagos, cuando esperas un año para cobrar facturas o cuando la retribución la percibes mucho después de finalizar el proyecto...? [...].* **24-F: Persona 6** *Nosotros querríamos tener un salario emocional, porque en dinero tampoco lo tenemos pero no lo queremos, pero un trato mejor sí.* Los enunciados que sobran son E (*[...] el menú cafetería, que consiste en ofrecer a los empleados una serie de beneficios para que ellos puedan elegir los que quieran*), G (*A mí me gustaría que si no me pudieran pagar en dinero, que me pagasen en tiempo*) y H (*[...] si no recibimos un sueldo a final de mes quizá nos apuntaríamos en una ONG o realizaríamos o un voluntariado*).

Pista 33. Tarea 5, p. 65: 25-A: *[...] hace dos semanas aproximadamente les llamé contando mi problema [...].* No es B porque en el audio se dice que el dueño de la churrería les cede el local generosamente, sin pedir nada a cambio. No es C porque aunque se dice que el local llevaba cerrado dos años y pico, no se dice que esta sea la causa de que el dueño lo ceda gratis. **26-B:** *[...] la antigua churrería Merino, propiedad de D. Alfonso Merino, que no nos cobra alquiler [...].* No es A porque Julio explica que cocinan en un complejo hotelero, no que el local esté instalado allí. No es C porque en el audio se explica que hay dos familias entre los 16 beneficiados del comedor social. **27-C:** *Este hombre tuvo conocimiento del tema, se lo remitió a su yerno, que es, a su vez, amigo mío [...].* No es A porque en la entrevista escuchamos que Julio se movió por las asociaciones de vecinos para ver quién era la gente necesitada, no entre los vecinos de su edificio. No es B porque Julio dice que utilizan las bandejas térmicas en el local para servir la comida que, previamente, cocinaron en el hotel. **28-B:** *El local no reúne los requisitos para cocinar [...].* No es A porque Julio dice que no conoce mucho al dueño del local. No es C porque Julio explica que D. Alfonso «no vive con mucha anchura», es decir, no vive con mucho dinero. **29-C:** *[...] ya estamos encontrando ayuda por parte de una frutería [...] Dos supermercados también se han comprometido para, a partir de primeros de mes, ofrecernos productos así como una pescadería.* No es A porque escuchamos que ya hay una frutería que ayuda. Son los supermercados los que lo harán *a partir de principios de mes.* No es B porque Julio dice: *[...] hoy, por ejemplo, el desayuno ha sido café con leche o Cola Cao con repostería,* pero no que mañana vayan a poner lo mismo. **30-A:** *[...] empezamos hace tres días [...].* No es B porque lo que Julio dice es que han trabajado mucho para poder abrir el comedor social: *Hemos ido volando y sudando, rápidamente... No se pueden hacer ustedes una idea [...].* No es C porque en el texto se dice que *con poquito* (dinero) se consigue mucho, no con un poco de esfuerzo.

Examen 3. Educación, ciencia y tecnología

LÉXICO

EDUCACIÓN p. 76

1. a-2; b-3, c-1.
2. Colegio público: Financiación gratis hasta 18 años. Religión: laico; Colegio concertado: Uniforme: sí, hasta los 14 años. Colegio privado: Profesores contratados. Resto respuesta libre.
3. Respuesta libre.
4. Una beca: disfrutar de; Notas: Sobresaliente, Tener un buen expediente; Examen: presentarse a; Créditos: conseguir; Idiomas: Intercambio; Curso: Devolver el dinero de la matrícula, quedar/tener una asignatura pendiente.
5. A. a. matricularme. b. de nivel; c. iniciación; d. perfeccionamiento; e. intensivos; f. devuelven; g. intercambio. B. a. solicitar; b. disfruta; c. concedieron; d. conseguirla/obtenerla. C. a. presentar; b. aprobé; c. saqué; d. suspendí.

6. Respuesta libre.

7. Respuesta libre.

8. a. cartucho de tinta; b. borrador; c. folios; d. grapadora y clip; e: celo; f. rotulador; g. diapositiva. Fotos: 1-celo; 2-clip; 3-grapadora; 4-folio; 5-cartucho de tinta, 6- borrador; 7-rotulador; 8-diapositiva.

9. a-6; b-2; c-1; d-3; e-7; f-4; g-5.

10. Respuesta libre

11. Respuesta libre. Posibles respuestas: Gráfico 1: En todos los niveles educativos el número de mujeres es superior al de los hombres. Cerca del 50% de los españoles no ha terminado el bachillerato. El número de licenciados no llega al 20%. Gráfico 2: Casi la mitad de los universitarios españoles estudia una carrera relacionada con las Ciencias Sociales y Jurídicas. Solo un 7,2 % de los españoles se ha matriculado en una carrera de Ciencias. Gráfico 3: De 2012 a 2014 el número de estudiantes de grado en la universidad pública ha disminuido ligeramente mientras que ha aumentado el de las universidades privadas.

12. a-8; b-4; c-5; d-7; e-3; f-9; g-1; h-2, i-6.

13. a. me quedé en blanco; b. pasar a limpio; c. por los pelos; d. ha ido el santo al cielo; e. a ojo; f. en la punta de la lengua; g. empollón; h. den una lección; i. rompiendo la cabeza.

CIENCIA Y TECNOLOGÍA   p. 80   Examen 3

1. A. a: invento, b: descubrimiento.
B. Todo lo relacionado con la biología y con la química es un descubrimiento.

2. El invento, Inventor, Inventar; El descubrimiento, Descubierto, Descubrir; La investigación, Investigador, investigar.

3. a-3, b-6, c-1, d-7, e-9, f-4, g-2, h-8, i-5.

4. 1-a, 2-c, 3-b, 4-i, 5-e, 6-h, 7-d, 8-f, 9-g.

5. 1: Falso. Por encima de 100^0 el agua se convierte en estado gaseoso (o en vapor); 2: Verdadero; 3: Falso. Es la Física; 4: Falso. Es la Química; 5: Falso: El símbolo químico del oro es AU.

6. a. Hay que dividir 84 € entre 4 y el resultado es 24 € por persona. b. Hay que restar: 78 menos 43. El resultado es 35. c. Se multiplica 4 Km por 5 días. El resultado es 20 Km entre semana. Y luego se multiplica 5 por 2 días del fin de semana. El resultado es 10 Km. Y por último se suman los 20 Km más los 10 Km y el total que David corre es de 30 Km a la semana.

7. 1. círculo dibujar circulo, 2: triángulo dibujar triangulo; 3: diagonal dibujar diagonal; 4: ángulo recto dibujar ángulo recto, 5: línea horizontal dibujar línea horizontal.

8. 1. una fórmula matemática-d; 2. un número par-a; 3. un número impar-c; 4. Una fracción-f; 5. un número decimal-b, 6. una tabla-e.

9. a. plantear una duda, b. formular/demostrar una hipótesis; c. calcular una cantidad; d. resolver una duda; e. demostrar/formular una hipótesis; f. seguir una regla; g. aplicar una fórmula; h. confirmar una hipótesis, i. sacar conclusiones.

10. a. fórmula, aplicar; b. formular; c. confirmar; d. sacar; e. plantear, resolver.

11. 1-d; 2-g; 3-c; 4-f; 5-b; 6-e; 7-a. Resto, respuesta libre.

12. 1-a; 2-c; 3-e; 4-d; 5-b.

13. Respuesta libre.

14. a-1; b-3; c-2; d-5; e-6; f-4; g-7. Resto, respuesta libre.

15. Opciones correctas: a. grabarlo; b. el cursor; c. hacer clic; d. pinchar; e. arrastrarlo; f. reiniciarlo; g. configurarlo; h. minimizar; i. escritorio.

16. a-5, b-9, c-1, d-6, e-8, f-2, g-10, h-7, i-3, j-4.

17. a. no mover un dedo; b. hacerse cargo; c. dejar a un lado; d. poner pegas; e. echar en cara; f. entrar en materia; g. sacar adelante; h. llevar la contraria; i. merecer la pena; j. hacerse a la idea.

SERIE 1   p. 84

1-B: levantes. Valor del presente de subjuntivo usado para repetir una orden ya dada: *levántate (1ª orden); que te levantes (2ª orden).* Las otras opciones son incorrectas en este contexto.

2-C: tenga. Valor de desconocimiento del presente de subjuntivo (no conoce si hay un libro así) en frases de relativo. La opción a) no puede usarse en este contexto por esta razón. Y la b) es incorrecta.

3-A: quieran. Es el mismo valor que en la frase anterior: desconocimiento en frases de relativo. En este caso no está expreso el antecedente. Las otras opciones son incorrectas en este contexto.

4-B: sea. Valor del presente de subjuntivo que se usa cuando se niega una valoración (*no es verdad*). La opción a) es incorrecta porque la situación temporal de la frase es el presente y la c) es incorrecta en una valoración negada.

5-A: tenga. Es el mismo valor que en la frase anterior. En este caso *aprobó* está en pasado pero el hecho de *tener aprobado* se refiere al presente, por eso se usa el presente de subjuntivo y no el imperfecto de la opción c). Como en la frase anterior, el presente de indicativo b) es incorrecto en una valoración negada.

6-B: viene. El presente de subjuntivo de la opción a) y el condicional de la b) son incompatibles con el condicional *si*.

7-A: completen. Se usa el presente de subjuntivo en subordinadas temporales (*una vez que* equivale a *cuando*) referidas al futuro. Por este motivo son incorrectas las otras opciones.

8-A: pidas. Valor del presente de subjuntivo para expresar indiferencia en oraciones concesivas. La opción b) sería posible en una situación real y no hipotética como en el ejemplo, por lo tanto no es correcta. La opción c) es incorrecta.

9-A: estudies. Presente de subjuntivo usado en frase subordinada detrás de un verbo o expresión de sentimiento en la frase principal (*me sorprende).* Las otras opciones son incorrectas.

10-B: tengas. Valor de expresión de deseos del presente de subjuntivo en oración independiente. Las otras opciones son incorrectas.

11-A: haya. Uso del presente de subjuntivo para hacer valoraciones (*Es, está, me parece… + nombre, adjetivo + que + frase con verbo en presente de subjuntivo).* Hay excepciones a esta regla: cuando se valora con *verdad, evidente, cierto, es un hecho, seguro, obvio…,* en la frase siguiente se usa presente de indicativo: *es verdad que tengo treinta años.*

12-B: comamos. Uso del presente de subjuntivo con verbo de influencia *prohibir.* Por esta razón son incorrectas las otras opciones.

SERIE 2   p. 84

1-B: vivieras. Valor del imperfecto de subjuntivo para expresar deseos que no se pueden cumplir en presente. Por el contexto (es poco posible que se cumpla el deseo), no es correcta la opción a); y la c) es ilógica.

2-B: pudiéramos. Es el mismo valor que el anterior pero en este caso los deseos imposibles se refieren al futuro. Las otras opciones son incorrectas.

3-C: Quisiera. Valor del imperfecto de subjuntivo como expresión de cortesía. En este uso concreto no se usa la forma *quisiese*. La opción a) es incorrecta.

4-C: fuera. También se usa el imperfecto de subjuntivo con la función de mostrar cortesía y amabilidad. Las otras opciones son incompatibles con el *si* condicional.

5-A: llamaran. Valor del imperfecto de subjuntivo para expresar duda en situación de pasado. La b) no concuerda con el sujeto, la c) tampoco y además es incorrecta porque se refiere al futuro y no al pasado.

6-B: fueran. Valor del imperfecto de subjuntivo de expresión de la probabilidad en pasado. *Serán* se refiere a una situación futura y *sean* al momento presente.

7-C: aprobara. *Era poco probable que…* es una fórmula de expresión de probabilidad en pasado, por eso se usa el imperfecto de subjuntivo en la subordinada. *Apruebe* se refiere a una situación del futuro. *Aprobaría* es incorrecta.

8-A: devolviese. En este contexto *dijo* equivale a *pidió*, verbo que rige subjuntivo. Como *dijo* está en indefinido, el verbo de la subordinada tiene que estar en imperfecto de subjuntivo (*devolviese)* por la regla de correlación de tiempos. Las otras opciones son incorrectas.

9-C: estudiase. Se usa imperfecto de subjuntivo porque hay una expresión de deseos en pasado, *quería,* que rige este tiempo. *Haya estudiado* se refiere al pasado y es incorrecto y *estudie* no se ajusta a la correlación de tiempos.

10-B: hiciera. El verbo *pedir* rige subjuntivo y como está en pretérito indefinido (*pidió*) y la acción que se pide es posterior a ella, se usa el imperfecto de subjuntivo en la subordinada. Las otras opciones son incorrectas.

11-A: pusieras. *Estaría muy bien* es una valoración y una sugerencia (condicional) que por la correlación de tiempos necesita el verbo de la segunda frase en imperfecto de subjuntivo. Las otras opciones son incorrectas.

12-C: vinieras. *Apetecer* es un verbo de expresión de gustos que rige subjuntivo. Como en este caso va en condicional el tiempo correspondiente de la segunda frase es el imperfecto de subjuntivo. Las otras opciones son incorrectas.

SERIE 3   p. 85

1-C: te hayan seleccionado. Para expresar el sentimiento (yo *me alegro*) de una acción pasada relacionada con el presente (*te han seleccionado*) se usa el pretérito perfecto de subjuntivo en la segunda frase. La opción a) es incorrecta porque no está en subjuntivo. Y la b) se refiere al futuro y no al pasado.

2-A: hayan enterado. Para expresar la probabilidad (*es posible que*) de un hecho en pretérito perfecto de indicativo (*no se han enterado*), se usa el pretérito perfecto de subjuntivo en la frase subordinada. Las otras opciones son incorrectas porque no están en subjuntivo.

3-A: haya aprobado. La opinión negada (*no creo*) rige subjuntivo. En este caso pretérito perfecto, por tratarse de una acción pasada relacionada con el presente. Las otras opciones son incorrectas.

4-C: hayan bajado. Los verbos que permiten constatar un hecho en negativo rigen subjuntivo. En positivo la frase sería: *es verdad que han bajado los precios. Bajaran* se refiere a una acción pasada no relacionada con el presente y *han bajado* es incorrecta, ya que la frase es negativa.

5-B: haya trabajado. Uso del subjuntivo en frase de relativo con antecedente no conocido. No se sabe con seguridad (*me imagino, eso espero*) si ha trabajado o no. Por este motivo las otras opciones son incorrectas.

6-C: hayas terminado. Valor del pretérito perfecto de subjuntivo que se usa en las subordinadas temporales para expresar una acción futura anterior o terminada antes de otra acción futura. En este caso se puede usar también el presente de subjuntivo (*termines*) con el mismo significado. Las otras opciones se refieren al pasado.

7-B: hubiese estudiado. Valor del pretérito pluscuamperfecto de subjuntivo para expresar deseos no cumplidos en el pasado. Las otras opciones son incorrectas.

8-A: hubiera escogido. Valor de expresión de la probabilidad en pasado con tiempos no relacionados con el presente. La opción b) se refiere a un pasado relacionado con el presente y la c) presenta una hipótesis, incorrecta en esta frase.

9-C: hubiera estropeado. Opinión negada (*nadie creyó*) referida a un tiempo pasado. Con el pluscuamperfecto de subjuntivo se indica que la acción no ha ocurrido. En positivo la frase sería con pretérito pluscuamperfecto de indicativo: *la gente creyó que se había estropeado.* Existe una correspondencia entre los dos tiempos verbales. La opción a) es incorrecta porque se necesita subjuntivo en la frase y la b) se refiere a un tiempo pasado relacionado con el presente, y no es el caso.

10-A: hubiese ido. Valoración en pasado (*era lógico*) de una acción anterior (*se hubiese ido*) a otra acción pasada (*llegamos tarde*). Las otras opciones son incorrectas.

11-C: hubierais discutido. Expresión del sentimiento pasado (*sentía*) de una acción pasada no relacionada con el presente (*hubierais discutido*). Este es otro de los usos del pretérito pluscuamperfecto de subjuntivo. Las otras opciones son incorrectas porque no están en modo subjuntivo.

12-A: hubieseis ganado. Pluscuamperfecto de subjuntivo usado después del verbo principal en condicional compuesto (*me habría gustado*) para expresar un gusto o un deseo no realizado en el pasado. Las otras opciones son incorrectas.

SERIE 4   p. 85

1-B: tuviera. Pretérito imperfecto de subjuntivo para expresar deseos poco probables o imposibles (como en este caso) en el futuro. *Tenga* se usaría para expresar deseos posibles. *Haya tenido* no es correcto porque alude al pasado.

2-C: hubieras dejado. Expresa un deseo o gusto hipotético en el pasado no realizado. Las otras opciones no se ajusten al sentido de hipótesis de la frase.

3-B: no haya venido. Con el pretérito perfecto de subjuntivo se expresa la extrañeza de la acción, que *el profesor no ha venido*. Para expresar sentimientos se usa siempre el subjuntivo en la subordinada, así que las opciones a) y c) son incorrectas.

4-C: hubiera gustado. Con el pretérito pluscuamperfecto se expresa un deseo pasado no realizado y que no se puede cumplir. Las otras opciones no pueden transmitir esta idea.

5-B: sientes. Presente de subjuntivo con el valor de repetición de una orden o mandato. Las otras opciones no permiten expresar este concepto.

6-C: hayáis terminado. Pretérito perfecto de subjuntivo con el valor de expresar una acción futura anterior a otra acción futura. Las subordinadas de tiempo referidas al futuro exigen subjuntivo, por eso son incorrectas las otras opciones.

7-C: hubieras acabado. Valoración (*Fue una suerte*) de un hecho pasado (*acabar la carrera*) no relacionado con el presente (*cuando cambiaron…*). La opción a) es incompatible con este uso y la b) es incorrecta porque está en indicativo.

8-B: interesase. El verbo de influencia en pretérito indefinido (*hizo*) se construye con subjuntivo en la segunda frase. El tiempo, imperfecto de subjuntivo (para expresar acción terminada), es el exigido por la correlación de tiempos verbales. Las otras opciones son incorrectas.

9-A: tengamos. Par hacer una valoración (*me parece una tontería*) referida a una acción futura (*que tengamos que hacer*) se usa el presente de subjuntivo. Las otras opciones son incorrectas porque no están ni el tiempo ni en el modo adecuados.

10-B: hayan contestado. Valoración en presente (*me parece raro*) de un hecho pasado relacionado con el presente (*no me han contestado*). Para expresar esta idea se usa el pretérito perfecto de subjuntivo. Por este motivo las otras opciones son incorrectas.

11-B: fuera. Pretérito imperfecto de subjuntivo para expresar un deseo presente que no se puede realizar. Por este motivo es incorrecto *sea* porque con el presente se indica que el deseo se puede conseguir. *Sería* es incorrecto.

12-A: tenga. Uso de presente de subjuntivo para referirse a antecedentes desconocidos en las oraciones de relativo. También se podría usar *tiene (*pero no *tienen* porque no concuerda con *quien)*, en presente de indicativo, pero en este caso las personas a las que se refieren son conocidas. La opción b) es ilógica.

FUNCIONES   Examen 3

SERIE 1 p. 86

1-B: imagino que llegaría. Condicional para expresar probabilidad en pasado. El futuro *llegará* se usa para expresar la probabilidad en presente o futuro. *Llegara* es incorrecta.

2-A: yo diría que… Esta fórmula de expresar la probabilidad se construye con indicativo. *Tal vez* y *quizá* no funcionan con la conjunción *que*.

3-C: habrá conocido. Futuro perfecto para expresar probabilidad en pasado. Las otras opciones no tienen esta función.

4-A: tal vez se encontrase. *Tal vez* y *quizá* pueden indicar probabilidad tanto con indicativo como con subjuntivo. *Igual* y *a lo mejor*, solo con indicativo.

5-B: pensé que lo habrías cogido. Condicional compuesto para expresar probabilidad en pasado. Las otras opciones no pueden expresar probabilidad.

6-A: Quizá lo haya cogido. *Es posible y lo más seguro,* que también van con subjuntivo, necesitan la conjunción *que*.

7-B: Puede que… Las tres opciones pueden expresar la probabilidad y las tres funcionan con subjuntivo, pero *posiblemente* y *probablemente* van sin la conjunción *que*.

8-C: Podría ser que… *Podría* está incompleta y *tal vez* no funciona con la conjunción *que*.

9-A: Es bastante probable que. Funciona igual que *es posible que*. Las otras opciones no tienen lógica en esta frase.

10-C: Es improbable que. También funciona únicamente con subjuntivo en la subordina. Es la única opción que tiene lógica con el hecho de que Ana no ha estudiado.

11-B: hay muchas probabilidades de que. Esta fórmula es la única que tiene lógica en la frase.

12-C: Lo más seguro es que. Se trata de otra fórmula para expresar la probabilidad que funciona también con subjuntivo, a pesar de que lleva la palabra *seguro*. *Seguramente* puede ir con indicativo y con subjuntivo pero en este contexto es ilógico; y *seguro* solo con indicativo.

SERIE 2   p. 86

1-C: sería mejor. Este es el único verbo en condicional que puede llevar detrás *mejor*.

2-A: ¿Y si…? Esta fórmula usada para aconsejar o proponer un plan se usa con imperfecto de subjuntivo o con presente de indicativo. *Va muy bien* tendría que llevar el verbo en presente de subjuntivo y la conjunción *que* o el infinitivo; y a *sería necesario* le falta la conjunción *que*.

3-B: Te advierto que… Fórmula con la que se expresa advertencia. Se construye con el verbo en indicativo (*vas a suspender*). Las otras opciones también son formas para advertir, pero no se ajustan a la sintaxis de la frase.

4-A: Ojo con… Fórmula para llamar la atención o advertir sobre algo. Las otras fórmulas no son compatibles con la frase porque se usan con distintas preposiciones: *presta atención a* y *no te fíes de*.

5-C: No te fíes de. Verbo usado en negativo para advertir: *no fiarse de*. Las otras opciones no pueden funcionar en este contexto.

6-A: Que sea la última vez que… Fórmula para amenazar a alguien. La opción b) está incompleta: *te advierto que es* sería la forma completa. *Si no* sirve para introducir una oración condicional, que también puede tener el valor de amenaza, pero es incompatible con el resto de la frase.

7-C: Si no… Frase condicional introducida por *si* con valor de amenaza. La opción a) es ilógica y la b) está incompleta.

8-C: Está fatal que… Forma de expresar reproche. *Está bien* es ilógica y *está malo* es incorrecta, lo correcto sería *está mal*.

9-B: Me sienta mal cómo… La fórmula es: *algo (cómo me tratas) me sienta mal (a mí)* y se usa con indicativo. (*Yo*) *Me siento mal* se usa en situaciones introducidas por *porque, cuando...* (*Me siento mal cuando me gritas*). La opción c) es incorrecta. *No entiendo cómo me tratas así…* sería lo correcto.

10-A: ¿A qué esperas para…? Otra fórmula para expresa reproche. Las otras opciones deberían ser: *ya deberías o tendrías que haber empezado…* Son, por tanto, incorrectas.

11-C: Haría falta que… lo revisaran. Las otras opciones tendrían que ir con presente de subjuntivo, no con imperfecto.

12-B: no tienes por qué hacerlo… Fórmula que este caso expresa la falta de obligación o necesidad. Las otras opciones no son compatibles sintácticamente: tendrían que ir con presente de subjuntivo.

SERIE 3   p. 87

1-A: Le aseguro que… Forma usada para prometer algo. La opción b) está en segunda persona, *tú*, y no en tercera, *usted*, que es la correcta por la presencia de *le*. Lo mismo ocurre en *te lo juro*, que además lleva el pronombre *lo* que indica que la información no es nueva, sino ya conocida.

2-A: Te juro… que. Frase usada para prometer que se construye con indicativo. A las otras opciones les falta el pronombres de objeto indirecto *te*.

3-C: Se lo juro. Fórmula que se emplea para prometer una información ya conocida. El pronombre *lo* sustituye a la información anterior: la eliminación del documento. *Le aseguro* está incompleta (*Se lo aseguro;*) y a *Te juro que* le falta el resto de la frase subordinada.

4-C: ¿Te echo una mano con…? Fórmula para expresar ofrecimiento. La opción a) está incompleta y la b) no tiene sentido.

5-B: permítame. Uno de los valores del imperativo es el de hacer favores y ofrecerse para hacer algo. *Hace falta* debería ir en frase interrogativa y *déjame* es incorrecta porque el verbo está en segunda persona y no en tercera, que sería lo correcto.

6-C: ¿Necesitas que haga…? Es la única opción compatible con la pregunta y con la sintaxis de la frase.

7-A: Déjame a mí. Otra vez el valor del imperativo para ofrecer ayuda o hacer favores. Las otras opciones están incompletas.

8-C: Tranquilízate. Imperativo con el valor de tranquilizar o consolar a alguien. Las otras opciones no son lógicas en esa frase.

9-A: No te pongas así. Fórmula con la que se pide a alguien que está muy alterado que se tranquilice. Las otras opciones no tienen sentido en la frase.

10-B: Tranquila, todo tiene solución. Exponente usado para tranquilizar y consolar a una persona. La primera opción no tiene sentido y la tercera está incompleta porque le falta el adverbio *bien*.

11-B: Seguro que todo se arreglará. Otra fórmula para tranquilizar y consolar. Las otras opciones no tienen lógica en esta frase.

12-C: no tengas miedo a equivocarte. Forma de animar a una persona a que haga algo. Las otras fórmulas no tienen sentido en esta frase.

13-A: no te rindas. Exponente funcional con el que se pretende que una persona siga trabajando para lograr algo. La opción b) es ilógica y la c) no trasmite ánimo, sino lo contrario.

14-B: Venga. Imperativo lexicalizado que se usa para animar. *Atrévete e Inténtalo* no tienen lógica en el contexto, porque presuponen que la acción de hacer los exámenes es algo opcional, lo que no es cierto.

4. CORRECCIÓN DE ERRORES   p. 87

a. No me parece (una) **buena** idea que la universidad **sea** para todo el mundo. Se usa *buena* delante de nombre femenino y *buen* delante de nombre masculino. *Sea* va en subjuntivo porque la frase (*que la universidad sea*) es objeto de una valoración (*no me parece una buena idea*).

b. Pienso que **la** educación es importante **para** un país. Se tiene que usar el artículo determinado para hablar de la educación de forma general. Se usa *para* porque indica el destinatario (país).

c. Creo que el gobierno **debe** solucionar los problemas… Los verbos de opinión en frase afirmativa (creer, pensar, opinar…) rigen indicativo en la frase subordinada (*debe*). El verbo *solucionar* no lleva preposición.

d. Es verdad que **el ordenador** es muy importante**…** (o *los ordenadores son muy importantes*). En el futuro habrá más gente que **use/usará** Internet. Las dos opciones son posibles: depende de si en esta frase de relativo interpretamos el antecedente como desconocido o como conocido, respectivamente.

e. En mayo terminaré **mis estudios** (se usa el nombre en plural para referirnos a ello de forma general) y si **tengo ganas** voy a estudiar/estudiaré un máster. Recordamos que es incompatible el *si* condicional con el presente de subjuntivo.

f. Me sorprende que los españoles (o *estoy sorprendido de que los españoles)* no **tengan** Internet en… Los verbos de expresión de sentimientos, como *sorprender,* llevan subjuntivo en la frase subordinada.

g. La ciencia es muy importante. Se necesita el artículo *la* para referirnos de forma general a algo. *Quiero que* mis hijos **vayan a una** universidad **de ciencias**. El verbo *venir* indica movimiento hacia la persona que habla y es incorrecto en este contexto. Lo correcto es el verbo *ir*, que indica movimiento hacia fuera del lugar donde está el hablante. Además, con verbos de deseo como *quiero*, se usa subjuntivo en la frase subordinada.

h. Yo diría que esas personas **pertenecen** (*yo diría que* rige indicativo)… que está haciendo un **experimento** sobre (el) cáncer.

i. Me **he enterado** (es un hecho del pasado relacionado con el presente) de que mi amiga va a ser **traductora.**

j. Puede (mejor sin ser para no repetir *ser… sean*) que ellos **sean** (unos) estudiantes que tienen mucho **interés** (o que están muy interesados) en la ciencia. *Interés* va en singular porque está especificado (*en la ciencia*). Se puede usar en plural cuando se habla en general: *Soy una persona activa y tengo muchos intereses. Tenemos muchos intereses en común.*

5. USO DE PREPOSICIONES   p. 87

a. No **me fío de**. b. **Prestar atención a** la profesora. c. **Disfrutar de** una beca. d. Me voy a **presentar al** (a + el) DELE. e. **Graduado en** Derecho. f. **Estudiante de** máster. g. **Ponerse de pie** (Se refiere a la posición del cuerpo. También sería posible *en pie* con un significado un poco distinto, de admiración: *el público se puso en pie para aplaudir*). *A pie* significa andando: fuimos *a pie* a clase. h. **Estar de vacaciones.** i. **Fácil de estudiar.** j. **Tener miedo a equivocarse.** También sería correcto miedo de.

MODELO DE EXAMEN 3

Tarea 1, p. 88: 1-C: *[…] contra todo pronóstico, están descendiendo mundialmente los índices de violencia.* No es A porque se dice que Pinker ha descubierto *lo que demasiados se empeñaban en ocultar.* Es, por tanto, una tesis que contradice la opinión general. No es B porque se señala no que los científicos estén contra la tesis de Pinker, sino que la teoría ha intentado ocultarse. **2-A:** *El cultivo del campo y el sedentarismo agrícola habrían conllevado penas sin fin […].* No es B: *La gran mayoría de historiadores y arqueólogos nos cuentan que hace unos 10 000 años, […] el mundo era mucho mejor […] que después de establecerse en un terreno e inventar el Estado.* No es C porque se afirma que la vida nómada era mejor que la agrícola, pero no mejor que la actual. **3-C:** *Sin embargo, no solo no se ha podido comprobar esta tesis… [La gran mayoría de historiadores y arqueólogos nos cuentan que hace unos 10 000 años (…) el mundo era mucho mejor], <u>sino que se acaba de demostrar todo lo contrario</u>.* No es A, pues se señala que la causa de la muerte era la violencia: *La probabilidad de que los hombres perdieran la vida a manos de sus semejantes oscilaba en torno al 50%.* No es B, porque la reducción de muertes es muy superior al 50%: cien millones. **4-C:** *Por no hablar del cambio favorable en las costumbres, como la disminución, primero, y supresión, después, de la tortura, las penas de muerte por criticar a los reyes o la crueldad hacia los animales por entretenimiento.* No es A: *El índice de asesinados en la Edad Media era de unos cien por cada 100 000 habitantes; […].* No es B porque en el texto se enumeran algunas mejoras respecto al pasado, pero no se establece ningún orden cronológico. **5-A:** *[…] la tecnología posibilitó que el mundo no se dividiera entre quienes no tenían nada y los que poseían todo.* No es B porque lo que realmente se afirma es que *[…] la prolongación de la esperanza de vida disminuyó la agresividad característica de un mundo cruel.* No es C, porque no se señala que el ataque de animales fuera el factor principal sino: *[…] donde antes de los 30 años lo más probable era que te comiera una leona.* **6-B:** *[…] la historia de la evolución demuestra que el círculo familiar restringido en el que se ejerce el altruismo se amplía con el paso del tiempo […].* No es A porque lo que se afirma en el texto no es que la familia sea más amplia, sino que es mayor el círculo al que se aplica el altruismo. No es C pues no se dice que la generosidad sea mayor fuera de la familia, sino que <u>no se limita únicamente a la familia</u>: *el círculo familiar restringido en el que se ejerce el altruismo se amplía con el paso del tiempo.*

Tarea 2, p. 90: 7-A: *Con ellas he tenido la oportunidad de colaborar en múltiples ocasiones a lo largo de mi corta carrera.* No es B porque Lucía no indica si trabaja o no en la actualidad. Además, comenta que, cuando hizo el curso, *no tenía formación ni experiencia.* No es C porque María no habla sobre su experiencia laboral. No es D porque Silvia no se refiere a esta cuestión. **8-B:** *Es muy agradable ver cómo gracias a ti aprenden y avanzan en sus conocimientos.* No es A porque no habla de su experiencia en las clases. No es C porque indica que con las clases prácticas fue sintiéndose cada vez más cómoda, entre otras cosas, porque los alumnos estaban muy interesados. *Estar cómoda* no es lo mismo que estar motivada. No es D porque explica que la actividad de dar clase se convirtió en un hábito, pero no indica sus sentimientos al respecto. **9-B:** *Esto también se consigue observando las clases de los demás, que, por cierto, no es nada aburrido, al contrario, ¡divertidísimo!* No es A ni D porque no comentan sus experiencias al respecto. No es C porque explica que la observación de clases da muchas ideas y estimula la creatividad, pero no indica que sea divertida. **10-C:** *[…] me fui relajando y sintiéndome cada vez más cómoda. Primero, porque al ser nativa estás más segura de ti misma […].* No es A porque Miguel enseña en un centro de Secundaria, es decir, no enseña a extranjeros. Además, tampoco menciona nada sobre su seguridad en sí mismo. No es B porque Lucía afirma que superó sus inseguridades en las prácticas de clase que realizó. No es D porque dice que se siente segura por haber hecho el curso y aprendido de sus errores. **11-A:** *Su enfoque, comunicativo y moderno, sorprende al principio por su novedad […].* No es B, ni C ni D porque no se refieren a esta cuestión. B habla de la utilidad del curso; C señala que fue fantástico el ambiente y D indica que disfrutó mucho. Ninguno de ellos menciona que el curso les resultara sorprendente por su novedad. **12-C:** *[…] el hecho de ver a tus compañeros dar clase te da muchas ideas, a la vez que estimula tu capacidad creativa […].* No es A porque no habla de esta cuestión. No es B porque Lucía señala que los comentarios del profesor y de los compañeros tras observarla dando clase le ayudaron a mejorar, pero no comenta nada sobre la creatividad. No es D porque Silvia no habla sobre esta cuestión. **13-A:** *Esta academia marcó el principio de mi camino profesional […].* No es B ni C porque no hablan de su vida profesional. No es D porque Silvia no indica si está o no trabajando. **14-D:** *[…] y he aprendido mucho de mis errores, lo que me ha dado una seguridad sin la cual se hace todavía más difícil la búsqueda de empleo.* No es A porque el texto no se refiere a esta cuestión. No es B porque Lucía afirma que aprendió mucho de los comentarios del profesor y de los compañeros, pero no habla de sus errores. No es C porque María habla de su miedo a hablar en público y de sus nervios, pero no hace mención a sus errores. **15-C:** *[…] me fui relajando y sintiéndome cada vez más cómoda. […] porque los alumnos que estudian español están muy interesados en el idioma y en la cultura; […].* No es A ni D porque no hacen comentarios sobre los estudiantes. No es B porque habla de los resultados de la enseñanza (*Es muy agradable ver cómo gracias a ti aprenden y avanzan en sus conocimientos*) pero no especifica cuál fue la actitud de sus estudiantes. **16-D:** *Una de las cosas que más me gustó del curso es que ofrece una combinación perfecta de teoría y práctica.* No es A, pues no menciona esta cuestión. No es B porque, aunque habla de la parte teórica y de la práctica, no se refiere a la proporción de cada una en el curso. No es C porque María comenta <u>únicamente</u> los aspectos prácticos del curso.

Tarea 3, p. 92: 17-H: El fragmento eliminado contrasta las desventajas del petróleo (caro, escaso) con las ventajas ofrecidas por la electricidad. **18-B:** El párrafo comienza señalando las ventajas de los vehículos eléctricos. El fragmento suprimido, encabezado por *Sin embargo,* señala los inconvenientes. La oración siguiente se conecta al fragmento eliminado mediante *Algunos de ellos,* donde *algunos* se refiere a los *inconvenientes.* **19-G:** El fragmento eliminado está conectado temáticamente a la oración *Su generalización […] y zonas urbanas. También* muestra la conexión de la oración que introduce con el fragmento suprimido. **20-D:** El párrafo donde se encuentra este fragmento está dedicado a la bicicleta. En el fragmento eliminado se habla de un subtipo de bicicletas, las eléctricas. A su vez, *Estas,* en la oración que sigue, se refiere a *las bicicletas eléctricas.* **21-C:** El párrafo se centra en la precisión del concepto de *emisiones contaminantes.* La oración que sigue al fragmento eliminado está conectada semánticamente (el tema es la contaminación) y también sintácticamente, a través de *este.* **22-E:** La oración previa al fragmento suprimido habla de la importancia de tener en cuenta toda la vida útil del vehículo a la hora de valorar el grado de *emisiones contaminantes.* El fragmento eliminado es un ejemplo que sirve de argumento a esa afirmación: la energía usada en la fabricación o en la vida del vehículo puede proceder de fuentes contaminantes o limpias. El fragmento que se ha quitado sirve de ejemplo y a su vez se conecta con la última línea del texto, que habla de la importancia de tener en cuenta todas las fases de vida del vehículo. Sobran A y F

Tarea 4, p. 94: 23-A: Sin embargo. La oración presenta un contraste con lo anterior. Por eso no es posible *mejor dicho,* que sirve para reformular, ni *puesto que,* que introduce una explicación. **24-C: para.** Aquí se expresa la finalidad del título «Historia de una dedicatoria». No es posible *por,* que indica causa. Tampoco es correcto el empleo de *a* con el verbo *servir.* **25-B: sucedió** se refiere a una acción terminada (*Lo primero que sucedió entonces fue que…*). No es posible *sucedía,* que hablaría de una situación en desarrollo, no terminada en el momento en que se cuenta. No es correcto el subjuntivo *sucediera,* pues aquí se nos habla de algo conocido, específico: *todos los allí presentes desenfundaron sus teléfonos* móviles. **26-A: En cuanto.** Introduce una oración temporal. No es posible *Por cierto,* usado para introducir un comentario distinto al tema del que se habla. Tampoco lo es *En particular,* utilizado para especificar o concretar un aspecto del tema que se está tratando. **27-C: desde que.** *Desde* indica el punto de origen de un hecho o situación que continúa en el presente. No es correcto *desde cuando.* Sí es posible *desde cuándo* en una interrogativa (*¿Desde cuándo estás aquí?*). *Desde hace* siempre va seguido de una cantidad de tiempo (*Estoy aquí desde hace una hora*). Por último, la opción correcta –*desde que*– es la única que exige tras ella un verbo conjugado. **28-A: Durante,** seguido de una cantidad de tiempo, expresa la simultaneidad de un acontecimiento con otro. Las otras dos opciones también indican duración. *Entretanto* va seguido de coma (,). *Mientras que* precede a un verbo. **29-C: En concreto** especifica el referente de la oración anterior (*idénticos interlocutores*). No es posible *A propósito,* usado para introducir un comentario distinto al tema del que se habla. Tampoco es correcto *En fin,* que significa, según el contexto, *finalmente* o *en pocas palabras.* **30-B: la.** Cuando el objeto directo aparece antes del verbo (*Esta clase de llamada*), es obligatoria la presencia del pronombre después de él. Como *clase* es de género femenino, el pronombre correspondiente es *la,* no *lo.* No es posible *se* porque la acción no es reflexiva (*Pepe se peina,* donde *se* sería objeto directo) y tampoco hay un objeto indirecto (*Pepe se lo dio* [*se = a alguien*]). **31-C: tenía**. Las oraciones causales como esta, encabezada por *porque,* van seguidas de indicativo. Solo llevan subjuntivo cuando *porque* está precedido de *no.* Por eso, son incorrectas las opciones *tuviera* y *haya tenido,* pues pertenecen al subjuntivo. **32-A: acercándome**. El gerundio expresa aquí temporalidad: *mientras me acercaba.* El infinitivo no puede significar uso temporal por sí solo. La combinación *le pregunté me acerqué* es incorrecta. **33-B: habría gustado**. Aquí se expresa una situación hipotética en pasado, es decir, *la conversación no se alargó.* Este significado implica la imposibilidad de usar *gustó* en este contexto, pues significaría que la acción ocurrió. No es posible emplear *gustara,* pues es un tiempo de subjuntivo y no puede aparecer como verbo principal. **34-C: Como,** cuando es una conjunción causal, aparece siempre en primera posición oracional. Eso la distingue de *debido a que* y de *porque,* que figuran siempre en segunda posición. **35-B: de**. *Darse cuenta* exige la preposición *de.* Por esta razón son incorrectas las preposiciones *en* y *hasta.* **36-A: por**, ya que se indica la causa de *me mordí la lengua.* Este sentido causal no puede ser transmitido por *para* y, en esta frase, tampoco por *de.*

Pistas 35-40. Tarea 1, p. 95: 1-B: Los temas del examen (densidad, superficie… temas de ciencias) *se le dan bien* (le resultan fáciles) a Marina. No es A porque Jaime pregunta qué tal *le ha salido* (ha hecho) el examen, no *qué le ha salido* (qué le han preguntado) en el examen. No es C porque no se dice que estudiando mucho puede aprobar, sino todo lo contrario: *…por mucho que estudie…* (aunque estudie mucho… se sobreentiende que no aprobará). **2-C:** El ordenador se ha detenido (*se me ha vuelto a bloquear* el ordenador y en *la pantalla… no aparece nada*). No es A porque María pide que *le eche una mano* (que le ayude), no que le arregle el ordenador que tiene *a mano* (cerca). No es B porque dice que no se mueve (*qué va*) *el cursor* (la flechita indicadora de la pantalla). **3-A:** Necesita como mínimo un notable (un notable o más) y la hija lo tiene en el bachillerato, pero no en el examen de Prueba de Acceso a la Universidad. No es B porque se dice que la hija ha intentado primero ir a la universidad pública, pero no ha tenido nota suficiente. No es C porque es el orientador, no la hija, el que dice que tiene una *prueba de acceso bastante dura* y que *no le van a regalar nada.* **4-C:** las becas están plenamente aseguradas para todos *los estudiantes sin recursos* (que tengan poco dinero) y que *obtengan buenos resultados académicos* (aprueben todas las asignaturas). No es A porque solo se garantiza las ayudas económicas (becas) a los buenos estudiantes sin recursos, no en general a cualquiera. No es B porque la enseñanza es gratuita hasta los 18 años solo en los centros públicos. **5-B:** Los trabajos deben presentarse *en folios blancos* (tienen que ajustarse a un tamaño de papel determinado). No es A porque las *tablas, gráficos y porcentajes* deben ser resultado de la investigación, no información buscada. No es C porque el trabajo debe constar de cinco páginas *como mínimo* (cinco páginas o más) no *como mucho* (cinco páginas o menos). **6-B:** La madre reprocha al hijo que falte a clase (*cada dos por tres*) y que no atienda (*que hable por los codos*). No es A porque el hijo dice que *se quedó en blanco* (se bloqueó), no que el examen fuera difícil. Y no es C porque el tutor le dice que va a repetir *como siga así,* es decir, si no cambia de actitud; no que sea seguro que repita curso.

Pista 41. Tarea 2, p. 96: 0-B: *Hace más de veinticinco años que tenemos un profesorado preparado para hacer relajación en clase con los alumnos.* **7-C:** No lo dice ninguno de los dos porque Berta dice *[…] y los maestros han comprobado que mejora el rendimiento escolar,* pero no que mejore su propio rendimiento. **8-C:** No lo dice ninguno de los dos porque Luis dice que estas técnicas son beneficiosas en cuatro áreas, no habla de cuatro motivos beneficiosos. **9-B:** Berta dice: *No se trata solo de que los alumnos tengan mejor currículum, sino de estar pendientes de ellos (los alumnos), de sus éxitos.* **10-A:** Luis afirma que *[…] llegamos a la conclusión de que solo hay nueve habilidades […] la postura […].* **11-C:** No lo dice ninguno de los dos porque Luis dice *El docente aprende estos nueve recursos poco a poco,* no que *deba* usarlos poco a poco. **12-A:** Luis dice: *Cualquiera es excelente en cosas que la escuela no acaba de medir.*

Pista 42. Tarea 3, p. 97: 13-A: *Hoy en día, no hace falta salir de España para tratar un cáncer.* No son B y C porque esas afirmaciones no las hace el doctor Barbacid, sino el presentador: *¿Por qué la gente acude* *a Houston y se gasta el dinero que a menudo no tiene para buscar un remedio que puede encontrar aquí? […] y la mitad de los enfermos se cura de determinados cánceres…* **14-C:** *[…] hay cánceres que se curan en mayor proporción y otros que se curan en menor proporción.* No es A porque lo que se dice en el texto es que hay más cánceres que enfermedades infecciosas. No es B porque en el audio no se dice nada sobre la posible confusión del sarampión con otras infecciones. **15-A:** *[…] no podemos hacer nada por evitarlo: cáncer vamos a tener. Cuanto más vivamos más probabilidades habrá, como principio general […].* No es B porque lo que se dice en el texto es que el cáncer forma parte de nuestra vida y que lo que es una tragedia es que podamos evitar el cáncer de pulmón si no fumamos y aun así la gente siga fumando. No es C porque lo que oímos en el audio es que *el cáncer de pulmón inducido por el tabaco es perfectamente evitable si dejáramos de fumar.* **16-B:** *[…] hay un ambiente de creatividad, de competitividad […].* No es A porque en el audio se dice que entre los científicos hay un ambiente de creatividad y competitividad, no que la creatividad sea la cosa más importante. No es C porque en la entrevista escuchamos: *en nuestro mundo, el publicarlo tres meses antes que otro es fundamental*, no que haya que publicar cada tres meses. **17-A:** *[…] La investigación tiene un sistema administrativo muy rígido.* No es B porque lo que dice el doctor Barbacid es que el sistema administrativo en la investigación es rígido, no el sistema de la investigación en sí mismo. No es C porque en el audio escuchamos que el CNIO <u>no</u> tiene que utilizar el rígido procedimiento administrativo general. **18-C:** *No es falsa modestia: no es bueno creer que uno contribuye de una forma excepcional a algo… Hay que seguir trabajando.* No es A porque en el audio escuchamos que te vuelves modesto cuando sales de España y ves a otros investigadores importantes, no que cuando eres modesto salgas de España. No es B porque lo que dice Barbacid es que a él le haría más daño la burocracia que la envidia, en condicional.

Pistas 43-49. Tarea 4, p. 98: 19-G: **Persona 1** *Ahora estoy imaginando por ejemplo una simulación espectacular que existe en Second Life sobre la antigua Roma […].* **20-A:** **Persona 2** *Otra capacidad de los mundos virtuales sería la construcción en 3D.* **21-F:** **Persona 3** *Nosotros, como profesores, podemos tener un registro de todo lo que se ha chateado, lo cual es muy útil […] y luego lo podía valorar o corregir.* **22-C:** **Persona 4** *Para menores de 18 años, existen otras plataformas mejores que Second Life.* **23-J:** **Persona 5** *En mi instituto tenemos un mundo virtual […] que estos mundos no sean algo externo al currículo o a nuestras clases.* **24-H:** **Persona 6** *Nos da miedo entrar en un mundo virtual o entorno 3D; para nosotros es nuevo, pero para los alumnos no.* Los enunciados que sobran son B (*Otra capacidad de los mundos virtuales sería la construcción en 3D […] unas reproducciones fantásticas que hay de unos cuadros de Van Gogh, donde el avatar entra dentro del propio cuadro*), D (*En mi instituto tenemos un mundo virtual con nueve islas. Cada isla se corresponde con una asignatura*) y E (*Hicimos una tarea de lengua […]*)

Pista 50. Tarea 5, p. 99: 25-C: *[…] las desventuras del cohete experimental diseñado por el científico Dr. Richards, al atravesar una tormenta de rayos cósmicos en su vuelo de prueba.* No es A porque en el audio se nos dice que Batman y Superman son las estrellas de la editorial DC Cómics, no que sean unos superhéroes estrella del cómic en general. No es B porque Marvel no creó *Los cuatro fantásticos*, sino Stan Lee y Jack Kirby. **26-B:** *Al llegar a la Tierra, los cuatro pasajeros de la nave, incluido el científico creador de la misma, descubren que habían sido transformados […].* No es A porque en el audio escuchamos que quien se volvió invisible era una mujer. No es C porque escuchamos *que poseían nuevas e inquietantes habilidades*, no que disminuyeran. **27-A:** *Son partículas cargadas que viajan por el Universo a una velocidad cercana a la de la luz.* No es B porque lo que escuchamos es que *[…] El campo magnético terrestre y la atmósfera nos protegen de esta lluvia continua […],* no que la lluvia sea de la atmósfera. No es C: *[…] chocan contra la atmósfera terrestre, y al hacerlo se descomponen en otras partículas secundarias menos energéticas […].* **28-A:** *Podemos distinguir entre tres tipos de rayos cósmicos, según su energía y su origen.* No es B porque en el audio se dice que los rayos cósmicos procedentes de los vientos solares son *los menos energéticos* (tan solo 1 000 000 de electronvoltios. La energía de los rayos X con los que nos hacen una radiografía es del orden de 50 000 electronvoltios). No es C porque en el audio escuchamos *explosiones de las estrellas* supernovas. *Estas estrellas expulsan gran parte de su materia y de su masa*, no de la masa de las estrellas en general. **29-B:** *Su origen es aún una incógnita.* No es A porque lo que escuchamos es que los rayos cósmicos más energéticos tienen *una media de uno por km^2 cada siglo*, no que afecten a 1 Km cada siglo, (km frente a km^2). No es C porque escuchamos *Me niego a decir cuántas radiografías es eso*, no que se niegue a hacerse radiografías. **30-C:** *[...] a la larga puede generar cáncer o mutaciones genéticas que se podrían transmitir a nuestra descendencia.* No es A porque no escuchamos que digan que los rayos pequeños afecten a las células y al ADN (no se habla del tamaño de los rayos cósmicos), sino que sus partículas son tan pequeñas que pueden entrar en nuestras células y dañar el ADN. No es B por la misma razón que no es A, ya que en el audio no se dice nada sobre el tamaño de las células.

Examen 4. Ocio, compras, actividades artísticas y deportes

LÉXICO

OCIO Y COMPRAS   p. 110

1. Ocio. el pasatiempo, entretenerse; coleccionar; Ocio al aire libre. entretenerse, el parque temático, los fuegos artificiales, tirar cohetes, hacer/ir de pícnic, un parque acuático; Fiestas. una fiesta de disfraces, disfrazarse, los fuegos artificiales, tirar cohetes.
2. a.3; b.5; c.1; d.4; e.2. Segunda parte. A. colaboro; B. fuimos y lo pasamos; C. inscribiré, voy a inscribir; D. pasar.
3. a.4; b.8; c.3; d.7; e.2; f.1; g.6; h.5.
4. La opción correcta es: a. los mercadillos; b. inauguran; c. cancelado; d. de baile.
5. Respuesta libre.
6. a.4; b.1; c.3; d.2.
7. a.4; b.5; c.2; d.1; e.3.
8. A.2; B.6; C.3; D.1; E.7; F.5; G.4.
9. Respuesta libre.
10. Respuesta libre.
11. Respuesta libre.
12. Se pueden añadir: 1. falda; camisa; camiseta; pantalones de campana; peto; conjunto. 2. Estilo años 70; con volumen; estampados de flores; geométricos; de lana fría. 3. Sandalias planas o de plataforma; los mocasines. 4. bolsos con flecos; collares de cristal con hojas y flores.
Se subrayan. A. vestidos; de cuadros; de rayas. B. pantalones; vaqueros; bolsos con flecos. C. calzado; bailarinas; zapatos de tacón.
13. 1. la bata; 2. el albornoz; 3. el camisón. Se usan para. 1. estar en casa; 2. después de la ducha; 3. Dormir/ir a la cama.
14. 1. un vestido de algodón; 2. una camisa de cuadros; 3. una camiseta de rayas; 4. una falda estampada; 5. unas alpargatas; 6. unos zapatos de tacón; 7. un pañuelo; 8. un camisón.
15. 1.d; 2.b; 3.f; 4.e; 5.c; 6.a.
16. 1. coser; 2. botón; 3. cremallera.
17. a.4; b.3; c.5; d.2; e.7; f.1; g.6.
18. a. fácil; b. muy bien; c. poca gente; d. gratis; e. muy barato; f. no van a venir; g. coger un día libre más; h. dar un paseo corto; i: desordenada; j: es la que manda.

ACTIVIDADES ARTÍSTICAS   p. 114

1. Por orden de izquierda a derecha y de arriba abajo. la pintura, el teatro, la fotografía, la canción, la arquitectura, (la televisión), el baile, la literatura, la escultura, el cine, el circo, la música.
2. Respuesta libre.
3. a. música, b. ambos, c. música, d. danza, e. música. Resto respuesta libre.
4. a.3; b.1; c.2; d.6; e.4; f.7; g.5.

5. Respuesta libre.

6. a. plásticas, pintura; b. arquitectónico; c. escultórica; d. fachada; e. pictóricos; f. columnas; g. la acuarela.

7. el romanticismo; el gótico; barroco; el impresionismo; cubista.

a. cuadro cubista de Picasso; b. cuadro realista de Velázquez; c. cuadro impresionista de Monet; d. pórtico gótico; e. estatua clásica de Miguel Ángel.

8. a. enfocar; b. un retrato; c. un primer plano; d. el carrete; e. revelar; f. ampliar; g. enmarcar.
Respuestas libres.

9. a.4, b.1, c.2, d.3.

10. a. el monólogo, puede transcurrir tanto en una obra de teatro como en una película y es la única palabra no acompañada de la palabra teatro o teatral; b. la actuación, las demás palabras son verbos con significados parecidos, es el único sustantivo, c. el acomodador, las otras palabras tienen que ver con la escena, mientras que el acomodador es la persona que ubica a los espectadores en un teatro; d. el escenario, las demás palabras aluden a los distintos protagonistas de una obra (principales o secundarios) e. la cartelera de teatro, las otras palabras son géneros teatrales..

11. Respuesta libre.

12. A. publicada, ediciones, se agotó, crítica. B. autor (también pueden ser *poeta y novelista*, pero *autor* tiene un sentido más general y es más apropiado en este contexto); prosa, novelista, traductor. C. relatos, narración, cuenta, tema. D. leyenda, estilo, cuidado, textualmente.

13. Respuesta libre.

14. Respuesta libre.

15. A.5 y 9; B.4; C.6 y 1; D.3 y 8; E.2 y 7.

16. Respuesta libre.

17. a.5, b.2, c.7, d.9, e.1, f.6, g.3, h.10, i.4, J.8. Frases. A. no pinto nada/me aburro como una ostra B. de un tirón. C. en blanco. D. montó un número. E. entendí ni jota. F. a sangre fría.

DEPORTES Y JUEGOS   **p. 118**   Examen 4

1. a-1; b-3; c-2; d-6; e-7; f-5; g-4

2. Respuesta libre. Posibles respuestas: a. A un niño de 12 años yo le recomendaría que hiciese un deporte al aire libre, de equipo… b. A un joven de 18 años yo le recomendaría que jugara al tenis, que practicara natación o gimnasia… c. A un hombre de 32 años yo le recomendaría que hiciera ciclismo o natación, jugara al fútbol o al tenis, que esquiara … 3: A una mujer de 50 años yo le recomendaría que fuera al gimnasio, hiciera natación, que corriera… 4: A una persona de 75 años yo le recomendaría que hiciera un ejercicio físico suave como caminar o nadar.

3. a-3: se usan para boxear; b-1: se pone sobre la ropa deportiva o se usa para hacer deporte; c-2: se usan para muchos deportes: correr, ir al gimnasio, jugar al tenis, etc.; d-5: se usa para jugar al fútbol, ~~lo hay~~ para el baloncesto, el voleibol, etc.; e-6: se usan para jugar al tenis; f-4: se usan para esquiar.

4. a-3; b-2; c-1; d-5; e-4; Frases: A. pista de tenis; B. instalaciones deportivas; C. campo de fútbol; D. estadio olímpico; E. palacio de deportes.

5. a-4; b-3; c-2; d-1;

6. d-a-b-e-c-f. Resto, respuesta libre.

7. a: medalla; b: empate; c: lesión; d: socio; e: eliminado; f: entrenamiento; g: victoria; h: aficionados.

8. Respuesta libre.

9. Respuesta libre.

10. a-4; b-1; c-2; d-3.

11. a-3; b-1; c-4; d-2.

12. 1. Tirar los dados está relacionado con los juegos de mesa. 2. Barajar con las cartas: un paquete de cartas se llama una baraja. 3. Hacer trampas, con todos los juegos. 4. Comer una ficha, con juegos de tablero. 5.Repartir, con las cartas.

13. Respuesta libre.

14. a-5; b-3; c-2; d-4; e-1; Respuesta libre.

15. Respuesta libre.

16. Respuesta libre.

17. a. hacer ejercicio; b. hacer deporte; c. jugar al tenis; d. entrar en calor; e. a mi aire; f. fuera de serie; g. llegar a tiempo; h. hacerle la pelota; i. fuera de juego; j. Jugar limpio.

18. a. fuera de serie; b. hacer deporte o hacer ejercicio; c. juego al… ; d. me hagas la pelota. 5: fuera de juego.

GRAMÁTICA   Examen 4

SERIE 1   p. 122

1-C: corre. Repetición del imperativo para enfatizar la urgencia. *Vaya* es ilógico y *ande* es incorrecta porque está en la persona usted y no en tú.

2-B: Vaya. Imperativo lexicalizado que en este contexto tiene el valor de sorpresa y decepción. *Ven* es una orden directa y no tiene sentido en la frase y *venga* que trasmite la idea de ánimo es ilógico con la expresión *qué mala suerte*.

3-A: entrenar. El infinitivo está relacionado con *director*, que es quien da la orden y con *jugador,* que es el que la lleva a cabo. A *entrenara* le falta la conjunción *que*. *Entrenaba* es ilógico en la frase.

4-C: estar. Uso del infinitivo con el verbo copulativo *parecer*. A *esté* y *está* les falta la conjunción *que* y además, *esté* (subjuntivo) sería incorrecto.

5-C: haber apretado. Infinitivo compuesto usado para expresar una acción pasada en infinitivo anterior (*haber apretado*) a otra acción pasada (*la foto salió movida*). *Apretaste* tendría que ir precedido de *porque* y *apretando* es incorrecto.

6-A: a contar. Uso del infinitivo en el que aparece solo una parte (*a contar*) de la perífrasis (*voy a contar*) porque lo que falta está en el contexto o en la pregunta anterior. Las otras opciones no tienen sentido en la frase.

7-A: a dormir. Uso independiente del infinitivo que tiene valor imperativo (*id a dormir*). *Durmiendo* no es correcto en la frase y *duerman* está en la persona *ustedes* y no en *vosotros*, por lo que es incorrecto.

8-B: cantar. Aquí el infinitivo tiene la función de atributo. Las otras opciones no tienen sentido en esta frase.

9-A: colaborando. Uso del gerundio con valor de verbo para expresar una acción que es simultánea (*cuando, mientras colaborábamos*) a la otra acción (*conocer a Juan*). A las otras opciones les falta *cuando* para que tengan sentido.

10-C: jugando. Con este gerundio se expresa una condición o el modo (*si juegan así*) anterior a otra acción (*ganar la liga*). Para ser correcta, a *juegan* le falta *si* delante y la opción b) tendría que ser *al jugar*.

11-B: emocionado. Este participio funciona como complemento del objeto directo (*a Alberto*), por eso concuerda con él. Las otras opciones son incorrectas.

12-C: interpretada. Participio que forma parte del verbo de una oración pasiva. En este caso concuerda con el sujeto paciente (*la obra),* por este motivo *interpretado* es incorrecto y también lo es *interpretando*.

SERIE 2   p. 122

1-A: felicitó. Cuando el sujeto de un verbo es un grupo o un colectivo, el verbo puede ir en tercera persona del singular (*felicitó*) o del plural (*felicitaron*). Las otras opciones son incorrectas: el verbo no puede ir en imperfecto y tampoco en presente de subjuntivo.

2-B: Me encanta. Se puede usar el verbo en singular cuando hay detrás una enumeración. La opción a) es incorrecta porque el verbo no puede ir en imperfecto y la c) es ilógica.

3-A: asistirá. Cuando se unen dos sujetos con *ni* o con *o* el verbo puede ir en singular (*asistirá*) o en plural (*asistirán*). *Asistirían* es incorrecto porque se refiere a una probabilidad en el pasado y la frase se refiere al futuro y *asistan* es incompatible con una frase condicional con *si*.

4-C: es. *La entrada y la salida* son dos palabras que tienen sentido de unidad y por eso el verbo va en singular. Por este motivo es incorrecto *son* y *están*.

5-C: en asistir. En esta oración la frase introducida por *en asistir* tiene la función de complemento del participio *interesados*. En este ejemplo no se usa la subordinada *en que asistamos* porque las dos frases (*estamos interesado, nosotros asistir*) tiene el mismo sujeto: nosotros. *Asistiendo* es incorrecto.

6-C: que vengan. En este ejemplo sí se desarrolla una subordinada que complementa al adjetivo *contento*, porque el sujeto de los dos verbos (*Yo estoy contento, de que tus hijos vengan*) es diferente. Por este motivo *venir* es incorrecto. *Vienen* no es aceptable porque debería ir en subjuntivo y porque le falta la conjunción *que*.

7-B: cerradas. El participio de las oraciones pasivas (*cerradas*) concuerda con el sujeto pasivo (*las puertas*), por este motivo son incorrectas las otras opciones.

8-C: debieron de. La perífrasis verbal *deber de + infinitivo* se usa para expresar duda o suposición. Es incorrecto su uso para expresar obligación (*deber + infinitivo*). *Deberían* no tiene lógica en la frase y a *tuvieron* le falta la conjunción *que*.

9-A: se puso a. Tipo de perífrasis verbal que sirve para expresar el inicio de una acción. A *empezó* le falta la preposición *a* y a *puso a*, el pronombre *se*.

10-A: será. Uso del verbo *ser* para situar el lugar y el tiempo en el que se produce un espectáculo, una actividad o un acto. No hay que confundirlo con el uso del verbo *estar* para localizar lugares o personas. Por este motivo las otras opciones son incorrectas.

11-C: está. Uso del verbo *estar* para expresar un estado o el resultado de un cambio. Sin embargo, para definir una cualidad característica de una persona se usa el verbo *ser*. En el contexto de esta frase (¿qué le pasa?) se expresa la extrañeza por el cambio de Ana, por ello la opción b) no es posible. La opción a) está en un modo incorrecto.

12-A: está. Hay varios adjetivos que cambian de significado con *ser* y con *estar* (*bueno, malo, listo, despierto, seguro, verde...*). *Ser verde* significa que es de color verde y *estar verde*, que algo o alguien no está maduro o preparado, que es el significado que aparece en esta frase. Las otras opciones son incorrectas.

SERIE 3   p. 123

1-C: parecían. En esta frase el verbo *parecer* lleva detrás una oración de infinitivo (*sentirse cómodos*). Las otras opciones no concuerdan con el sujeto.

2-A: ha hecho. *Hacerse + nombre o adjetivo* es una perífrasis verbal con la que se expresa un cambio en el estado una persona que es voluntario, intencionado o producto de su esfuerzo (*el trabajo en la serie*). Este significado no lo expresan las perífrasis de las otras opciones.

3-C: se ha hecho. Este caso es el mismo que la frase anterior y la perífrasis con *hacerse* indica un cambio o giro en la profesión, matiz de significado que no tienen las otras perífrasis verbales.

4-B: ha vuelto. Con la perífrasis *volverse + adjetivo/un + nombre* también se expresa un cambio pero este no es voluntario, intencionado o producto del esfuerzo. No se puede usar con adjetivos de estado: *cansado, lleno, muerto...* Muchas veces con sustantivo tiene un significado negativo. Las otras opciones son incorrectas porque no pueden trasmitir estos significados.

5-A: se han puesto. *Ponerse + adjetivo/preposición + nombre* es una perífrasis que se usa para expresar cambios momentáneos e involuntarios en el aspecto físico o en el estado de ánimo. Estos matices de significado no se expresan con las otras opciones.

6-C: me puso. *Poner en ridículo* es el mismo caso que el anterior pero formado con preposición y nombre. *Me quedó* es incorrecta, valdría *quedé*. *Me volvió* es también incorrecta en este contexto.

7-C: me quedé. *Quedarse + adjetivo de estado/participio/complemento preposicional*. Con esta perífrasis se expresa el estado (*quedarse dormida*) en que se queda una persona después de que le ocurra algo (*tener sueño*). Muchas veces, implica la pérdida de algo. Las otras opciones son incorrectas.

8-B: quedamos. Es el mismo caso que el anterior. Hay un hecho (*el espectáculo de magia*), que produce un resultado (*nos quedamos sin palabras*), es decir, que en este caso se pierde el habla. Las otras opciones no trasmiten este significado.

9-A: lo. El pronombre *lo* sustituye en esta frase copulativa a *está bien considerado* de la oración anterior. Los pronombres de las otras opciones no ofrecen esta posibilidad.

10-C: los. Es un ejemplo de reduplicación del pronombre que es necesaria cuando el objeto directo de la frase (*los discos de...*) está situado delante del verbo. Las otras opciones son formas incorrectas de pronombres de objeto directo en este contexto.

11-B: la. Este pronombre sustituye al objeto directo *María* de la primera frase. Las otras formas son incorrectas para esta función. Para sustituir a nombre masculino objeto directo se usan los pronombres *lo, los* y excepcionalmente también están admitido *le* (masculino singular), pero no *les* (masculino plural) (*leísmo*).

12-C: le. Es la forma de pronombre de objeto indirecto de tercera persona tanto para sustituir a nombres masculinos como femeninos. Usar *la, las* con esta función sería un caso de *laísmo*, y es incorrecto. Este es un caso de reduplicación del pronombre debido a que el objeto indirecto va delante del verbo.

SERIE 4 p. 123

1-B: pintar. Ejemplo de infinitivo que sigue a verbo con preposición. La opción a) tendría que ser *se aficionó a la pintura.* La opción c) es incorrecta.

2-C: con que. Verbo con preposición (*conformarse con*) seguida de frase subordinada (*que hagas…*). Las otras opciones son incorrectas en este contexto.

3-C: deja de. *Dejar de* tiene el significado de interrumpirse una acción. *Dejar* significa permitir o depositar algo. Es un ejemplo de verbo que cambia de significado cuando lleva preposición. *Deja a* es incorrecto.

4-B: cuenta con. *Contar con* en este contexto tiene el significado de *confiar en alguna persona para conseguir algo*. *Contar* (enumerar, referir algo…) tiene otros significados. Es otro ejemplo de verbos que tienen significados distintos con y sin preposición. Las otras opciones son incorrectas.

5-A: disfrutando. Ejemplo de verbo que rige preposición. Esta es la única opción que puede ir con la preposición *de*.

6-C: vuelve. Otro caso de verbo que rige preposición (*a*). En las otras opciones no se usa la preposición.

7-A: lesionados. Ejemplo de complemento predicativo que concuerda con el sujeto. La opción b) es incorrecta y la c) tendría que ser *con lesiones,* en plural.

8-A: creéis. Ejemplo especial de concordancia en la que se incluye implícitamente a los interlocutores (*vosotros los jóvenes os creéis*). Este uso está reforzado por el contexto: el pronombre *os* y el verbo de la segunda frase *sabéis*. Por este motivo las otras opciones no son posibles.

9-C: nos sentimos. Otro caso de concordancia especial en la que el hablante se incluye implícitamente en el discurso: *nosotros los españoles nos sentimos…* La opción a) es incorrecta porque necesita el pronombre *se* y porque es incompatible con *nuestro* (*de nosotros*). Y la b) también por esta última razón.

10-C: Se venden cuadros. En frases de este tipo (pasivas, de voz media) en las que el sujeto no lleva artículo o determinante es obligatorio que este sujeto vaya detrás del verbo. Por este motivo, la opción a) es incorrecta. La b) también lo es porque no concuerda con *procedentes.*

11-A: ni. Ejemplo de uso con fines expresivos de la conjunción copulativa *ni* en la primera frase, cuando solo sería necesario que fuera en la segunda frase (*No estudia ni trabaja*).

12-C: sino. Esta conjunción adversativa se usa para expresar la oposición de dos palabras o frases (*sino que*) que se excluyen entre sí. Con *pero* la oposición no es total o excluyente y es, por lo tanto, incorrecto; y *no obstante* va con entonación independiente y entre comas.

FUNCIONES   Examen 4

SERIE 1 p. 124

1-C: Me gustó mucho que… Fórmula para expresar gustos en pasado. Las otras opciones no pueden usarse con el adverbio *mucho* y la a), además, no está en el tiempo verbal adecuado.

2-C: Lo que más me gusta… Es la única fórmula de expresión de gustos que se ajusta a la sintaxis de la frase.

3-A: No soportaría que… Fórmula para expresar aversión. *Lo que más odio* necesita *es que* para ser correcto y a *molestaría* le falta el pronombre *me* delante.

4-B: Me da igual que… Fórmula para expresar indiferencia. Es la única opción que tiene sentido lógico en la frase y que tiene relación con *podemos ir de compras*, alternativa a ir al museo.

5-C: preferiría que… Es la única fórmula para expresar preferencias que hace referencia a la acción futura que se expresa en la frase con *hoy fuéramos*. Las otras opciones sitúan la acción en el pasado.

6-A: ¿Te habría interesado más…? Fórmula para hacer una pregunta sobre deseos referidos al pasado. Las otras opciones se refieren al presente o al futuro. Además, *prefieres* no puede ir con *más*.

7-B: ¿adónde te habría apetecido que…? Fórmula para hacer preguntas sobre deseos, en este caso, referidos al pasado. *Gustó* no trasmite la idea de probabilidad que requiere la pregunta y *prefieres* sitúa la pregunta en el futuro, no en el pasado.

8-B: ¿Querrías que…? Fórmula para hacer preguntas sobre deseos, en este caso, referido al futuro. Las otras opciones son incorrectas porque están en un tiempo verbal que no se ajusta al requerido por *te dejaras*.

9-A: ¿Hay algo que te apetezca que…? Fórmula para preguntar por deseos en una situación referida al futuro. Las otras opciones tendrían la misma función, pero en una situación referida al pasado.

10-B: Querría que… Fórmula para expresar deseos. La opción a) está en una persona incorrecta y la c) está en una persona y tiempo incorrectos.

11-A: Me haría mucha ilusión. Fórmula para expresar deseos. Las otras opciones son incompatibles con *mucha ilusión*.

12-B: Tengo muchas ganas de… Fórmula de expresión de deseos. Las otras opciones no pueden funcionar con la preposición *de* que aparece en la frase.

SERIE 2 p. 124

1-A: ¿Estás pensando en…? Fórmula para preguntar por planes e intenciones. Las otras opciones son incompatibles con el gerundio *pensando* que aparece en la frase. Sería correcto *tienes pensado ir*.

2-B: Mi propósito es… Esta fórmula para hablar sobre planes e intenciones es la única que se ajusta a la sintaxis de la frase y a la presencia del verbo *es*.

3-A: Tengo previsto… Es la única fórmula correcta para expresar planes. *Planeando* es incompatible con *tengo* y a *un plan* le falta la preposición *para*.

4-B: Voy a hacer lo posible por (también para)**…** Es la única opción correcta para expresar esta función. *El propósito* debería llevar la preposición *de* detrás y a *imposible* le falta *lo* delante.

5-C: ¿Qué le ocurre a…? Fórmula para preguntar por el estado de ánimo de una persona. La opción a) tendría que ser ¿Cómo le encuentras a…? y la b) no tiene lógica en la frase.

6-C: ¡Qué bien que…! Fórmula para expresar alegría y satisfacción. Las otras opciones están incompletas porque tendrían que ser: ¡Qué contento estoy de que…! y ¡Estoy feliz de que…!

7-B: Me hace mucha ilusión que… Es la única opción correcta para expresar alegría. La opción a) tendría que ser: *Me pone muy contento…*y la c), *Me da mucha alegría que…*

8-A: … cuánto me alegro de que… Es la única fórmula completa para expresar esta función. Las otras opciones tendrían que ser: *qué alegría tengo de que…*y *qué contento estoy de que…*

9-C: Es una pena que… Es la única fórmula para expresar pena que está completa. La a) debería ser: *qué triste es que no…* y la b), *es una lástima que…*

10-C: Lo paso fatal cuando… Es la única opción compatible con el adjetivo *fatal* en esta frase usada para expresar tristeza.

11-A: …me lo paso fenomenal. *Pasárselo bien* es una fórmula para expresar placer y diversión. *Me divierto* y *me entretiene* son incompatibles con *fenomenal*. Para que fueran correctas tendrían que llevar detrás otras palabras como *mucho, un montón…*

12-C: Me entretiene… Esta es la única opción correcta en esta frase para expresar diversión. En las otras dos opciones la estructura aceptable sería: *Yo me divierto, disfruto mucho viendo…*

SERIE 3 p. 125

1-C: ¿Puedo hacerte una sugerencia? Esta es la opción para proponer y sugerir que se ajusta a la frase. La opción a) no tiene sentido y a la b) le falta el determinante *una*.

2-A: ¿Os apetecería que…? Fórmula para proponer y sugerir. Las otras opciones están en un tiempo verbal incorrecto.

3-B: ¿Y si…? Esta es la opción adecuada en este contexto para proponer un plan. A *Cómo ves* le falta *que* y *Te parece que* tendría que ir seguido de un verbo en presente de subjuntivo: *vayamos al zoológico*.

4-C: Habría que… En este caso la forma de proponer y sugerir no tiene forma interrogativa como las anteriores. Las opciones *Te propongo* y *Estaría bien* tendrían que ir sin la conjunción *que*.

5-B: No estaría mal que fuéramos… Esta es la opción que se adapta al adverbio *mal* de la frase. Las otras opciones son ilógicas en este contexto como fórmulas para proponer un plan.

6-B: Supongo que no querrás… ¿verdad? Esta fórmula es una invitación indirecta que intenta suavizar el rechazo. Las otras opciones son ilógicas en este contexto.

7-A: Bueno, al final, ¿vais a venir o no? Con esta frase se intenta solicitar la confirmación de un plan. Las otras opciones son incompatibles con la estructura de la frase.

8-B: Por supuesto que sí… Fórmula de aceptación sin reservas de un plan. Las otras fórmulas no se ajustan sintácticamente a la oración.

9-A: …si no hay más remedio… Frase con la que se acepta un plan con muchas reservas. Las otras opciones no funcionan correctamente en el contexto.

10-C: Me encantaría, pero… Excusa cortés para rechazar un plan u ofrecimiento. Las otras opciones no tienen relación lógica con la frase adversativa introducida por *pero*.

11-C: Estaría bien salvo que… Fórmula cortés de aceptación de propuesta que queda pendiente de la opinión de otras personas. Las otras opciones no tienen coherencia lógica ni sintáctica en esa frase.

12-C: desgraciadamente. Forma cortés de rechazar una propuesta. *Lamento* es incompatible sintácticamente en esa oración y a *me temo* le falta la conjunción *que*.

13-A: … me va a ser imposible… Fórmula suavizada para rechazar una propuesta. Las otras opciones están incompletas y no se ajustan sintácticamente a la frase.

14-B: preferiría que… Fórmula de rechazo de propuesta y ofrecimiento de una alternativa. Las otras opciones son incompatibles en ese contexto.

4. CORRECCIÓN DE ERRORES   p. 125

a. Ahora **las** chicas dedican mucho tiempo **a su ropa.** Se necesita el artículo *las* para referirnos de una manera general a las chicas. El verbo *dedicarse* rige preposición *a*. Se usa el sustantivo con valor genérico ropa en singular en lugar de *ropas*.

b. Está muy bien hacer **deporte** todas las semanas. Es incorrecto decir *es muy bien*. La expresión usada para referirnos a la práctica de ejercicio físico es *hacer deporte* en singular y sin artículo.

c. A mi esposa y a mí nos encanta el cine. El verbo *encantar* no puede llevar sujetos y pronombres de sujeto. Por otra parte, *encantar* ya contiene en su significado la idea de *gustar mucho*, por lo tanto no puede ir seguido de este adverbio.

d. A las personas les gusta mucho ver **la** televisión. Otra opción sería: A las personas les gusta ver la televisión mucho tiempo o durante mucho tiempo al día. La explicación sobre el verbo *gustar* es la misma que en el ejercicio anterior. En español se dice *ver la televisión*. *Ver televisión* es incorrecto.

e. Me llama la atención que los españoles hagan mucho ejercicio. La fórmula para expresar sorpresa es: *Algo llama la atención a alguien* y rige subjuntivo en la segunda frase (*que los españoles hagan*). Es incorrecto decir: *Me llamo la atención* o *llama mi atención*. La expresión correcta para referirnos a la práctica de actividad física es *hacer ejercicio*, en singular.

f. …fuimos **al partido** del Real Madrid…y (nos) **lo pasamos muy bien**. La expresión correcta es *pasarlo bien, mal, fenomenal…*

g. En mi país antes solo **podíamos** quedar**nos** en casa. Se usa el pretérito imperfecto de indicativo cuando describimos el pasado y lo comparamos con el presente (pero ahora salimos mucho, por ejemplo). Hay que prestar atención al uso correcto de los pronombres cuando van unidos a formas no personales del verbo.

h. Sergio Ramos **marcó** ... y **está o estaba muy contento**. Hay que tener cuidado con las personas del verbo y con el uso de *ser y estar*. Recordamos que con algunos adjetivos de estado como *contento, cansado, lleno, vacío*… solo se puede usar el verbo *estar*.

i. La gente **tiene que hacer** ejercicio muchas veces a la semana. *Hay que* es impersonal, por lo tanto no puede llevar sujeto. La expresión es *hacer ejercicio*, en singular. *Muchos tiempos* es incorrecto en español con el significado de frecuencia.

j. Correr no solo es fácil **de** hacer, **sino** también divertido. Recordamos que la preposición que sigue al adjetivo *fácil* es *de*. Y que la conjunción adversativa con la que se oponen y excluyen dos términos es *sino* y no *pero*.

5. USO DE PREPOSICIONES   p. 125

a. Salir **de** fiesta. b. Inscribirme **en** el …c. Es un espectáculo **para** mayores. d. La película **trata de**… e. Me dedico **a…** f. …jugamos **a** las cartas. g. Limpiar **en** seco. h. Comprar **por** Internet. i. Se ha dado **de** sí. (Significa estirarse, hacerse más grande). j. Una película **en** versión original.

MODELO DE EXAMEN 4

Tarea 1, p. 126: 1-B: *La cultura musical y su educación constituyen un fenómeno que en España funciona a rachas intermitentes de optimismo.* No es A porque en el texto no se señala que el folclore sea responsable de la falta de tradición musical en el pop y en el mundo sinfónico. No es C porque el texto habla de la existencia de dos tendencias, no de la preferencia de una sobre otra: *[…] las bandas municipales y Los Brincos, contra La Filarmónica de Berlín y los Beatles.* **2-B:** *[…] se creó una red amplísima y razonablemente eficaz de escuelas municipales de música.* No es A porque las escuelas son municipales, es decir, están gestionadas por los ayuntamientos, no por las comunidades autónomas. No es C: aunque en un fragmento posterior se habla de los recortes, en este párrafo no se dice que la inversión haya sufrido recortes, sino que *es posible que* los recortes que devastan la cultura en España se las (las escuelas de música) lleven por delante. **3-A:** *La idea de estos centros, nacidos en 1992, no solo era localizar a futuros talentos musicales, sino fomentar la cohesión social […].* No es B, pues se señala que una de las bases fundacionales de estos centros es crear un público más joven en los auditorios, no que el público acuda a los centros. No es C porque lo que se dice en el párrafo es que la intención de los centros es *localizar a futuros talentos musicales*, lo que no significa que los estudiantes de los centros sean ya talentosos. **4-C:** *Enrique Subiela, músico, se refiere a la falta de una auténtica afición formada que acuda a las salas.* No es A: *Cada vez más españoles ocupan puestos de primer nivel en orquestas europeas.* Esta afirmación no significa que en España no encuentren trabajo. No es B porque en el texto se dice que España *está a la cabeza de Europa* en número de conservatorios. Es decir, es el país con mayor número de conservatorios, pero eso no significa que tenga más conservatorios que la suma de todos los países europeos. **5-B:** Los estudios musicales ayudan a los alumnos *[…] a concentrarse, a trabajar en equipo, a dirigir, a no hablar cuando el otro habla […].* No es A porque lo que se afirma en el texto es que *los alumnos que estudian música suelen tener éxito en el resto de estudios.* Se trata, por tanto, de una amplia mayoría, pero no de la totalidad de estudiantes. No es C porque lo que dice el texto es que estudiar música (es decir, la disciplina musical) ayuda a concentrarse, no que sea necesario escuchar música para concentrarse en el estudio. **6-C:** *[…] una formación adecuada se da con una buena selección de alumnos y buenos profesores.* No es A: *Pero no soy tan ingenuo como para pensar que hay una relación directa entre el dinero y la calidad.* No es B: *Es verdad que el nivel de instrumentistas ha subido en España, pero tengo dudas de que vaya asociado a la educación.*

Tarea 2, p. 128: 7-B: *Quizá ellos puedan revelarte algunos secretos y trucos para aprender a bailar de una manera más fácil. Estudia su técnica y pídeles consejo […].* No es A porque en el texto se habla principalmente de los pasos previos a la elección de una escuela de baile. No es C porque David insiste en la importancia de la práctica, sin referirse a las relaciones con los compañeros de las clases de baile. No es D: el texto tiene como tema principal la relajación y las posturas corporales. **8-D:** *Vigila también tu postura, pues es de suma importancia en todos los tipos de baile y además unos malos hábitos aumentarán tu estrés.* No son A ni B porque en ellos no se menciona esta cuestión. No es C porque habla de la importancia del calentamiento y de los estiramientos, pero no se refiere a las consecuencias psicológicas de una mala postura. **9-C:** *No olvides que los ejercicios de calentamiento y estiramiento […] le dan a tu cuerpo la flexibilidad y fuerza necesarias para bailar con precisión y fluidez. […] Lo mejor es establecer una rutina diaria de calentamiento y estiramiento.* No son A ni B porque ambos textos no tratan cuestiones relativas a los aspectos físicos implicados en el baile. No es D porque en este texto se habla de la relajación y de la postura corporal. **10-C:** *Todos los procesos de aprendizaje requieren muchísimas horas de práctica y estudio, pero esto no basta. Saca tiempo varias veces a la semana para practicar lo que aprendes en tu clase de baile.* No es A porque en este texto se habla de la búsqueda de la clase de baile y del profesor adecuado. No son B ni D porque en el primero se habla de la importancia de no sentir envidia de los compañeros y en el segundo de la necesidad de una buena postura, temas que no tienen nada que ver con esta pregunta. **11-B:** *No pierdas el tiempo sintiéndote menos que tus compañeros de clase porque ellos parecen avanzar más que tú.* No es A porque Andrés habla del sentimiento de ridículo, no de inferioridad. No es C, que se centra en los aspectos físicos del baile, en la práctica y en el trabajo constante. No es D, pues habla del estrés y de la importancia de la relajación, pero no del sentimiento de inferioridad. **12-A:** *Date tiempo para encontrar una clase de baile con el maestro que mejor se adapte a tus necesidades, personalidad y preferencias.* No son B, C ni D porque en estos tres textos no se habla de las características que debe tener el profesor de baile. **13-B:** *Todos tenemos nuestros puntos fuertes y nuestros puntos débiles.* No es A: habla del miedo a hacer el ridículo, nada más. No es C porque se centra en cuestiones de aprendizaje y práctica, sin comentar aspectos psicológicos. No es D: habla de las preocupaciones y del estrés, pero no del análisis de nuestros puntos fuertes y débiles. **14-A:** *El primer paso […] es una acción interna […] Respira profundamente y conéctate a tu alma […].* No son B ni C porque en ambos se dan consejos para aquellos que ya han iniciado las clases de baile. No es D: en el texto se mencionan cuestiones físicas y psicológicas relacionadas con las posturas corporales, pero no se habla de la reflexión previa a la matriculación en una escuela de baile. **15-D:** *[…] las emociones y los pensamientos negativos afectan a tu cuerpo y a tu capacidad para bailar con armonía.* No son A ni C porque no hablan de esta cuestión. No es B porque se refiere concretamente a la envidia como algo que hay que superar para aprender de los compañeros. **16-B:** *[…] celebra cada uno de tus logros, por pequeños que sean. […] Aprender a bailar requiere mucha paciencia y una actitud positiva. No te obsesiones demasiado con los resultados.* No son A ni D, pues en ellos no se menciona este asunto. No es C porque se refiere a la importancia de la práctica, pero no alude a cuestiones de ambición u obsesión por la perfección.

Tarea 3, p. 130: 17-G: El fragmento eliminado señala los beneficios que tiene el ejercicio en la salud, contenido parafraseado por la oración introducida por *En otras palabras*. **18-C:** El párrafo enumera algunas consecuencias positivas del ejercicio en la salud física. El conector *también* añade otros factores positivos del ejercicio (disminución de la hipertensión) a los previamente mencionados (fuerza muscular, mantenimiento de la masa ósea). **19-F:** La conexión del fragmento eliminado con el texto se observa claramente en las dos primeras palabras de la oración que le sigue: *Esta relación*. **20-H:** El párrafo donde se inserta el fragmento suprimido se refiere a la salud psicológica. El fragmento añade a los beneficios psicológicos mencionados la reducción de la ansiedad, del estrés y la mejora de la calidad del sueño. **21-A:** El fragmento eliminado habla de la importancia de superar los momentos malos a través de una actividad gratificante. Este argumento está apoyado por la primera oración del párrafo: *Practicar senderismo puede contribuir a la mejora del estado de ánimo*. **22-E:** En el párrafo se habla de la importancia de la autoestima. El fragmento eliminado, que señala el efecto de alcanzar un objetivo, conecta temáticamente con él.
Los enunciados que sobran son B y D.

Tarea 4, p. 132: 23-C: a. *[…]* Las opciones A y B no son posibles en este contexto porque *deberse* solo rige la preposición *a*. **24-C: habían impactado.** *[…]* Las opciones A y B no tienen sentido porque se habla de algo ocurrido. No es una hipótesis. **25-A: cogido:** La construcción con las opciones B y C sería diferente: *Cogiendo/al coger la mano a mi madre*. Además, no tendrían sentido dentro de la oración. **26-B: asomarse.** Lo correcto es *asomarse a. Meterse y entrar* son verbos que rigen la preposición *en*. **27-B: Por.** El valor causal no se puede expresar con *para. Debido* necesita la preposición *a*. **28-B: excedería.** El valor de posterioridad respecto a un momento del pasado solo puede expresarse con el tiempo condicional, por lo que quedan excluidas las otras dos opciones. **29-A: frente.** *Enfrente* se usa con la preposición *de. Ante* no necesita preposición. **30-C: recién.** La idea de que la acción acaba de ocurrir solo puede expresarse con el apócope *recién. Bien y tan* no tienen sentido lógico dentro de esta frase. **31-C: yo.** *Mí y mío* son pronombres cuyo uso es incorrecto en esta comparación. **32-B: más de** (más de + n.º). La opción A, *más que,* se construye con negación: *no teníamos más que…,* y tiene un significado distinto. La opción C, *menos que,* es incorrecta en esta frase. **33-C: Al cabo de** es la forma que presenta esta locución temporal de posterioridad. **34-A: moviera.** *Extrañado de que* + subjuntivo. La acción a la que se refiere el fragmento está en pasado, por lo que, según las reglas de la correlación de tiempos, la forma adecuada en este contexto es el imperfecto de subjuntivo. **35-B: lo.** Solo este pronombre neutro reproduce la frase anterior: *arrancar el cuadro y darse a la fuga*. Por este motivo las otras dos opciones son incorrectas. **36-A: qué.** El adjetivo *incapaz*, el verbo *deducir, y lo que…* precisan de un interrogativo indirecto referido a cosa para que tenga sentido la frase. En este contexto, *que y quién* no son posibles.

Pistas 52-57. Tarea 1, p. 133: 1-C: Continuaron la fiesta por ahí es lo mismo que *salieron de juerga*. No es A porque la mujer dice *que lo pasaron en grande* (muy bien), no que fuera una fiesta grande. Además no fue ella la que hizo la fiesta sino que le prepararon una fiesta sorpresa. Y no es B porque se dice que todos iban disfrazados (vestidos como) de japoneses, no que hubiera japoneses. **2-B:** Es el estreno y está todo cogido (no hay localidades). No es A porque se dice *[…] antes de la representación […] para la función* no puede referirse al cine sino al teatro. No es C, porque la mujer le dice al hombre que tienen que retirar las entradas en la *taquilla* (ventanilla o despacho), no de una máquina. **3-A:** La mujer se lamenta: *qué pena* se refiere a que *eliminaron* a Ferrer, es decir, que perdió el partido. No es B porque el Madrid debe ganar, no le vale con un *empate* (igualar el resultado). Tampoco es C porque la mujer desea que vayan seguidores (*¡Pues ojalá vayan muchos aficionados […]!*), no que van a ir. **4-B:** La mujer le dice que es *un tramposo* (que no sigue las reglas del juego). No es A porque están jugando a un juego con tablero, fichas y dados, no a las cartas. Y no es C porque no se dice que el hombre le vaya a regalar un billete de lotería. **5-A:** *Dar de sí una prenda* es hacerse más ancha, ensancharse. No es B porque la prenda con dibujos (*estampada*) que le sugiere el hombre está en *el escaparate* (ventana exterior de la tienda), no en una percha. Tampoco es C porque la mujer no se está comprando unos zapatos: *quedar largos, arreglar el bajo, ajustados...* son términos que se refieren a unos pantalones, no a unos zapatos. **6-C:** *La fachada* es la pared exterior de un edificio y la mujer corrige al concursante diciendo que es de estilo barroco, no gótico. No es A porque, aunque Amenábar es el director de esa película, no es el montador, sino uno de los guionistas (el que escribe la historia). Y no es B porque el Guernica es un cuadro pintado al óleo, no al agua (*acuarela*).

Pista 58. Tarea 2, p. 134: 0-A: *Creo que la televisión no es la causa primordial por la que la gente no lee. Existen muchos motivos más como el Internet.* **7-C:** *Existen muchos motivos […] como el Internet,* lo cual quiere decir que no es el motivo primordial. De Internet Jessica no habla. **8-A:** *Un hombre que trabaja más de 8 horas como jornada laboral diaria no tiene tiempo de leer un libro.* **9-C:** *En ocasiones la televisión sirve como elemento educativo, pero esto es en casos muy remotos donde el contenido es meramente educacional.* Ramón no habla del valor educacional de la televisión. **10-B:** *No creo que el factor económico afecte a la falta de lectura, más bien se debe a un factor educacional que tiene todo un bagaje cultural muy profundo.* **11-A:** *No tiene tiempo de leer un libro […] si hablamos de Inglaterra […].* **12-C:** Jessica dice lo contrario: *Quizás en las escuelas no promueven mucho el hábito de la lectura, pero también en las casas deben promoverlo.* Ramón no habla precisamente de este tema.

Pista 59. Tarea 3, p. 135: 13-B: *Antes siempre venía a ver a mi madre y por eso la conozco a usted. A ella le gustaba mucho.* No es A porque no se dice que Blahnik escuchara los programas con su madre. Tampoco es C porque Blahnik dice que antes su madre escuchaba a Julia Otero y que él la conocía por ella, con lo cual da a entender que ahora la madre está muerta. **14-C:** *Es la segunda tienda que abre usted aquí, ¿no?* No es A porque en el audio escuchamos *la primera en Madrid*. No es B porque en el audio se dice que acaba de inaugurar la tienda de Barcelona, no que vaya a hacerlo en el futuro. **15-C:** *Soy una persona bastante discreta […].* No es A porque él se considera discreto y no habla de lo que los demás piensan de él. No es B porque Julia Otero dice: *es curioso que huya de los escaparates y de la ostentación…* Él no dice que huya de ese tipo de escaparates. **16-A:** *Fue en los años 60: Bianca Jagger… no sé, y otras tantas mujeres que no eran actrices […].* No es B porque en el audio se dice que esas mujeres empezaron a hablar de los zapatos de Blahnik en los años 60, pero no que Bianca Jagger conociera esos zapatos en los 60. No es C porque en la entrevista no se dice nada de que en los 60 se empezara a fabricar ese calzado. **17-B:** *[…] fuera de España se ha convertido en algo normal* (el apelativo *manolos*). No es A porque el diseñador dice que cuando se habla de *manolos* en España, inconscientemente lo relaciona con nombres de bares que se llaman así, o de toreros, dado que Manolo es un nombre muy habitual. No es C porque Manolo Blahnik relaciona inconscientemente *Manolo* con nombres de toreros o de bares, no que sea inconsciente llamar *manolos* a sus zapatos. **18-A:** *La mayoría están hechos a mano […].* No es B porque en el audio escuchamos que *algunos (zapatos), como los más bajos, pueden ser montados a mano y el tacón a máquina.* No es C porque Blahnik, en realidad, no sabe cuánto miden los tacones más altos.

Pistas 60-66. Tarea 4, p. 136: 19-B: Persona 1 *[…] si, por ejemplo, pudiera hacerse en ciudades como Roma o Grecia, que permitiera ver lo que fue la antigua ciudad antes de verse en ruinas.* **20-F: Persona 2** *Estoy de acuerdo, las «maquinitas» transforman los hábitos culturales.* **21-C: Persona 3** *[…] un acceso a la tecnología que no excluya a los grandes grupos siempre olvidados, como los mayores y personas con bajo nivel cultural o económico.* **22-J: Persona 4** *Sin duda se trata de un avance, pero no de una novedad, ni de una transformación de los hábitos culturales.* **23-H: Persona 5** *La iniciativa del Museo de Londres con la aplicación de Street Museum […] y te da a conocer datos que ignorabas.* **24-E: Persona 6** *Es obvio que este acceso a la cultura es imperfecto, pues nunca podrá sustituir la maravilla de encontrarse ante una obra original que puedes tocar, oler y sentir en toda su magnitud.* Los enunciados que sobran son: D, ya que no dicen que se va a poner en práctica sino *Más útil e interesante me parecería el proyecto Street Museum si, por ejemplo, pudiera hacerse en ciudades como Roma o Grecia […],* G, falta el paso intermedio del correo electrónico: *las cartas dieron paso a los correos electrónicos y estos a Twitter* e I, no dice que la universalización de la cultura dependa del «diseño para todos» sino *Pero si hablamos de accesibilidad y universalización de la cultura, no podemos dejar de proclamar la necesidad de eso que se ha dado en llamar «diseño para todos» […].*

Pista 67. Tarea 5, p. 137: 25-B: *[…] una cámara de madera con <u>trípode</u>, desde donde el fotógrafo, tras el objetivo, tapándose la cabeza con una cortina, tomaba una imagen de los presentes.* No es A porque lo que escuchamos es que cuando pensamos en cámaras de fotos antiguas, se nos viene a la cabeza *una cámara de madera,* no metálica. No es C porque en el audio no se dice que las cámaras de fotos sustituyeran a los retratos de difuntos, sino que la aparición de la fotografía fue una auténtica revolución en general. **26-B:** *[…] por medio de un cuadro, <u>lo cual</u> tomaba su tiempo.* No es A porque no existían las fotos: *la forma de tener una imagen de un ser querido <u>solo</u> podía ser por medio de un cuadro.* No es C porque no se dice nada sobre cuadros postmórtem, sino sobre fotografías. **27-C:** *Hoy […] la gente suele mostrar rechazo […] Para ellos, la muerte era algo cotidiano […].* No es A porque […] *estamos insensibilizados ante fotos realmente crueles que vemos a diario en los medios de comunicación* se refiere a hoy en día, ni B, porque en el audio se dice que *[…] se daban casi tantos fallecimientos como nacimientos.* Se refiere a aquella época no a la de hoy (medios de comunicación). **28-A:** *[…] algunos inconvenientes; el primero era el tiempo de exposición, que iba de 15 a 30 minutos.* No es B porque no se dice el tiempo que tardaba en fijarse la imagen, sino el de exposición. No es C porque en el audio escuchamos que *además la fotografía resultaba bastante frágil,* no el daguerrotipo. **29-C:** *[…] uno se veía expuesto a los vapores de yodo y mercurio, algo terrible para la salud.* No es A porque lo que escuchamos es *[…] lo más destacable era que uno se veía expuesto a los vapores […].* No es B porque escuchamos […] <u>hoy en día</u>, que se va a tomar una foto y tiene que pasar todo ese tiempo posando… impensable… […] **30-B:** *[…] otro inconveniente de estas cámaras era que al no tener negativo no se podían hacer copias […].* No es A porque lo que se dice es que los difuntos, por su inmovilidad, eran los mejores modelos para aquellas antiguas cámaras que necesitaban tanto tiempo de exposición. No es C porque escuchamos que *Más tarde, […] se añadió la costumbre de repartir reproducciones de la foto o recuerdos entre los familiares que vivían lejos.*

Examen 5. Individuo, alimentación, salud e higiene

LÉXICO

INDIVIDUO   p. 148

1. Respuesta libre.
2. a. La frente; b. La ceja; c. Las pestañas; d. La barbilla; e. La mejilla; f. La oreja; g. La uña
3. A. En la primera foto, la mujer está un poco gorda, tiene la cara ancha y tiene arrugas alrededor de los ojos. En la segunda foto, parece más joven. Está más delgada y va mucho más arreglada: peinada y maquillada.

B. En la foto de arriba, el hombre tiene canas, bolsas en los ojos y arrugas. Tiene barba y tiene la cara alargada, parece muy cansado. En la foto de abajo, ya no tiene bolsas en los ojos y parece que tiene menos canas.

Ambos aparentan menos edad, tienen mejor aspecto y han rejuvenecido.

4. +: La solidaridad, la constancia, la responsabilidad, la sensibilidad, la ternura, la generosidad, la curiosidad, la valentía, la sinceridad.

-: La impuntualidad, la arrogancia, la cobardía, el egoísmo, la timidez.

+-: la ambición, la seriedad.

5. b. **im**puntualidad; c. **ir**responsabilidad; d. **in**sensibilidad; e. **in**discreción; f. **in**justicia

6. Respuesta libre. La responsabilidad se puede asociar a todos. a. ambición, justicia…; b. puntualidad, seriedad…; c. ternura, sensibilidad…; d. valentía…; e. solidaridad, generosidad…; f. constancia, curiosidad …; g. valentía, justicia…

7. a. valiente; b. constante; c. curioso/a; d. tierno/a; e. justo/a; f. responsable; g. solidario/a; h. generoso/a; i. arrogante; j. Discreto.

8. Respuesta libre.

9. Respuesta libre.

10. a-3; b-4; c-6; d-5; e-1; f-2. Respuesta libre.

11. a. mellizos; b. cónyuges; c. cuñada; d. yerno; e. nuera; f. bisabuela; g. biznieto; h. trillizos.

Resto: respuesta libre.

12. Respuesta libre. *Estar bien o mal educado* hace referencia al resultado de una buena o mala educación por parte de padres, educadores… *Ser mal educado, ser maleducado, o ser un maleducado* indica una característica de esa persona sin hacer referencia a los responsables.

13. Relaciones de amistad: amigo de toda la vida, amigo íntimo, dar dos besos…; **Relación amorosa:** tener un lío, tener un ligue, estar prometido, mantener una relación, seducir, tener un romance; **Relación social**: conocer de vista, ir de visita, tratar con alguien, felicitar cordialmente, dar dos besos… *Dar dos besos* se puede incluir tanto en relación de amistad como social.

14. a-6; b-1; c-4; d-2, 3 y 5; e-7 Resto: respuesta libre.

15. Respuesta libre.

16. Respuesta libre.

17. a-2; b-5; c-3; d-6; e-10; f-1; g-8; h-4; i-9; j-7.

ALIMENTACIÓN p. 152   Examen 5

1. Respuesta libre. Se puede hacer referencia a los diferentes hábitos de consumo de alimentos y sociales: ir de tapas y compartirlas, pagar a medias… Las diferencias entre comida rápida y tradicional; entre el supermercado y los mercados tradicionales.

2. Lenguado: **pescados;** Bollería: **dulces**; Berenjena: **verduras**; Nueces: **frutos secos;** Garbanzos**: legumbres**; Nata: **lácteos**; Pan de molde: **hidratos**; Pechugas de pollo: **carnes**; Mejillón: **marisco**; Frambuesa: **fruta**; Romero: **hierbas aromáticas**.

3. a. magdalena; b. guisantes; c. muslos de pollo; d. langostinos; e. judías blancas; f. cerezas; g. queso azul; h. lubina; i. almendras; j. perejil.

4. 1-d; 2-f; 3-a; 4-g; 5-b; 6-e; 7-c; 8-h. Resto, respuesta libre.

5. a. abundante, escasa; b. no procesados, fibra; c. con moderación; d. ayunar, excesivamente.

6. Respuesta libre.

7. 1. Gazpacho; 2. Paella; 3. Empanada; 4. Fabada; 5. Bacalao al pil pil; 6. cordero asado. Respuesta libre.

8. a. La paella lleva arroz, verduras, mariscos… Se cocina a fuego lento; b. El gazpacho lleva tomate, pimiento, cebolla… Es una sopa fría, se hace con batidora; c. La fabada asturiana lleva judías blancas, jamón, chorizo… Se cocina a fuego lento o en la olla a presión. d. El bacalao a pil, pil lleva bacalao, ajo, aceite… Se cocina a fuego lento; e. El cocido madrileño lleva garbanzos, verduras, jamón… Se cocina a fuego lento o en la olla a presión; f. La empanada gallega lleva harina, pimientos, cebolla, atún, carne magra… Se cocina al horno; g. La tortilla de patatas lleva huevos, patatas y cebolla. Se fríen las patatas; h. El *pescadito o* pescaíto frito: son pescados pequeños, calamares, gambas… Se preparan rebozados y fritos. *Pescaíto frito,* es la forma dialectal andaluza usada para referirse a pescados pequeños o grandes troceados y fritos; i. Los calamares a la romana son aros de calamar. Se preparan rebozados y fritos; j. El cordero asado es carne de cordero, en general pierna asada, al horno.

9. En el orden de las imágenes:, 1. la fuente; 2. la cazuela de barro 3. el cuenco, tazón o bol; 4. la sopera; 5. la ensaladera; 6. el sacacorchos; 7. el abrelatas; 8. la olla a presión.

10. a. el abrelatas; b. la cazuela de barro; c. la fuente; d. la olla a presión; e. un cuenco, bol o tazón.

11. 1-a: triturar el hielo; 2-c: exprimir naranjas; 3-b: trocear o cortar las frutas; 4-e: cortar en tacos; 5-d: picar la carne; 6-g: rallar el pan para empanar el filete; 7-f: cortar en lonchas finas.

12. a-7 y 9; b-5; c-8; d-3; e-1; f-10 y 5; g-4 y 5; h-2; i-1 y 10; j-6. Respuestas orientativas.

13. a-12; b-11; c-1; d- 6; e-7; f-9; g-4; h-5; i-10; j-8; k-3; l-2.

14. a. haciendo la boca agua; b. te has puesto morado. (*Ponerse las botas* significa lo mismo); c. más claro, agua; d. estás de mal café; e. dar la lata; f. has puesto la mesa; g. perrito caliente; h. no ha roto nunca un plato; i. me he puesto/estoy como una sopa; j. te ahogas en un vaso de agua; k. romper el hielo; l. de sobra.

SALUD E HIGIENE   p. 156 **Examen 5**

1. a- El ambulatorio; b. La consulta; c. La camilla.

2. 1-e,2-b, 3-d,4-c, 5-a.

3. a. neumonía; b. contagiosa; c. perjudicial; d. diagnosticar; e. desmayarse; f. hierro; g. empaste; h. traumatólogo; i. operar; j. otorrino (es el nombre popular. La palabra técnica es otorrinolaringólogo).

4. 1-e-2, 6 y 8-H. Tengo tos, frío y congestión de nariz. Tienes catarro. Es una enfermedad leve, contagiosa y producida por un virus. Tienes que ir al médico de cabecera. (el médico de cabecera es sinónimo de médico de familia)

2-g, i-5-G o H. He perdido el apetito, estoy agotado y muy nervioso, me falta el aire para respirar. Tienes depresión y ataque de ansiedad. Es una enfermedad mental. Tienes que ir a un g. psicólogo al médico de cabecera.

3-f-2, 3 y – H. Me duele todo el cuerpo, estoy agotado, tengo fiebre, un poco de tos y dolor de cabeza. Tienes gripe. Es una enfermedad leve, que puede ser grave si se complica. Está producida por un virus. Tienes que ir h. al médico de cabecera y si se complica él te aconsejará un especialista.

5. a. contrajo; b. sufrió; c. dio; d. está; e. tener; f. contagiar.

6. 1-b; 2-b; 3-b; 4-a.

7. Respuesta libre.

8. a-1: el gusto-la boca-el sabor, amargo; b-4: el olfato-la nariz-oler; c-2: el tacto-los dedos, la piel, el frío; d-3: el oído-la oreja-oír, la audición; e-5: la vista-el ojo-la visión, el brillo.

9. a. el cuello; b. la costilla; c. la muñeca; d. la esqueleto, e. el tobillo; f. la columna; g. el codo; h. la rodilla.

10. a. dar puntos; b. esguince; c. gasa; d. leve-cicatriz; e. contractura; f. venda.

11. Respuesta libre.

12. 1. el prospecto; 2. las contraindicaciones; 3. las indicaciones; 4. la dosis recomendada; 5. los efectos secundarios; 6. en pastillas; 7. el analgésico; 8. el antiinflamatorio.

13. a-4; b-6; c-5; d-1; e-3; f-2; g-7.

14. 1-venda; 2- desinfectantes (alcohol y yodo); 3- guantes desechables; 4- tiritas; 5. gasas estériles; 6. tijeras; 7-esparadrapo; 8-termómetro.

15. a. tomar; b. untarse; c. vacunarse; d. ponerse.

16. Respuesta libre.

17. A. a-5-F; b-3-J; c-1-H; d-2-E; e-4-A; f-6-D; g-7-G; h-9-C; i-8-I; j-10-B.

B. a. volver en sí; b. a pierna suelta; c. mala cara; d. en forma, está como un roble; e. hecho polvo.

SERIE 1   p. 160

1-B: haya. Es una oración subordinada sustantiva de sujeto con verbo de estado o atributivo (*resultar*) más adjetivo (*sorprendente*) en la frase principal. Esta estructura y el significado valorativo de este adjetivo permiten emitir un juicio de valor y obliga a que el verbo de la subordinada vaya en subjuntivo. La opción a) es incorrecta por este motivo y la c) está en un tiempo inadecuado en este contexto.

2-A: ha actuado. Es una oración subordinada sustantiva de sujeto con verbo de estado o atributivo (*quedar*) en la frase principal. En este caso el adjetivo *claro* obliga a usar el modo indicativo en la subordinada porque permite constatar un hecho. Si la frase estuviera en negativo (*No me queda claro...*) el verbo de la subordinado iría en subjuntivo. Las otras opciones son incorrectas porque están en modo subjuntivo.

3-B: seas. Oración subordinada sustantiva de sujeto con verbo principal de existencia, conveniencia (*faltar, bastar…*). En estos casos el verbo de la subordinada va en subjuntivo. La opción c) es por lo tanto incorrecta. Esta estructura es equivalente a la construcción de infinitivo: *conviene ser*, pero en este caso incompatible con la conjunción *que* por lo que se descarta la opción a).

4-C: se levanten. Oración subordinada de OD con verbo principal de prohibición u obligación (*prohibir, no permitir*). En estos casos, el verbo de la subordinada va siempre en subjuntivo, tanto en construcciones afirmativas como negativas. Por este motivo las otras opciones son incorrectas.

5-C: fuera. En las oraciones subordinadas sustantivas con verbo de comunicación o dicción (*decir, preguntar, contar...*) en la principal se usa el modo indicativo. Pero esta regla no se cumple cuando el verbo *decir* tiene significado de mandato o petición, como en este caso, en el que se usa el subjuntivo (me dijo = me pidió que fuera yo). Por este motivo las otras opciones a) y b) son incorrectas.

6-A: haya mejorado. Subordinada sustantiva de OD con verbo de percepción física o mental (*ver, notar, oír, sentir…*) en la principal. Cuando estos verbos van en construcción afirmativa se usa el indicativo en la subordinada y cuando van en construcción negativa, el subjuntivo, como en este ejemplo. Las otras opciones b) y c) son, por lo tanto, incorrectas.

7-C: haya molestado. Oración subordinada sustantiva de OD. En este caso el verbo *sentir* no tiene el significado de percepción física o mental, que sería ilógico en el contexto, sino que es equivalente a *lamentar*, que es un verbo de sentimiento. Por esta razón se usa el subjuntivo en la subordinada.

8-C: fueras. Oración subordinada sustantiva de OD. Los verbos principales de pensamiento o entendimiento (*creer, pensar, opinar…*) rigen indicativo en la subordinada cuando van en construcción afirmativa y, subjuntivo, con construcción negativa. La negación se puede expresar con *no, tampoco, nadie, nunca…*, como en este caso. Las otras opciones a) y b) son incorrectas.

9-C: hagamos. Oración subordinada sustantiva con verbo principal de entendimiento que supone una excepción a la regla, ya que rige subjuntivo aunque va en construcción afirmativa. Esto se debe a que la información de la subordinada se refiere al futuro. Las otras opciones a) y b) no son correctas.

10-B: seas. Oración subordinada sustantiva en función de OD con verbo principal de influencia (*pedir, aconsejar, sugerir…*). En este caso el verbo de la subordinada va siempre en subjuntivo tanto en construcciones afirmativas como negativas. Las otras opciones a) y c) son incorrectas por este motivo.

11-C: aceptaran. Oración subordinada de OD con verbo principal de influencia, deseo o voluntad (*necesitar, querer, intentar…*). En estos casos, como en el anterior, el verbo de la subordinada va siempre en subjuntivo, tanto en construcciones afirmativas como negativas. Por este motivo las otras opciones son incorrectas.

12-C: envejeciera. Oración subordinada de OD con verbo principal con valor causativo (*causar, provocar, determinar*). En estos casos, como en el anterior, el verbo de la subordinada va siempre en subjuntivo, tanto en construcciones afirmativas como negativas. Por este motivo las otras opciones son incorrectas.

SERIE 2   p. 160

1-C: que. Es una oración de relativo especificativa (va sin comas y sin pausas en la entonación) que sirve para definir al antecedente, que en este caso está expreso (*la chica*). El único pronombre relativo posible en este tipo de oraciones es *que*, tanto para referirse a personas como a objetos. Las otras opciones a) y b) son, por tanto, incorrectas.

2-C: con las que. Es la forma de relativo correcta en esta oración especificativa con verbo regido por la preposición *con* (*relacionarse con*). También es correcta la forma *con quien*es, pero no aparece como opción. Las otras opciones a) y b) son incorrectas.

3-A: La que. Oración de relativo especificativa que tiene antecedente que está en el contexto (*... es Ana*). El relativo debe concordar con él. También es posible la forma *quien*, pero no se ofrece como opción. Las otras alternativas b) y c) son incorrectas.

4-B: A quien. Oración de relativo con preposición y sin antecedente expreso. En este caso el relativo debe concordar con el verbo y los pronombres correspondientes. Las otras opciones a) y c) son incorrectas porque no llevan la preposición *a* o no concuerdan con el verbo.

5-B: Los que. Oración de relativo especificativa sin antecedente expreso. En este caso se usa el verbo en modo indicativo (*van*) porque las personas a las que se refieren son conocidas. Las otras opciones a) y c) son incorrectas porque no concuerdan con el verbo.

6-C: con quien. Oración de relativo explicativa con preposición. La opción a) no es posible porque no lleva preposición y la b) porque la preposición *a* es incorrecta.

7-A: donde. Oración de relativo especificativa con adverbio relativo *donde*. El verbo *comprar* no rige la preposición *a*, por eso las opciones b) y c) son incorrectas.

8-B: en donde. Oración de relativo explicativo con un antecedente que es un adverbio, *ahí mismo*. Con el verbo *estar* se usa la preposición *en* para localizar, por este motivo *adonde* (con la preposición *a)* es incorrecto. *En el que* es incompatible con el antecedente.

9-C: que eres. Oración de relativo explicativa con un antecedente que es un pronombre: *tú*, que debe concordar con el verbo. Por esta razón la opción b) es incorrecta. La opción a) es incompatible con este tipo de oraciones de relativo.

10-C: esté. Oración de relativo especificativa con un antecedente (*un local*) que no se conoce previamente, según deducimos por el contexto: ¿Conoces alguno? En estos casos el verbo de la oración de relativo va en modo subjuntivo. Por esta razón las otras opciones a) y b) son incorrectas.

11-A: me sienta. Oración de relativo especificativa con preposición y con antecedente (*una profesión*) referido al futuro y que, por tanto, no es conocido, sino más bien dudoso (*quizá algo...*). En este caso se usa el subjuntivo en la oración de relativo. Por este motivo *me siento y me siente* son incorrectos.

12-A: pueden. Oración de relativo explicativa (va entre comas y con entonación independiente). Este tipo de oraciones de relativo son incompatibles con el verbo en modo subjuntivo, como ocurre con la opción b). *Podían* es incorrecto porque está en pasado y la oración se refiere al futuro.

SERIE 3   p. 161

1-B: antes de que. Nexo que introduce una subordinada adverbial de tiempo que indica que una acción (*perdí el apetito*) es anterior a otra (*me operaran*). Este nexo temporal se usa siempre con subjuntivo en la frase subordinada. *Antes de* se construye con infinitivo (*operarme*), y no es, por lo tanto, adecuada en este contexto. El nexo *antes que* no es correcto en esta frase.

2-C: después de que. Nexo temporal que introduce una acción posterior (*la ingresaron*) a otra (*le diagnosticaron una neumonía*). La opción a) no tiene lógica en este contexto y la b) solo funciona con infinitivo detrás (*después de diagnosticar...*) y con el mismo sujeto en las dos frases, cosa que no ocurre.

3-C: en cuanto. Nexo que indica que la acción temporal es inmediatamente anterior a la principal. En la opción a) el nexo está incompleto, debería ser *en el momento en el que* y lo mismo ocurre con el b), que tendría que ser *tan pronto como*.

4-A: tengamos. Las oraciones temporales llevan siempre el verbo en modo subjuntivo cuando la acción se refiere al futuro, por esta razón las otras opciones b) y c) son incorrectas.

5-A: Una vez. Este nexo indica que una acción es inmediatamente posterior a la principal. Este nexo va seguido de un adjetivo (*curada*) que concuerda con el nombre al que se refiere (*herida*). Para que fueran correctas las otras opciones necesitarían un verbo en modo subjuntivo, como *esté*.

6-C: tenemos. El nexo temporal *una vez que* se refiere, en este caso, a la forma habitual de actuar (*solemos hacer*) que tiene ese equipo médico; por eso el verbo está en presente de indicativo. La opción a) es incompatible en este contexto con un verbo de habitualidad y la b) es incorrecta porque el verbo en futuro no sería posible incluso si la oración temporal se refiriera al futuro.

7-C: nada más. Nexo temporal que también indica inmediatez. Es la única de las tres opciones que puede ir seguida del infinitivo.

8-B: dieran. Es un ejemplo de la correlación de tiempos en las oraciones temporales cuando se reproducen palabras de otros (estilo indirecto) en situación de pasado. Es la única opción correcta en este contexto ya que la acción de la oración temporal se refiere al futuro y por tanto debe ir en subjuntivo.

9-C: tenga. Oración subordinada adverbial introducida por el nexo *mientras* que indica simultaneidad entre la acción principal y la subordinada. La oración temporal se refiere al futuro y por eso lleva el verbo en subjuntivo. Las opciones a) y la b) están en modo indicativo y por eso son incorrectas

10-C: tomaré. Con este nexo temporal que indica acción simultánea el verbo va siempre en indicativo. Las otras opciones no son correctas porque no están en la persona adecuada, que es *yo*.

11-C: terminara. El verbo va en imperfecto de subjuntivo porque la acción principal está en situación de pasado (*ayer no quise irme a casa*) y la oración temporal indica el límite de tiempo posterior a esta (*hasta que terminara*). La opción a) no se ajusta a la correlación de tiempos y la b) es incorrecta en este contexto.

12-A: hasta hace. Indica el límite de tiempo de una acción en el pasado. La opción a) se usa con el verbo en presente y a la c) le falta un verbo conjugado.

SERIE 4   p. 161

1-C: donde. Nexo que introduce una oración adverbial de lugar. En este caso nos informa sobre la situación donde se desarrolla la acción. La opción a) es ilógica en este contexto y la b) indica el lugar con verbos de movimiento, lo que no ocurre en el ejemplo.

2-A: de donde. Nexo de lugar que expresa procedencia. Es la única opción compatible con el verbo *venir* rige la preposición *de*.

3-B: quiera. El verbo va en modo indicativo si el lugar es conocido o específico y en subjuntivo si es desconocido e inespecífico. En este caso *no sabemos* nos indica que el subjuntivo es el modo correcto. *Quisiera* no es compatible con el verbo en futuro y *querría* es incorrecto.

4-A: a donde. El verbo *ir* seguido de la preposición *a* indica destino. Las otras opciones no expresan este significado.

5-C: hasta donde. Es la única opción que sirve para expresar el final o término del movimiento (*caminar*). En este caso el verbo va en subjuntivo porque el restaurante tailandés es un lugar desconocido que no está a la vista.

6-B: hacia donde. El verbo *dirigirse* necesita una preposición que indique destino o dirección del movimiento, y *hacia* es la única correcta.

7-A: por donde. En este caso la preposición *por* es la única opción posible para indicar lugar a través del cual se realiza la acción de *entrar al hospital*.

8-A: Donde haya. Se usa la adverbial de lugar también con valor generalizador. En este caso el verbo va en subjuntivo porque la acción no es conocida o específica. Las otras opciones son incorrectas en este contexto.

9-B: como. Nexo que introduce una oración adverbial de modo, que expresa la forma o manera de realizar una acción. Es la única opción lógica en esta frase.

10-C: Según. Nexo de adverbial de modo que indica la forma o manera en que se produce la acción. Las otras opciones no tienen sentido en la frase.

11-B: quisiera. En las adverbiales de modo el verbo puede ir en indicativo si se refiere a algo conocido o específico o en subjuntivo, si no es así, que es lo que ocurre en este ejemplo. Por este motivo, las otras opciones a) y c) son incorrectas.

12-A: sean. Otra oración adverbial de modo introducida por *según* y que va en modo subjuntivo porque no se conocen aún los resultados de los análisis. Las otras opciones b) y c) son incorrectas.

FUNCIONES   Examen 5

SERIE 1   p. 162

1-C: le va. Es una situación formal, por lo tanto las otras opciones son incorrectas.

2-A: tirando. Significa que la persona se defiende en la vida con esfuerzo y trabajo. Las otras opciones son ilógicas.

3-C: doña. Don, doña se usan delante de nombre propio. *Señora* se usa delante del apellido y *don,* delante de nombre masculino.

4-C: presentarle. Es una situación formal, así que la opción b) es incorrecta. *Introducir* en el sentido de *presentar* no es correcto en español.

5-C: Quisiera. Fórmula cortés de presentación. A *gustaría* le falta el pronombre me. *Quiera* es incorrecto.

6-B: haya venido. Con esta fórmula se da la bienvenida (expresión de sentimiento) a una persona que ha ido (acción pasada) a la reunión, por esta razón se utiliza el pretérito perfecto de subjuntivo. *Qué bien* implica una valoración y exige subjuntivo en la subordinada, por ello quedan excluidas las otras dos opciones a) y c).

7-C: que esté. No hay que confundir *algo (que esté aquí)* **me alegra** con la frase *yo* **me alegro** *de algo (de que esté aquí)*. El significado de las dos frases es el mismo, pero la estructura gramatical es diferente. No es b) porque la situación de la frase es formal.

8-B: haber venido. Fórmula para responder a una invitación. El verbo correcto para referirse al lugar donde se encuentra la persona que habla es *venir,* por esta razón la opción a) es incorrecta. A la c) le falta la preposición *en.*

9-B: Lamento. *Siento, lamento mucho que* se usa cuando se presenta el motivo de la disculpa. *Lo siento* indica que este ya se conoce o ya se ha hablado de ello anteriormente, cosa que no ocurre en esta frase. *Disculpe mucho* es incorrecto en español.

10-B. de qué. El verbo *disculparse* rige preposición *de* en este contexto *(*también es posible *por)*, por lo tanto las otras opciones son incorrectas.

11-C: por. Indica la causa. Las preposiciones de las otras opciones a) y b) son incorrectas.

12-B: se lo… Fórmula de agradecimiento de un hecho ya mencionado (*ha venido*) a una persona (*a usted*). En este caso, según las reglas de la gramática, se usan los pronombre de objeto indirecto (se) y directo (lo) precediendo al verbo. La situación es formal, por eso la opción a) es incorrecta. Y a la c) le falta el pronombre de objeto directo.

SERIE 2   p. 162

1-B: mereces. También puede ser *te lo merecías,* pero no *merecerías*, que se refiere a una hipótesis, no a una realidad. *Mereció* no se ajusta ni al tiempo verbal ni a la persona que recibe el premio: *tú.*

2-A: Estoy orgulloso. El adjetivo *orgulloso* con *estar* significa *satisfecho* y con *ser, arrogante, vanidoso*. El significado que aparece en la frase es el primero, no el segundo. La opción c) es ilógica.

3-C: vuelve. La locución *volver loco/a* en este contexto significa que alguien te gusta muchísimo. Las otras opciones son incorrectas.

4-C: lo de. Equivale a la muerte de tu padre. En este caso se usa esta fórmula para evitar nombrar el hecho que resulta incómodo. Las otras opciones son ilógicas.

5-B: brindáramos. Fórmula para proponer un brindis. Gramaticalmente sigue la correlación de tiempos verbales adecuada, cosa que no ocurre con las otras opciones.

6-B: te lo pases. *Pasárselo bien, fenomenal, etc.* significa *divertirse*. Esta es la fórmula más usada para expresar los buenos deseos a alguien que va a una fiesta, un espectáculo, de viaje… La opción a) no está en la persona adecuada y la c) está incompleta.

7-A: se recupere. *Que + verbo en subjuntivo* es una fórmula de buenos deseos. Las otras opciones son incorrectas porque no llevan el verbo en subjuntivo.

8-B: lo mismo. *Lo mismo digo* es una forma de responder a los buenos deseos de otra persona.

9-A: de nuestra parte. Fórmula para enviar saludos y recuerdos a varias personas, en este caso. Las otras opciones son incorrectas.

10-C: saludos. Es una fórmula fija para saludar. La opción a) no se usa y la b) necesitaría el artículo *un* para ser correcta.

11-A: A ver si. Forma de expresar el deseo o intención imprecisa de volver a ver a esa persona. Las otras opciones son ilógicas.

12-C: volvamos a ver. Fórmula de despedida que gramaticalmente se construye con el verbo de la subordinada en subjuntivo por tratarse de un verbo principal de deseo (*espero*). Las otras opciones son incorrectas.

SERIE 3   p. 163

1-C: una. Fórmula intensificadora: *pasar un/a frío, sed…terrible…*, que solo es posible cuando el artículo *un* va delante de un nombre que lleva un adjetivo detrás (*terrible*). Las otras opciones no son, por tanto, adecuadas.

2-B: Tengo. *Tener calor, frío…* Las otras opciones son incorrectas gramaticalmente para expresar esta función.

3-A: Estoy. *Estar helado, hambriento.* En la frase se expresa un estado, por eso se usa el verbo *estar*. Las otras opciones son incorrectas.

4-B: sed. *Qué + nombre + tan + horrible… (tengo).* Por el contexto (*beber…*) se sabe que la palabra correcta es *sed*.

5-C: agotado. *Encontrarse, sentirse cansado, agotado…*También sabemos por el contexto que lo que tiene esa persona es un gran cansancio.

6-A: qué cansancio. Es la única opción gramaticalmente compatible en este contexto.

7-C: me hacen. *Algo (los zapatos) hace daño a alguien.* Las otras opciones no son correctas en la frase.

8-A: me he hecho. *Hacerse daño con algo.* No hay que confundir dos estructuras diferentes que tienen significados parecidos: *yo me he hecho daño con la mesa y los zapatos me hacen daño.* Las otras opciones no tienen lógica en el contexto.

9-B: me duelen. Se dice así: *me duele la cabeza, me duelen los pies.* Siempre se usa el pronombre de objeto indirecto (*me, te, le…*) el verbo *doler* y luego la parte del cuerpo con el artículo *el, la, los, las* delante (no con el posesivo *mi*). El verbo *doler* concuerda con lo que va detrás.

10-C: de. *Tener un dolor de…* Fórmula intensificadora para expresar dolor. En esta expresión que va con entonación especial al final de la frase no se usan los artículos *el, la, los, las* ni el posesivo delante del nombre.

11-C: les sientan. *Sentar algo mal o bien a alguien.* No hay que confundir *me sienta (verbo sentar) mal el pescado* con *yo me siento (verbo sentir) mal.* Son fórmulas distintas tanto en gramática como en significado. La opción b) es incorrecta porque el pronombre de objeto indirecto debería ser *les*, no *le*.

12-A: te siente. Es otra vez la fórmula *sentar bien o mal algo.* Como ese algo es desconocido y está en pregunta, el verbo va en modo subjuntivo. A la opción b) le falta el pronombre *te* y la c) es incorrecta.

13-A: gusto. Fórmula para expresar agrado. Las opciones b) y c) expresan sensaciones negativas, que son incompatibles con el contexto (*de maravilla*).

14-C: me sienta. *Sentar algo estupendamente a alguien*, se refiere en este ejemplo a una acción (*tomar el sol*) y no a un alimento, como en los casos anteriores. Las otras opciones son incorrectas.

4. CORRECCIÓN DE ERRORES   p. 163

a. Si bebes **poca agua** no puedes tener **buena salud**. *Poco* es incorrecto porque no concuerda con el sustantivo *agua*, que es de género femenino. Lo mismo ocurre con *salud*, que también es una palabra femenina. Por este motivo no se produce el apócope *buen* que solo se da delante de nombre masculino singular.

b. Todos **los** (en esta frase se necesita usar el artículo determinado con valor generalizador) seres humanos somos **capaces** de ser **felices**. Los adjetivos *capaces y felices* tienen que concordar con *seres humanos*, que en este caso está en plural.

c. Cuidar **la/tu** propia salud es **lo más/ muy** importante para la vida. El verbo *cuidar* solo lleva la preposición *a* cuando se refiere a personas. *Más importante* necesitaría llevar detrás el término de la comparación: *más importante que…* para ser correcto.

d. A mi novio **y a mí** (es incorrecto usar el pronombre *yo* con el verbo *gustar*) nos gustaría casarnos pronto. Otra opción: A mi novio y a mí nos daría mucha alegría casarnos pronto o nos alegraría casarnos pronto. La expresión *dar alegría* rige subjuntivo cuando los sujetos de la frase principal y de la subordinada son diferentes. Pero en este caso los sujetos lógicos son los mismos, por eso es preferible usar el infinitivo *casarnos*.

e. Me parece **que** toda mi familia **está** preocup**ada** (el adjetivo *preocupada* se usa con el verbo *estar*). Y, aunque el sustantivo *familia* se refiere a un grupo, gramaticalmente funciona como una sola persona. También es correcto decir (*todos) en mi familia están preocupados…*) **por** mi futuro.

f. Me sorprende que **a** los españoles les **interese** la salud. El verbo *interesar* funciona como *gustar,* por eso el objeto indirecto lleva delante la preposición *a*. El verbo *sorprender* es un verbo de expresión de sentimiento y rige subjuntivo.

g. Mi padre **murió** (pretérito perfecto simple porque es una acción pasada en un tiempo terminado) cuando yo **tenía** (para expresar la edad en español se usa el verbo *tener* seguido del número de años. El tiempo verbal correcto es el pretérito imperfecto porque es una descripción de una circunstancia) siete años.

h. Hay gente **que** (es necesario usar el pronombre relativo para completar al nombre con una oración de relativo) prefiere **casarse** (en este contexto lo correcto es la forma pronominal *casarse*) pronto.

i. Es posible que su familia **esté** preocupada (la fórmula *es posible que* rige subjuntivo y el adjetivo *preocupada* se usa con el verbo *estar*) por su salud.

j. Dormir poco **nos hace daño** (**da daño* es incorrecto) *y* afecta **a** (este verbo rige preposición a cuando significa *producir daño*) **la/nuestra** (es necesario precisar a quién afecta) salud mental.

5. USO DE PREPOSICIONES   p. 163

a. cambian **de** nombre. b. tener confianza **en**. c. me dedico **a**. d. tener seguridad **en** ti mismo. e. sentirse seguro **de** sí mismo; f. cuidar **a** las personas… g. convivir **con** algunos compañeros. h. ponerte **a** dieta. i. no está **en** buenas condiciones. j. carne **a** la brasa (se refiere a la forma de cocinar); carne en la brasa no indica una forma de cocinar, como se requiere en este contexto.

MODELO DE EXAMEN 5

Prueba 1   **Comprensión de lectura**

Tarea 1, p. 164: 1-C: *También llega a la* geriatría *[…] u otros campos médicos (bebés prematuros, oncología, rehabilitación neurológica, dolor crónico…).* No es A porque la Musicoterapia puede aplicarse *desde los primeros meses del embarazo*, es decir, antes del nacimiento. No es B porque se dice que la Musicoterapia tiene variados campos de intervención, esto es, de aplicación. No se dice que se use en intervenciones quirúrgicas (en el quirófano). **2-C:** *[…] se recabará previamente información, tanto del estado de salud del paciente como de sus experiencias con la música.* No es A porque el tratamiento puede comenzar tanto por iniciativa del paciente como por derivación de un profesional. No es B porque se dice que se recaba (pide, consigue) información de la experiencia del paciente con la música, pero no se señala que deba tener conocimientos musicales. **3-B:** *[…] nos comunicaremos a través de la música y de diversas expresiones musicales para obtener información que nos permita intervenir adecuadamente.* No es A porque en el texto se dice que la Musicoterapia es *fundamentalmente* (no *exclusivamente*) no verbal. Además, aunque fuese estrictamente no verbal, eso no significaría que el hablante tuviera prohibida la palabra. No es C porque *los recursos musicales utilizados van desde el canto hasta el uso de instrumentos.* En ningún momento se indica que el canto se combine siempre con los instrumentos. **4-B:** *El musicoterapeuta […] será capaz de adaptar cada música al paciente, algo que no permite la música grabada.* No es A porque en el texto se menciona que escuchar un CD no conlleva automáticamente la relajación del paciente, nada se indica sobre los tipos de música grabada. No es C porque tan solo se dice que la simple escucha de un CD de música clásica no conlleva automáticamente la relajación del paciente. **5-C:** *La Musicoterapia […] ya es impartida como formación reglada en estudios de posgrado de diversas universidades y centros privados.* No es A porque en el texto se nos dice que las asociaciones internacionales establecen las áreas de capacitación del musicoterapeuta, no hace ninguna mención sobre el papel de estas asociaciones en el reconocimiento de la profesión. No es B porque en los estudios se abarca, entre otras áreas, la clínica. No se dice que se den los cursos en clínicas. **6-A:** *Podemos resaltar su condición de disciplina no farmacológica.* No es B porque en el texto se dice que se implica al paciente y a su entorno en actividades placenteras. No es C porque dice que la Musicoterapia ahorraría dinero al Sistema Nacional de Salud; es decir, si estuviera subvencionada, pero no lo está.

Tarea 2, p. 166: 7-B: *[…] Aún me resulta increíble y admirable que un hombre cuya máxima educación fue la* básica *lograse sacar adelante a cinco hijas […].* No es A porque no se indica nada acerca de la educación del abuelo. No es C porque se alude a que el abuelo fue profesor: *[…] que él fue capaz de mantener en orden y silencio a clases con docenas de alumnos […].* No es D: *[…] Mi abuelo […] me demostró que, sin tener una educación reglada, […] se puede llegar a saber mucho.* **8-C:** *[…] Mi abuelo muchas* *veces se entregaba a la divertida pero difícil tarea de jugar y lidiar con nosotros […].* No es A porque los niños jugaban mientras el abuelo estaba sentado en el parque. No es B porque no hay ninguna indicación sobre que el abuelo jugara con sus nietos. No es D porque no se menciona si el abuelo jugaba con los nietos. **9-D:** *[…] Cuando inicié mis sueños de construir mis propios coches y montar mi propia empresa, […] hubo una persona que mostró genuino interés en saber cuál era mi sueño. Ese fue mi abuelo.* No es A porque no hay indicación expresa a la vida laboral del autor del texto. No es B porque en el texto se dice que el abuelo sacó adelante a cinco hijas, *cada una de ellas con carrera*, pero no se habla sobre la experiencia profesional del autor del texto. No es C porque el texto únicamente recrea la infancia de su autor y, por tanto, no se refiere a sus inicios profesionales. **10-A:** *[…] era una gran persona, alto, delgado, <u>pelo blanco</u> y lacio […] le veía majestuoso.* No son B ni C porque no se alude en el texto a la descripción física del abuelo. No es D porque en el texto no se dice nada acerca del aspecto físico del abuelo. **11-A:** *[…] se apuntaba a todas las excursiones: decía que así practicaba más geografía que en toda su vida juvenil y laboral.* No es B porque se habla de libros no de viaje. No es C ni D porque no se menciona nada relativo a viajes. **12-C:** *[…] él fue capaz de mantener en orden y silencio a clases con docenas de alumnos […].* No es A porque en el texto no se dice qué profesión tenía el abuelo. No es B porque el texto menciona que el abuelo solo tenía la educación básica. No es D porque en el texto se señala que el abuelo carecía de educación reglada. **13-D:** *[…] mecánico de profesión y polifacético, capaz de arreglar coches, lavadoras, grabar documentales o crear auténticas obras de arte […].* No es A porque en el texto no se mencionan las aptitudes del abuelo, solo se habla de su carácter. No es B porque en el texto se habla de la personalidad de su abuelo y del espíritu de esfuerzo que transmitió a su nieto. No es C porque la única alusión a la vida profesional del abuelo es a su pasado de profesor. **14-C:** *[…] Ante estas situaciones, encontraba un remedio eficaz: contar cuentos. Cuentos que inventaba sobre la marcha, ayudado por su imaginación y su vasta cultura […].* No es A porque solo se indica que el abuelo acompañaba a su nieto al cine y al parque. No es B porque en el texto se dice que el abuelo tenía una colección de libros, pero no se señala que contara historias a sus nietos. No es D porque en el texto no se menciona que el abuelo narrara historias. Sí se dice que era capaz de inventar, innovar, soñar, etc., lo que no implica habilidades narrativas. **15-B:** *[…] Me enseñó tantas cosas… Gracias a él leí mis primeras novelas […]* . No es A porque en el texto no se hace mención a tal actividad. No es C porque tan solo se indica que el abuelo tenía libros en casa. No es D porque en el texto no se hace mención a tal actividad. **16-D:** *[…] Mi abuelo […] me demostró que, <u>sin tener una educación reglada</u>, con la ayuda simple de tu curiosidad y tu interés, se puede llegar a saber mucho […].* No es A porque en el texto no se habla de los estudios del abuelo. No es B porque el texto indica que su abuelo tenía la educación básica. No es C porque en el texto se señala que su abuelo fue profesor.

Tarea 3, p. 168: 17-E: El fragmento eliminado introduce el tema principal en torno al cual gira todo el texto: <u>condiciones y conservación</u> de los alimentos. Este tema se desarrolla en los párrafos posteriores, donde se habla de los envases apropiados para los alimentos. **18-C:** El fragmento está conectado a la oración precedente, ya que *pueden* se refiere a *Estos envases*. La oración del fragmento omitido añade un argumento a la oración inmediatamente anterior. **19-D:** Hay una clara conexión temática entre el fragmento suprimido y el resto del párrafo, ya que este constituye una explicación de la necesidad de calentar los alimentos a <u>una temperatura mayor</u> de lo habitual. **20-H:** El fragmento eliminado está conectado a la oración siguiente, que restringe su validez: los plásticos homologados son seguros. <u>Con todo</u>, los más idóneos son los platos de vidrio y cerámica. **21-B:** El fragmento suprimido es una argumentación claramente conectada con la oración siguiente: la <u>previsión</u> para comprar y cocinar desacredita la validez de las excusas para tender a preparar comida fácil, como el bocadillo. **22-G:** Existe una indiscutible conexión sintáctica entre el fragmento eliminado y *Estos,* que representa a los *empleados* mencionados previamente. Los enunciados que sobran son A y F.

Tarea 4, p. 170: 23-A: que se refiere a toda la oración anterior. Por eso no es posible *el cual,* que representaría *el polvo blanquecino.* Tampoco es posible *lo que:* lo que engañó a la joven fue que *La mujer llevaba el rostro cubierto de un polvo blanquecino,* oración que se representa con *que,* no con *lo que.* **24-C: nada** es una doble negación, que impide la presencia de *algo* tras el adverbio *no.* Imposibilidad del uso de *cualquiera,* pronombre que representa a una persona indeterminada. **25-A: Aunque.** *A pesar de* no es posible, pues exige la conjunción *que* ante un verbo conjugado (*había percibido*). La inadecuación de *Y eso que* se debe a que tiene que aparecer en el segundo miembro de la oración: *Volvió a equivocarse, y eso que le avisé muchas veces.* **26-B: como**. Puesto que es una comparación, no es posible *que*, ya que la construcción *tan... que* expresa consecuencia. No es correcto *porque*, ya que no se establece una relación de causa. **27-C: de manera que**, ya que la oración que encabeza es una consecuencia de la anterior. Ello impide el empleo de *salvo que*, que introduce una excepción o una condición negativa que se puede sustituir por *a menos que*. *Con motivo de que* no es correcta, puesto que es una locución causal. **28-A: Como** significa *en calidad de* y es una colocación, lo que descarta *por* y *para*. La lengua no admite estas construcciones. **29-B: incluso** añade una información que se considera sorprendente o inesperada. *Siquiera* tiene el mismo carácter, pero en un ámbito negativo, precedido de *ni*. *Por poco* es una locución que indica que no faltó mucho para que ocurriera algo, es decir, que la acción o situación representada no llegó a ocurrir. **30-B: volverían**. Se trata de un caso de estilo indirecto, que reproduce una oración como *Ya volverán* en pasado. Excluye, por lo tanto, el uso del futuro *volverán* y el carácter informativo impide el empleo del imperfecto de subjuntivo *volvieran*, que representaría un acto exhortativo: *Vuelvan.* **31-A: llegar a ser**. Los tres verbos aquí incluidos expresan una transformación o cambio. Con *llegar a ser* se indica que lo expresado por la acción verbal alcanza una posición elevada en una escala, en este caso, la aparición del dolor: *Lo que comenzó como un juego llegó a ser una obsesión para él.* Con *ponerse*, se habla de un cambio espontáneo, sin señalar si es permanente o no: *Pepe se puso muy nervioso cuando comenzó el examen.* *Quedarse* significa la permanencia en un nuevo estado, resultado de un cambio: *Le di la noticia y se quedó muy preocupado.* **32-C: debieron**. Los tres verbos expresan probabilidad. *Deber* exige la preposición *de*; *tener*, por su parte, requiere la conjunción *que*. Por último, *poder* no va seguido de partícula alguna. **33-B: que** es un pronombre relativo cuyo antecedente es *la barrera*. Tanto *la cual* como *la que* exigen, bien la presencia de una coma, bien ir precedidas de preposición. **34-B: eso** se refiere a toda la intervención previa de Clara. No es posible *ese*, que necesita un referente de género masculino; tampoco *esa*, que representa una entidad de género femenino. **35-A: en cuanto**. Las tres opciones son marcadores discursivos que se emplean para introducir un tema. *En cuanto* exige la preposición *a*; *a propósito* va seguido de la preposición *de*; *acerca* no lleva preposición después. **36-A: entonces** expresa una consecuencia, con el significado de *en tal caso, siendo así* (lo que indica cierto valor condicional). *Por tanto* es asimismo una partícula consecutiva y, aunque en muchas ocasiones puede ocupar el lugar de *entonces*, aquí no es posible, dada la posición que ocupa dentro de la oración. *Así* es un adverbio que indica *de esta manera, de este modo*, lo que lo hace inviable en este contexto.

Prueba 2	**Comprensión auditiva**	**CD II**

Pistas 1-6. Tarea 1, p. 171: 1-C: ...no es más que un *catarro* (resfriado)... Voy a darle un *analgésico* (medicina para calmar el dolor). No es A porque la mujer no le pide que vaya a ver al niño. Tampoco es B porque es el hombre, no la mujer, quien dice que quizá le haya sentado mal la comida. **2-A:** Vengo de hacerme *un empaste* (arreglar una caries de una muela). No es B porque *escayolado* es diferente de *vendado*. Tampoco es C porque no es cierto que nunca haya tenido buena salud, sino todo lo contrario: *¡Con la salud de hierro que has tenido siempre!* **3-C:** ...*Pues, la pechuga*... (pecho de un ave). No es A porque de postre va a tomar *macedonia* (frutas troceadas), no una *tarta casera*. Tampoco es B porque va a beber *agua del grifo*, no de *botella*. **4-B:** hacer un pequeño *botiquín* (caja para medicinas). No es A porque no van a comprar una *lima*. Tampoco es C porque van a comprar *gasas* (piezas de tela esterilizadas), no una *pomada*. **5-C:** los jóvenes de hoy en día *no tienen dos dedos de frente* (tienen poco juicio). No es A porque *volver loca* en este contexto significa que le gustan muchísimo las niñas. No es B porque la niña es *clavada* (muy parecida) a su *nuera* (la mujer de su hijo). **6-B:** es *leve* (de poca importancia) y *no creo que le quede luego cicatriz* (señal o marca de una herida ya curada). No es A porque le han llevado a *un ambulatorio* (dispensario médico o farmacéutico sin alojamiento) no a un hospital. No es C porque el niño se ha tomado *un antiinflamatorio* y le han aplicado una *pomada* (es una medicina en forma de crema, no se puede tomar).

Pista 7. Tarea 2, p. 172: 0-A: *El tabaco acompaña a los fumadores y eso hace que se convierta en un amigo inseparable...* **7-A:** *Cuando alguien toma la decisión de dejarlo se enfrenta a una tarea de aprendizaje ex-*

traordinariamente difícil. **8-B:** *Yo creo que es fundamental tanto el* <u>abordaje multidisciplinar</u> *como la bue-na* <u>coordinación</u> *entre los centros de salud y todos los especialistas.* **9-C:** *[…] la Unidad de Tabaquismo de La Princesa de Madrid […] terapias* <u>individuales</u> *[…] centros de salud y les servimos de apoyo.* **10-B:** *Y si te hablan de esas sustancias […]* <u>Naftalina</u>: *hidrocarburo sólido, procedente del alquitrán de la hulla, muy usado como desinfectante.* (http://rae.es); <u>Níquel</u>: *metal escaso en la corteza terrestre, constituye junto con el hierro el núcleo de la Tierra, y se encuentra nativo en meteoritos y, combinado con azufre y arsénico, en diversos minerales.* (http://rae.es) **11-C:** <u>*No solo es prevenir recaídas*</u> *que, efectivamente, son un gran problema y algo prevenible, sino aprender a afrontar la recaída en caso de que se produzca […].* **12-A:** *[…] eso nos lleva a la clarificación de que hay personas que no son adictas. El verdadero problema de la recaída son los adictos.*

Pista 8. Tarea 3, p. 173: 13-B: *[…] Cada gesto dice algo de quiénes somos […].* No es A porque en la entrevista se dice que *el saludo es la primera impresión que ofrecemos a los demás,* no que demos la mano de forma correcta para impresionar positivamente. No es C porque en la entrevista se nos dice que los gestos sí nos definen y el apretón de manos es un gesto más. **14-A:** *[…] los chimpancés, donde los más dominantes extienden una mano abierta a sus subordinados […].* No es B porque en ningún lugar se dice que las personas subordinadas sean más vulnerables, sino que el empezar tú el saludo te hace más vulnerable. No es C porque en el texto se dice que *hay otras formas de saludarse que son más agresivas, por ejemplo hay unas tribus esquimales que saludan a los nuevos a base de bofetones.* **15-A:** *[…] hay una relación muy directa entre cómo eres tú y cómo das la mano, es decir, que a veces no es fácil cambiar el modo de darla […].* No es B porque en la entrevista dicen *[…] de las peores, que es con la palma hacia abajo,* no con la mano hacia arriba. No es C porque en el texto escuchamos *Cuidado con las personas que dan la mano así* (con la palma hacia abajo). **16-C:** *[…] si das la mano hacia arriba parece que te estás excusando por algo […]* No es A porque lo que oímos en la entrevista es que *puede estar bien si el otro te pone su otra mano abajo, porque te está pidiendo disculpas.* No es B porque según la entrevistada, el poner la palma hacia arriba no significa que lo hagas para que el otro se excuse, sino para excusarte tú mismo. **17-B:** *[…] Muy importante es la posición de los pulgares. Si pones el pulgar encima indica superioridad, porque además me obliga a bajar el mío. Si mi mano está hacia abajo o con el pulgar hacia abajo yo, de alguna forma, me estoy dejando dominar.* No es A porque no se dice que el apretón de manos flojo te impida encontrar trabajo, sino que hay unos estudios donde se demuestra que es más fácil que te den un trabajo si en la entrevista das un apretón de manos fuerte. No es C porque no se dice nada sobre que las mujeres den apretones de manos flojos, sino que *si das un apretón de manos fuerte tienes más posibilidades de conseguir el trabajo, sobre todo si eres una mujer, porque estás destacando.* **18-C:** *Elsa, ¿cuál sería la forma correcta de dar la mano? […] ¡Ah! Y decir el nombre del otro mirándole a los ojos.* No es A porque lo que escuchamos en el audio es que *[…] la mano de frente, nunca abajo o arriba y los pulgares horizontales […].* No es B porque escuchamos lo siguiente: *En principio […] los pulgares horizontales, excepto que quieras pedir perdón.*

Pistas 9-15. Tarea 4, p. 174: 19-J: Persona 1 *[…] me quedaba dormido de pie […] me pegaba al muro. Así no me caía en el trayecto.* **20-E: Persona 2** *Les he dicho a mis hijos que me graben para ponerme en YouTube.* **21-H: Persona 3** *Para mí la tele es el mejor somnífero.* **22-C: Persona 4** *Puedo dormirme de pie, sentada, con ruido, luz o lo que sea.* **23-B: Persona 5** *tengo síndrome de piernas inquietas y con eso no se duerme.* **24-A: Persona 6** *[…] las horas que duermo descanso bien.* Los enunciados que sobran son D (las pipas le dan sueño = las pipas no le dan sueño, sino que se duerme incluso comiéndolas) y F (estaba tan aburrida viendo la Capilla Sixtina, que se durmió = no estaba aburrida, sino relajada) e I (está levantado a las tres y media = la Persona 5 es una mujer, así que no puede estar levantado, sino levantada).

Pista 16. Tarea 5, p. 175: 25-A: *[…] es un alimento […] se han hecho estudios muy interesantes […] que han demostrado que el chocolate, […] tiene muchos beneficios para salud.* No es B porque el chocolate sí gusta muchísimo a la gente, según el doctor. No es C porque el cacao es el elemento principal del chocolate, no el único. **26-C:** *[…] tiene muchos beneficios para la salud. Por ejemplo, en la salud cardiovascular […].* No es A porque el cacao no cura la diabetes, sino que protege de su desarrollo. No es B porque el chocolate no aumenta la presión arterial, sino que la regula. **27-B:** *[…] Los mexicas (mexica*

= *azteca. No confundir con mexicano/mejicano, de México) fueron los primeros que empezaron a utilizar el cacao como una infusión [...].* No es A porque el especialista dice que los *mexicas* tomaban una infusión de cacao por su *efecto calórico*, no que tenga calorías. No es C porque en el texto se dice que Hernán Cortés se dio cuenta de que la infusión de cacao daba energía a sus soldados, no a él. **28-B:** *[...] Para todo el mundo sería altamente recomendable consumir pequeñas porciones de buen chocolate con alta proporción de cacao, pero los temas de mercado no siempre lo permiten.* No es A porque el primer país en hacer chocolate con leche fue Suiza, no Suecia. No es C porque en la entrevista se dice que los Padres Agustinos guardaron el secreto de la infusión de cacao, pero no que lo comercializaran. **29-C:** *Lo ideal sería que todos lo consumieran por la salud preventiva.* No es A porque en el texto se nos dice que el cacao contiene muchas sustancias, entre las que destacan los flavonoides, no que el chocolate contenga muchos *flavonoides.* No es B porque el cacao no es anticoagulante, sino antioxidante. **30-A:** *[...] Entonces cuando uno consume antioxidantes, en este caso flavonoides provenientes del cacao, va a ejercer un efecto protector que va a disminuir el proceso.* No es B porque en el texto se dice que el proceso de oxidación acompaña a la acumulación de colesterol y grasa. No es C porque el doctor aconseja tomar chocolate, pero no en grandes cantidades.

Examen 6. Política, temas sociales, religión y filosofía

LÉXICO

POLÍTICA Y SOCIEDAD   p. 186

1. Foto 1: los conflictos religiosos. Solución la tolerancia, la cooperación, la protección. Foto 2, 3 y 4: la injusta distribución de la riqueza, las diferencias entre clases sociales. Solución: la compasión, la protección... Foto 3: la marginación, la discriminación. Solución: la integración, la protección, la convivencia, la compasión... Foto 4: las diferencias entre países ricos y pobres. Solución: la integración, la cooperación... Foto 5: la explotación, la injusta distribución de la riqueza, las diferencias entre clases; Foto 6: la discriminación racial.
2. A. a. la clase social, serie b; b. los derechos básicos, serie c; c. la regla, serie f; d. la clase trabajadora, serie b; e. la desigualdad, serie g; f. civil, serie d; g. obedecer, serie e.
B. a. desigualdad; b. cooperar; c. minoría; d. ser de clase alta; e. convivir; f. obedecer; g. integrar.
3. a. minoría étnica, b. igualdad; c. mayorías religiosas; d. miembros; e. rebeldía; f. cooperar; g. aprobar una ley.
4. Respuesta libre.
5. Posibles respuestas
A. a-Marxismo: lucha de clases, b-Fascismo: estado totalitario, c-Anarquismo: abolición del Estado, d-Socialismo: centralización en el Estado, e-Comunismo: abolición de la propiedad privada, f-Totalitarismo: régimen autoritario. Resto respuesta libre. *Si el profesor lo considera pertinente puede preguntar a los alumnos qué le parecen estos distintos sistemas políticos.*
B. a-verdadera, b-falsa: es el poder ejercido por todos los ciudadanos, c-verdadera, d-falsa: defiende la libertad y la tolerancia, e-falsa: es un grupo militar o rebelde el que actúa contra el Estado de manera violenta. f-verdadera.
6. a. legislativo, b. diputados (los senadores están en otra cámara: el senado), c. municipales, d. diplomático, e. electorado, f. el Tribunal Supremo.
7. a-3, b-1, c-4, d-2.
8. A: candidatos, pertenece, campaña, discurso. B: convocaron, celebraron, presentaron, ganó. C: abstuvo o abstuvieron, blanco, jornada de reflexión.
9. a-2, b-8, c-5, d-3, e-7, f-6, g-10, h-9, i-4, j-1.
10. Respuesta libre.
11. a-3, b-1, c-2, d-5, e-4.

12. a-3, b-4, c-2, d-1. Resto respuesta libre.

13. 1: El catolicismo, 2: el cristianismo, 3: el islamismo, 4: el hinduismo, 5: el protestantismo, 6: el budismo, 7: el judaísmo.

14. A: religión católica. B. Con todas. C. Con casi todas ya que la idea de pecado (o pecar) no se da en algunas. D. El Antiguo Testamento con el judaísmo y cristianismo. El Nuevo Testamento y el Evangelio con el cristianismo. Las Sagradas Escrituras con el judaísmo y el cristianismo. El Corán con el islamismo. E. Religión politeísta: el hinduismo. Religiones monoteístas: el resto. El budismo es un caso especial, no es ninguna de las dos cosas. El rabino: judaísmo. El imán: islamismo. El ateísmo y el agnosticismo: con ninguna.

15. a. celebrar por todo lo alto, b. el más allá, c. tener un corazón de oro, d. cambiar de chaqueta, e. ¡No hay derecho!, f. la guerra sucia, g. estar al margen, h. darle el pésame, i. quitarse un peso de encima, j. ser una veleta.

16. a. cambian de chaqueta, b. darle el pésame, c. veleta, d. al margen, e. por todo lo alto, f. corazón de oro, g. quitado un peso de encima, h. guerra sucia, i. más allá, j. ¡No hay derecho!

GRAMÁTICA   Examen 6

SERIE 1   p. 190

1-B: porque. Es un nexo que tiene un valor neutro; con él se introduce la causa en una oración subordinada adverbial causal. *Por* es incorrecto porque solo puede ir seguido de un nombre, pronombre o infinitivo. Y *a causa de* le falta la conjunción *que*.

2-A: Ya que. Este nexo causal puede introducir una adverbial causal delante o detrás del verbo principal, cosa que no ocurre con *porque,* que solo puede ir detrás de este. *Es que* no puede tampoco ir delante y no tiene lógica en la frase.

3-C: Puesto que. Este nexo causal puede ir delante o detrás del verbo principal y suele usarse en un registro formal. Las otras opciones siempre introducen una oración causal que va detrás del verbo principal.

4-A: Como. Es la única opción que siempre introduce la adverbial causal al principio de la frase.

5-C: por. Es la única opción con la que se expresa la causa de algo seguido de un infinitivo. Las otras opciones necesitan un verbo conjugado.

6-B: por. Esta opción permite expresar la causa seguida de un pronombre. En las otras opciones esto no es posible.

7-C: a causa. Es la única opción para expresar causa que es compatible con la contracción *del* (*de + el*) seguida de nombre.

8-C: la verdad, porque. Este es un ejemplo de adverbial causal explicativa, que necesita ir entre comas y con entonación independiente. En las otras opciones esto no es posible.

9-B: lo que pasa es que. Esta es una frase que introduce una explicación de la causa de una información anterior. También va precedida de coma y tiene entonación independiente. Las otras opciones no tienen sentido en la frase.

10-C: es que. Esta fórmula se usa en la lengua hablada para justificar algo o dar un pretexto. Las otras opciones no tienen lógica en este contexto.

11-A: por qué. Es la única opción propuesta que sirve para preguntar por el motivo o causa de algo.

12-C: por qué. Con este nexo se pregunta por la causa de algo en una frase interrogativa indirecta y no directa, como ocurre en el ejemplo anterior. Las otras opciones son incorrectas.

SERIE 2   p. 190

1-C: para. Es la única preposición correcta en esta frase en la que hay un complemento de finalidad que no constituye una oración.

2-A: la convivencia. *Para la convivencia* es un caso de complemento del adjetivo *fundamentales* que tiene valor de finalidad. La opción b) necesita llevar delante la conjunción *que*. La c) es incorrecta.

3-C: para. *Para + infinitivo* se usa para expresar finalidad. Las otras preposiciones no tienen esta función y no son correctas en este contexto.

4-A: para llegar. En este ejemplo se aprecia una sucesión cronológica entre la acción principal y la oración final, que equivale a la idea de *y de este modo...* La preposición de la opción b) es incorrecta en esta oración y el gerundio de posterioridad de la opción c) también es incorrecto.

5-C: para que. Cuando no coinciden el sujeto de la oración principal (*el abogado*) y el de la subordinada final (*ellos*), es necesario que esta última lleve un verbo conjugado precedido de la conjunción *que.* Por este motivo la opción a) es incorrecta. El nexo de finalidad *a que* solo puede usarse con verbos que indican dirección y movimiento (ir, venir...).

6-C: acusen. El tiempo correcto de la oración final es el presente de subjuntivo porque la acción se refiere al futuro. La opción a) es incorrecta porque el verbo de la oración final (*acusaran*) se refiere al pasado. La opción b) es incorrecta porque va en presente de indicativo y en las oraciones finales el verbo siempre va en modo subjuntivo.

7-B: a. Se usa *a + infinitivo* para expresar finalidad solo con verbos que indican movimiento y dirección, como *ir, venir... Para que* es incorrecto porque necesitaría un verbo conjugado detrás. La preposición *en* no tiene sentido en la frase.

8-A: a que. También sirve para introducir la finalidad la fórmula *a + que + frase* pero solo con verbos de movimiento. Esta es la única opción correcta en este contexto.

9-C: a fin de que. Es la única opción que lleva la conjunción *que,* necesaria en caso de oración final con verbo conjugado.

10-C: a efectos de. Este nexo final se usa siempre en un registro formal y preferentemente en la lengua escrita. La opción a) es incorrecta porque necesitaría llevar detrás un verbo conjugado y la b) no tiene sentido.

11-B: con motivo de. Este es otro nexo de finalidad de registro formal. La opción a) necesitaría llevar detrás un verbo conjugado y la c) ir detrás de un verbo de movimiento.

12-C: con el objeto de que. Este es otro nexo o locución con valor final que se usa en un registro formal y escrito. Las otras opciones: *con (el) objeto de y al objeto de* solo serían correctas sin verbo conjugado detrás.

SERIE 3   p. 191

1-C: secuestraron. Oración condicional referida al pasado (*lo secuestraron*) con resultado también referido al pasado (*fue porque no había*). Las otras opciones son incorrectas porque detrás del nexo condicional *si* no pueden usarse los tiempos futuro y condicional de indicativo.

2-B: sabía. Oración condicional referida al pasado (*se sabía*) con resultado o consecuencia en el futuro (*deberían reformarla...*). Las otras opciones son incompatibles con el nexo *si* con valor condicional.

3-A: te quejes. Oración condicional referida al pasado (*te has abstenido*) con consecuencias que afectan al presente (*ahora no te quejes*). El verbo va en modo imperativo y tiene el valor de sugerencia. Las otras opciones son ilógicas e incorrectas en este contexto.

4-B: existieran. Oración condicional con la que se expresa una hipótesis en imperfecto de subjuntivo (*no existieran*) que es difícil o imposible de cumplir. El resultado se refiere al presente o al futuro y va en condicional (*viviríamos*). El nexo *si* con valor condicional no puede llevar detrás un verbo en presente de subjuntivo, por este motivo la opción a) es incorrecta. La opción c) también lo es porque no se ajusta a la correlación de tiempos exigida por *viviríamos*.

5-C: saliera. Oración condicional en la que se expresa una hipótesis poco probable con resultado o consecuencia en el futuro. El presente y el pretérito perfecto de subjuntivo nunca pueden ir detrás del *si* condicional, por lo tanto las otras opciones son incorrectas.

6-A: hubieran juzgado. Oración condicional referida a una situación hipotética e irreal en el pasado (*Si lo hubieran juzgado* significa que no lo juzgaron en la realidad). El resultado es imaginario y sus consecuencias (no reales) se refieren al momento presente (*estaría* ahora*). Habrían juzgado* es incorrecto detrás del nexo condicional *si. Juzgaran* no es posible porque en este tipo de condicionales el verbo tiene que ir en pluscuamperfecto de subjuntivo.

7-B: habría asesinado. Oración condicional referida a una situación hipotética e irreal en el pasado (*si lo hubieran detenido*). El resultado, también irreal e imposible de cumplir, se refiere al pasado y, siguiendo la regla de la correlación de tiempos, debe llevar el verbo en condicional compuesto. Por este motivo las otras opciones son incorrectas.

8-C: por si. Nexo que introduce una oración condicional con un valor causal. El verbo de esta frase puede ir en presente de indicativo (*me roban*), que expresa una condición real, o en imperfecto de subjuntivo (*me* *robaran)*, que expresa una condición de difícil cumplimiento. En los dos casos la situación se refiere al presente o al futuro. La opción a) no trasmite este valor causal necesario en la frase y la b) *siempre que* es incompatible con el presente de indicativo cuando tiene valor condicional.

9-C: a condición de que. Este nexo y otros como *siempre que, siempre y cuando, con tal de que,* introducen una oración condicional que presentan una condición imprescindible para que se cumpla la acción. Van siempre en modo subjuntivo y, a diferencia del nexo *si,* pueden ir seguidos del presente de subjuntivo. A la opción a) le falta la conjunción *que,* y la b) es incompatible con el presente de subjuntivo.

10-A: salvo si. Este nexo condicional y otro como *excepto si* introducen un hecho, situación o excepción que puede impedir que se cumpla la acción principal. El verbo en estas frases condicionales va en presente de indicativo. *Siempre y cuando* y *a no ser que* son incorrectos porque funcionan con un verbo en subjuntivo detrás.

11-A: salvo que. Este nexo condicional y otro como *a no ser que* introducen un hecho, situación o excepción que puede impedir que se cumpla la acción principal. El verbo en estas frases condicionales va siempre en subjuntivo. *Salvo si* necesita un verbo detrás en presente de indicativo y *a no ser* necesita ir seguido de la conjunción *que.*

12-B: se ponga. En estas frases condicionales introducidas por *a no ser que* o por *salvo que* se presenta un hecho, situación o excepción que puede impedir que se cumpla la acción principal. El verbo en ellas va siempre en subjuntivo, y por eso, las otras opciones son incorrectas.

SERIE 4   p. 191

1-C: tanto que. En las oraciones consecutivas de intensidad se usan estos dos nexos correlativos para introducir la consecuencia, cuando no hay entre ellos un adjetivo, un adverbio o un sustantivo. *Tanta que* tendría que ir delante de un nombre femenino singular. Y *tanto como* es un nexo comparativo.

2-B: consiguió. En las oraciones consecutivas los verbos siempre van en modo indicativo o imperativo, salvo una excepción que no corresponde a este nivel. Por este motivo las otras opciones son incorrectas.

3-A: tan poco. Nexo consecutivo invariable que se usa cuando va seguido de un adjetivo o adverbio (*poco*). La opción b) es ilógica en este contexto y la c) es incorrecta.

4-A: tan. Nexo consecutivo invariable que se usa delante de un adjetivo (*altos*) o adverbio en consecutivas de intensidad. Las otras opciones son incorrectas porque necesitarían llevar detrás un sustantivo.

5-C: tanta. Nexo consecutivo de intensidad que va seguido de un sustantivo (*agua*) y concuerda con él (femenino, singular). Siempre va con el nexo correlativo *que* y por eso se diferencia de las subordinadas comparativas, que pueden llevar *que o como* y que tienen un significado lógico distinto. *Tan* es incorrecta porque detrás tiene que llevar un adjetivo o un adverbio y *tanto* debe ir delante de nombre masculino o solo.

6-C: tal. Nexo que introduce una oración adverbial consecutiva con valor de modo. Otros nexos similares son: *de tal modo/manera/ forma.* También: *de un modo, de una manera, de una forma...* En todos los casos van seguidos de la conjunción *que.* La opción a): no es *tal,* sino *tan.* Y en la b) el artículo correcto es *una* no *la.*

7-C: modo. Nexo consecutivo con valor modal que va precedido de la preposición *de* y del artículo *un,* que concuerda con el sustantivo *modo;* detrás lleva la conjunción *que.* Las otras opciones son incorrectas porque necesitarían llevar delante el artículo *una.*

8-B: Ø. *De manera que* es un nexo que introduce una consecutiva coordinada y va separada de la oración principal por una coma y una entonación independiente. *De esta manera* es un nexo consecutivo que se usa en otros contextos y no lleva *que* detrás, por lo tanto, es incorrecto. La opción c) trasmite un valor modal que es ilógico en esta oración.

9-A: por lo que. Es otro nexo que introduce consecutivas coordinadas que van separadas de la oración principal por pausas y entonación independiente. La opción b) no tiene lógica y es incorrecta. Y la c) debería ser *con lo que,* no, *con el que.*

10-C: por lo tanto. Nexo que introduce una consecutiva yuxtapuesta que presenta la acción como resultado de la idea principal. Este tipo de consecutivas también van entre comas y con entonación independiente. Y además, no llevan detrás la conjunción *que.* *De una manera* es un nexo consecutivo modal y lleva siempre detrás la conjunción *que.* *De forma* es un nexo consecutivo coordinado que también necesita ir seguido de la conjunción *que.*

11-A: Por consiguiente. Nexo consecutivo yuxtapuesto que puede introducir la consecuencia separada por punto o por coma de la oración principal y tiene entonación independiente. Se usa en un registro formal y presenta la acción como resultado de la idea principal. Las otras opciones no tienen este valor ni esta separación y van seguidas siempre de la conjunción *que*.

12-C: De este modo. Nexo consecutivo yuxtapuesto que puede introducir la consecuencia separada de la idea principal y se usa con entonación independiente. Se usa en un registro formal y no lleva *que* detrás. Las otras opciones, en cambio, sí llevan esa conjunción. Otros nexos similares son: *en consecuencia, de esta manera, de esta forma…*

FUNCIONES   Examen 6

SERIE 1   p. 192

1-A: Me aburría que… Este verbo rige subjuntivo porque expresa un sentimiento o sensación. El verbo de la subordinada va en imperfecto porque la acción se refiere al pasado. A *me aburrí* le falta la preposición *de*; la forma correcta de la opción c) en este contexto sería: *es un rollo que...*

2-B: Estoy harta de que. Fórmula para expresar que uno está ya muy cansado de algo. Funciona con preposición y rige verbo en subjuntivo en la subordinada. Las otras opciones funcionan sin preposición

3-C: Me cansó que. Verbo para expresar cansancio que va seguido de una oración subordinada donde aparece la situación que provoca el cansancio. El verbo principal *me cansó* rige subjuntivo porque expresa un sentimiento o una sensación, y el verbo *cansara* necesita ir en pretérito imperfecto porque se refiere a una situación pasada. A la opción a) le falta la preposición *de* y la b) es una fórmula independiente que no se ajusta a esta frase.

4-A: Estoy indignado con. Fórmula para expresar indignación. Las otras opciones necesitarían llevar una oración subordinada detrás introducida por *que* para ser correctas.

5-A: Me da rabia. Forma de expresar la rabia que rige subjuntivo en la oración subordinada que lleva detrás, donde se indica lo que provoca esa rabia. En la opción b) el verbo tendría que ser *me enfada* para ser correcto. A la opción c) le sobra el pronombre *lo*.

6-C: Yo me preocuparía. Forma de expresar la preocupación en una situación hipotética condicionada. La opción a) no se ajusta a la situación temporal y la b) tampoco.

7-C: A mí me importa. Verbo que indica preocupación y que rige subjuntivo en la subordinada. La opción a) tendría que ser: *yo siento miedo de que,* y tampoco sería lógico en el contexto. Y para ser gramaticalmente correcta, en la b) habría que desplazar la palabra mucho en la frase: A mí me da mucho miedo que… Sin embargo, el significado de la frase no tendría ninguna lógica.

8-B: Qué miedo me da que. Fórmula para intensificar la sensación de miedo. La opción a) necesitaría la preposición *de* para ser correcta y la c) no se ajusta a la correlación de tiempos (debería ser *me asusta).*

9-C: Me pone nervioso que. Fórmula para expresar nerviosismo. La forma correcta de las otras opciones sería: *Me pongo nervioso cuando no me avisas* y *Me desespera que* o *me desespero si/cuando no me avisas.*

10-A: Me desespera que. Verbo para expresar un alto grado de nerviosismo, que rige subjuntivo en la subordinada. La opción b) funciona como fórmula independiente; y la forma correcta de c) sería: *pierdo la paciencia cuando llega…* En este caso el verbo tiene que ir en indicativo.

11-C: Siento. Verbo para mostrar empatía hacia los sentimientos de otras personas. Las otras opciones no son compatibles ni con el adverbio *mucho* ni con la estructura de la frase.

12-C: ¡Ay, pobre! Fórmula para mostrar empatía que va entre exclamaciones y con entonación independiente. La opción a) *no* es lógica en este contexto y la b) tendría que ser: *Me da rabia.*

SERIE 2   p. 192

1-C: Ojalá. Forma para expresar esperanza, bien como fórmula independiente entre exclamaciones, o bien seguida de *que* (opcional) y de una oración con el verbo en subjuntivo. A la opción a) le falta la conjunción *que* y la b) es una fórmula independiente que no va dentro de una frase.

2-B: Me desilusiona que. Verbo para expresar decepción. A la opción a) le falta la conjunción *que* y la c) no se ajusta a la situación temporal de la frase.

3-B: Qué le vamos a hacer. Fórmula para expresar resignación. La opción a) es incorrecta porque expresa alivio, no resignación y la c) es ilógica en este contexto.

4-B: y no hay nada que hacer. La opción a) es ilógica en esta frase y la c) no expresa resignación, sino todo lo contrario.

5-C: Lamento que. Verbo para expresar arrepentimiento que rige subjuntivo. A las otras opciones les falta la conjunción *que*.

6-A: Qué pena que. Fórmula para expresar arrepentimiento. A la opción b) le sobra el pronombre *lo* (*lo lamento* es una fórmula independiente que funciona como respuesta una información previa). La opción c) correcta sería: *Es una lástima* o *Qué lástima*.

7-C: le da vergüenza. Esta fórmula para expresar vergüenza funciona como el verbo gustar: *algo da vergüenza a alguien*. La forma correcta de las otras opciones es: *Mi primo está avergonzado de que…* y *Mi primo tiene vergüenza de que*. En todos los casos el verbo de la subordinada va en subjuntivo.

8-A: No tengo vergüenza de. Esta fórmula para expresar vergüenza puede ir seguida de infinitivo, como en este caso, o puede llevar detrás *que* seguido de una oración subordinada en subjuntivo. La opción b) no puede llevar la preposición *de: no me da vergüenza decir…* La forma correcta de la opción c) *sería No estoy avergonzado*.

9-C: Me avergüenza. Este verbo funciona solo en terceras personas y no lleva preposición *de* detrás. A las otras opciones, que pueden conjugarse en todas las personas, les falta la preposición *de*.

10-C: extrañó. Verbo para expresar extrañeza que funciona como *gustar,* en terceras personas. A la opción a) le sobra el pronombre *lo*, porque en la frase no se indica que haya una información previa y tendría que ir en forma negativa (*No me esperaba que*). La opción b) es incorrecta porque el verbo está en primera persona. La forma aceptable sería: (*Yo) estoy sorprendida de que…*

11-B: Me pareció raro que. Fórmula para expresar extrañeza. La opción a) es incompatible con el adjetivo *raro*. En la opción c) el adjetivo *raro* debería concordar con *cosa*.

12-C: Estoy extrañada de que. Fórmula para expresar extrañeza. Las otras opciones no pueden usarse con la preposición *de* delante de la conjunción *que*.

SERIE 3 p. 193

1-C: No olvides enviar. Verbo en imperativo negado para dar una orden o instrucción. En la opción a) se necesita que el verbo *enviar* esté conjugado (*envíes*). Y para que la b) fuera correcta tendría que ser: *Te ruego que envíes*.

2-B: Les agradecería que. El verbo en condicional tiene el valor de petición amable o formal. Para que las otras opciones fueran correctas el verbo de la segunda oración debería ser *comuniquen*.

3-B: Necesitaría que. Verbo para pedir un favor con amabilidad. La opción a) es incorrecta porque no se ajusta al tratamiento de *usted* de la frase (*me hiciera usted, irse usted*). *Necesito* tendría que ir con el verbo de la subordinada en presente de subjuntivo (*haga),* no en imperfecto.

4-B: Me alcanzas. Verbo usado para pedir un objeto que está próximo. Las otras opciones no son correctas porque no se ajustan al tratamiento de *tú* de la frase (*detrás de ti*).

5-C: Te agradecería muchísimo que me prestaras. Fórmula para pedir con cortesía un objeto con intención de devolverlo. Las otras opciones no son compatibles con *muchísimo* ni con el verbo *prestaras*.

6-A: ¿Podrías echarme una mano con…? Fórmula cortés para pedir colaboración o ayuda. Los exponentes de las otras opciones están incompletos y no se ajustan a este contexto: *Solicito tu colaboración para…* y *Necesitaría que me ayudaras a*.

7-B: Le ruego que... Este verbo se usa en situaciones de gran formalidad. Esta frase está en la persona *usted*, por eso las otras opciones son incorrectas.

8-A: encantados. Fórmula para acceder a una orden o petición. La opción b) tendría que ser: *por supuesto que sí*. Y con la c) se evita el compromiso o se elude la petición, lo que es incompatible con el *Pues sí* de la frase.

9-A: Pues no sé, si insiste… Fórmula para aceptar con reservas una orden o petición. La opción b) se usa para aceptar sin reservas y es contradictorio con *Pues no sé* de la frase*,* que implica dudas. *No me da la gana* es una fórmula muy coloquial de rechazo tajante, y no es adecuada en este contexto formal.

10-C: Lamentablemente… Fórmula cortés para negarse a una petición. La opción a) expresa la misma función, pero de forma tajante, y eso no es adecuado en este contexto. Y en la opción b) no se niega la petición sino que se evita el compromiso.

11-C: ¿Les importaría que…? Fórmula cortés para pedir permiso. La opción a) no puede funcionar con el pronombre *Les* de la frase. Y en la opción b) se da permiso, lo que es incompatible con las interrogaciones de la frase.

12-A: Por supuesto que no. Es una fórmula para conceder el permiso pedido anteriormente con ¿Le importaría que…? La opción a) es una fórmula para denegar permiso y no es adecuada en el contexto formal de la frase. Y la c) es una forma de eludir un compromiso y no tiene lógica en esta frase.

13-A: Está prohibido que… Forma para expresar prohibición. La opción b) es gramaticalmente correcta, pero se usa para permitir o dar permiso, no para prohibir. La opción c) no se ajusta a la situación temporal de la frase ni a la correlación de tiempos.

14-A: Pues no me da la gana. Fórmula muy coloquial para rechazar una prohibición. Las otras opciones expresan la idea contraria: su aceptación. Son, por lo tanto, incorrectas.

4. CORRECCIÓN DE ERRORES   p. 193

a. Estoy de acuerdo **con** (la idea de) que se apruebe (el verbo *se apruebe* debe ir en presente de subjuntivo porque se refiere a una idea desconocida y referida al futuro) una ley que garantice **el trabajo** (En esta frase *trabajo* tiene valor genérico).

b. Los políticos no quieren que **votemos** los jóvenes/que los jóvenes **votemos** (el verbo *querer* rige subjuntivo en la subordinada, tanto en frases afirmativas como negativas).

c. Me **sorprende** que en España **haya** tanta corrupción (Para expresar sorpresa se usa la construcción *algo sorprende a alguien,* que funciona como el verbo *gustar* y rige subjuntivo. También se puede decir *yo me sorprendo o estoy sorprendido/a de que* + *subjuntivo,* pero no hay que mezclar las dos construcciones).

d. Yo tengo **confianza en los** seres humanos.

e. Yo **no estoy de acuerdo con ninguna** religión.

f. Hay gente **que tiene (la) cara** muy seria en la foto. El verbo *llevar* se usa para describir la ropa o prendas de una persona.

g. Desde mi punto de vista (⁺ *de mi punto de vista* es incorrecto) es muy importante la **igualdad,** no es correcto ⁺ *igualdad.*

h. Podría **estar** muy bien/Podría ser **muy bueno** organizar una **campaña** de firmas… (⁺*ser bien o* ⁺*ser mal* son formas incorrectas en español).

i. Todo el mundo necesita (*todo el mundo* funciona gramaticalmente como una persona, aunque se refiere a un grupo numeroso) ***que* la** economía se **desarrolle** (el verbo *necesitar* rige subjuntivo en la subordinada). **En** todo el mundo **se necesita** que la economía se **desarrolle**.

j. Es bueno/ Está bien… (Recordamos que ⁺*ser bien o* ⁺*ser mal* son formas incorrectas en español) ampliar **nuestra visión/nuestro punto de vista sobre los** problemas en el /**del** mundo.

5. USO DE PREPOSICIONES   p. 193

a. **Presentarse a** las elecciones. b. **No soy de** ningún partido. c. **Fue condenado a** dos años. d. **Estoy sorprendido de** que seas… e. Yo **no me fío de** él. f. **Pensar en** los demás. g. **Me aburro de** ver … h. **Se convirtió a** la religión… i. **Defenderse de**… j. …no se sabe **contra quién se lucha**.

MODELO DE EXAMEN 6

Prueba 1   **Comprensión de lectura**

Tarea 1, p. 194: 1-A: *La felicidad en la vejez depende más de una actitud positiva que de la salud que se tenga […].* No es B: el estudio es científico; lo que ocurre es que evalúa los criterios subjetivos de los voluntarios, lo cual no es lo mismo. No es C porque no se habla de esta cuestión. **2-C:** *[…] los voluntarios más optimistas –aquellos que pensaban que estaban envejeciendo bien– no siempre coincidían con los que tenían mejor salud.* No es A porque se expresa justamente la idea contraria. No es B: *[…] en el estudio se les pidió que evaluaran su envejecimiento […]. Lo que hizo el estudio fue medir estas apreciaciones.* **3-A:** *El estudio llama la atención por la inusual consideración de criterios subjetivos para evaluar el estado del envejecimiento.* No es B: *Por el contrario, una buena actitud es <u>casi</u> una garantía de un buen* *envejecimiento.* No es C: *[…] el estado físico no es sinónimo de un envejecimiento óptimo.* **4-B:** *[…] si bien no existe un consenso en la comunidad médica a la hora de definir con exactitud lo que puede entenderse como un envejecimiento adecuado.* No es A, porque sí se puede hablar de un buen envejecimiento: *Suele considerarse normalmente que una persona envejece bien si […] sigue manteniendo más o menos sus facultades […].* No es C: *Suele considerarse normalmente que una persona «envejece bien» si tiene pocas dolencias […].* **5-A:** *Este estudio demuestra que la percepción de uno mismo es más importante que el estado físico para considerar que el envejecimiento se desarrolla adecuadamente.* No es B: No se dice que haya personas de 80 o 90 años que no estén enfermas, sino que hay personas que con esta edad todavía están activas. No es C: *[…] el mundo científico ha adelantado que puede que haya neuronas que sí se regeneran, a pesar de la edad […].* **6-B:** *[…] la gente que pasa algo de tiempo cada día socializándose, leyendo o participando en otras actividades de ocio tiene un nivel de satisfacción más alto en la vejez.* No es A: *[…] estas actitudes pueden ser* más importantes que el estado de salud corporal para alcanzar el envejecimiento adecuado. No es C porque en el texto *se recomienda* que las personas mayores cultiven actitudes positivas, lo que no significa que muchas personas mayores no tengan tales actitudes.

Tarea 2, p. 196: 7-C: *La cultura tradicional ha sabido integrar secularmente todos los contrarios: a los periodos festivos siguen épocas de penitencia, a estas de nuevo los festivos […].* No es A, pues, aunque habla de los elementos que componen la romería, no dice en ningún momento que sean opuestos. No son C ni D porque no hablan de esta cuestión. **8-D:** *[…] la romería sigue siendo lugar de iniciación amorosa para los más jóvenes […].* No son A, B ni C porque en ellos no se menciona este tema. **9-A:** *[…] podemos apreciar que toda fiesta popular, para que lo sea en toda su extensión, ha de contar con dos elementos esenciales: la alegría y la comida.* No son B ni D porque no se refieren a esta cuestión. No es C porque, si bien menciona este tema, lo hace para marcar que no es muestra de una actitud hipócrita. **10-B:** *[…] digamos que toda manifestación romera consta de tres etapas bien definidas: el camino hacia la Madre, el encuentro con la Madre y el desmadre […].* No es A porque habla de los elementos de la romería, pero no de sus fases. No son C ni D porque no se refieren a esta cuestión. **11-C:** *La alegría de la fiesta con sus comilonas y sus bailes no son, […] una muestra de la hipocresía de los romeros […].* No son A ni B, porque si bien es cierto que ambos se refieren a esta combinación de elementos, no contemplan que pueda considerarse como hipócrita. No es D, puesto que no menciona esta cuestión. **12-B:** La última etapa de la romería es *el desmadre, dicho sea esto último en el sentido más amplio de los excesos y consiguiente pérdida de respeto a la «oficialidad» –ya sea eclesiástica o civil– de las normas establecidas.* No son A, C ni D porque en estos tres textos no se habla de este tema. **13-A:** *[…] toda romería encierra unos símbolos cuyas claves de lenguaje son ante todo manifiestamente festivas.* No es B: habla del carácter festivo de la romería cuando se llega al santuario, nada más. No es C: se refiere al talante festivo como forma de compensación del sufrimiento previo de los romeros. No es D, pues en el texto no se menciona este tema. **14-C:** *[…] en estos casos festivos los extremos (penitencia y fiesta) no se contradicen en modo alguno, sino que se refuerzan mutuamente.* No son A ni B porque, aunque aluden al carácter festivo, no se refieren en concreto a esta cuestión. No es D porque no menciona este tema. **15-A:** *[…] ya sea en las tierras del Cantábrico, en la meseta central, en las orillas levantinas del Mediterráneo, o en las tierras del sur […] contamos con romerías de gran trascendecia etnológica y antropológica que nos pueden servir de ejemplo de ello.* No son B, C ni D porque no hablan de esta cuestión. **16-D:** *Tanto esa noche, como la precedente, tiene lugar una verbena popular cuya ubicación ha ido cambiando de emplazamiento según qué épocas […].* No son A, B ni C porque no hablan de los lugares donde se celebran las verbenas.

Tarea 3, p. 198: 17-H: El fragmento suprimido se conecta al texto anterior a través de la mención al *esfuerzo* (que se refiere a *la inversión solidaria*) y a las personas con minusvalía visual (*estas personas*). **18-A:** El fragmento eliminado se conecta temáticamente al anterior y esta conexión aparece sintácticamente en el inicio del fragmento (*En este largo tiempo,*), que alude a los 75 años de historia de la ONCE. **19-C:** El fragmento omitido recoge la idea que da comienzo al párrafo precedente (*Una buena dosis de energía -que nosotros llamamos ilusión- […]*) y sirve para introducir el nuevo parágrafo: *Este fue la Fundación ONCE para la Cooperación e Inclusión Social de Personas con Discapacidad […].* **20-F:** El fragmento suprimido desarrolla la oración que le precede, concerniente a la solidaridad con personas ciegas de América Latina. **21-G:** El fragmento eliminado, que constituye la última oración del párrafo, se conecta temáticamente al texto en que se inserta, donde se habla de la repercusión de la ONCE en la Unión Europea. **22-E:** El fragmento omitido comienza con *Esta*, pronombre con el que se menciona la *plataforma representativa* de la que se habla en la oración anterior. Los enunciados que sobran son B y D.

Tarea 4, p. 200: 23-B: alguna. *Cualquiera* no es correcto porque es un pronombre. *Toda* no es posible en este contexto. Sí sería viable si se refiriera a una cantidad indeterminada en una frase del tipo: *Los niños se comían toda golosina que encontraban*. **24-A: podré**. *Me parece que* exige indicativo. Las opciones *pueda* (presente de subjuntivo) y *pudiera* (pretérito imperfecto de subjuntivo) son, por tanto, inviables. **25-A: Estarán**. Futuro de probabilidad: expresa inseguridad en el presente. El contexto no permite *estarían* (inseguridad en el pasado) ni *estén*, forma que, para expresar probabilidad, necesitaría la presencia de, por ejemplo, un adverbio como *quizá* o una oración como *es posible que*. **26-C: mientras tanto**. Es incorrecto *durante*, porque exige ir seguido de una expresión que indique cantidad de tiempo (*cinco minutos, una hora, dos días, etc.*). Tampoco es posible *al tanto*, pues significa *al corriente, enterado de algo*. **27-C: pase**. El verbo *esperar que* rige subjuntivo. Esto hace imposibles las opciones *pasa* y *pasará* (presente y futuro de indicativo, respectivamente). **28-B: había**. Se trata de una oración impersonal, esto es, sin sujeto, por lo que la opción C es incorrecta. La oración no expresa inseguridad y, por tanto, la opción A es errónea. **29-A: que**. No es posible el uso de *los que* o *quienes* en una oración especificativa sin preposición o sin una coma delante. **30-B: Es que**. Al tratarse de una pregunta, no es posible en esta oración la presencia de *ya que* ni de *como*. **31-C: como**. La oración comunica una causa conocida. No son posibles en este contexto *con tal de que* (conjunción condicional) ni *según*, preposición que nunca significa causa. **32-C: entenderse**. El infinitivo tiene el mismo sujeto que *intentaban*, verbo de influencia. El gerundio (*entendiéndose*) y el participio (*entendidos*) son imposibles como complemento de *intentaban*. **33-A: ayudarle**. *Para ayudarle* es una oración final dependiente de *estaba*. Al tener los dos verbos el mismo sujeto (José), no es correcta la opción B. La opción C es errónea porque tras *para que* aparece subjuntivo. **34-A: en**. *Centrar la atención* exige la preposición *en*, por lo que las restantes opciones son inviables. **35-B: le**. *Costar* no permite complemento directo, lo que imposibilita la opción C. No es correcta la opción A porque el verbo *costar* nunca es reflexivo. **36-B: habrían bajado**. La acción de *bajar* es anterior a la de *suponer*. La oración podría ser *Supuso que la __habían bajado__*. *Habrían bajado*, condicional compuesto, es el tiempo equivalente al pretérito pluscuamperfecto (*habían bajado*) con un significado añadido de inseguridad.

Prueba 2	Comprensión auditiva	CD II

Pistas 18-23. Tarea 1, p. 201: 1-C: *[…] soy fiel a mi partido* quiere decir que el hombre suele votar o vota siempre al mismo partido. No es A porque el hombre le pregunta a la mujer si ya sabe a quién va a votar, no que si es cierto que ya sabe a quién votar. Y no es B porque la mujer duda (*No sé si abstenerme…*), es decir, no sabe si participará o no en la votación. **2-A:** *Acaban de cerrarse los colegios electorales* es igual que *se ha terminado el periodo de tiempo destinado a las votaciones*. No es B porque no se dice que se vaya a ofrecer un resumen de los resultados, sino que se va a *hacer un repaso de las noticias más destacadas del día*. Y no es C porque aún no se ha hecho el recuento, así que no puede saberse el ganador. Solo se habla del ganador de las encuestas de opinión, que es diferente. **3-C:** La locución *no me cabe en la cabeza* es lo mismo que *no lo puedo comprender*. Y *que los investigadores no hayan encontrado ninguna prueba durante tanto tiempo* es similar a *que la policía no haya encontrado una sola pista* (señal o indicio que permite averiguar algo) *en todos estos años*. No es A porque no se dice que la mujer haya sido liberada por la policía, sino que se escapó. No es B porque la mujer no dice que el secuestrador esté en la cárcel en espera de juicio, sino que espera que en el juicio le manden muchos años a la cárcel. **4-A:** El hombre pide su opinión (*¿Qué te parece?*) sobre la caída del número (*disminución*) de personas con creencias religiosas (*creyentes*). No es B porque aunque la mujer dice *¡Ya nada es pecado!* lo que realmente quiere expresar es que le parece mal que los jóvenes hayan perdido esos valores religiosos tradicionales. Y no es C porque *¡Qué le vamos a hacer!* significa: hay que aceptarlo o resignarse, no habla de lo que pueden hacer ellos para arreglar el tema. **5-A:** No pudo evitar ir a la guerra *(no tuvo más remedio que luchar)*. No es B porque en el texto no se da esa información. Solo se dice *¡Desde luego!* (ciertamente, sin duda alguna),

locución que puede inducir a error con *desde el primer momento* que aparece en esta opción. Y no es C porque se dice que tuvo la herida de bala *cerca del corazón*, no *en pleno corazón*. **6-A:** La mujer propone ir *(¿Quieres que vayamos?)* a una fiesta tradicional religiosa *(una romería)*. No es B porque *así conoces a mi familia* (así puedes conocer a mi familia) es diferente de *porque conoce ya a su familia*. Y no es C porque aunque el chico dice que tiene un partido de tenis *(un compromiso)*, se nota por el contexto que es una excusa para no ir; seguramente porque no quiere conocer a la familia de la chica.

Pista 24. Tarea 2, p. 202: 0-A: *Para mí el Camino de Santiago es un camino de transformación, […].* **7-A:** *[…] en esos 30 días aproximadamente que dura el Camino andando, […].* **8-C:** *Se dice que Compostela significa* Campo de estrellas *y Santiago porque el apóstol lo recorrió en un momento de su vida.* **9-B:** *En realidad fue a finales del siglo XIX cuando se cavó detrás del altar y allí se descubrieron unos huesos en una arqueta y el papa León XIII declaró dogma de fe lo que había sido tan solo una leyenda.* **10-A:** *¿Pero cómo se explica que desde que Santiago predicó en España hasta el siglo XI no haya ningún testimonio escrito de los escritores cristianos de la época, muchos de ellos santos?* **11-C:** *Además no es verdad que sea una tradición de 2 000 años.* **12-C:** *[…] donde se cree incluso que conservan el Santo Grial y, aunque hay pruebas de que no lo es, […].*

Pista 25. Tarea 3, p. 203: 13-A: *Tenemos la sensación de vivir sin sosiego […].* No es B porque lo que escuchamos es que *estamos empujados por una fuerza que no sabemos de dónde viene y proyectados hacia un destino que tampoco conocemos con seguridad.* Tampoco es C, porque lo que se dice en el audio es que *Desde que nos levantamos hasta que nos acostamos, con los acontecimientos del día, nuestras ocupaciones, nuestros problemas, a veces surgen muchas preguntas,* no que respondamos a muchas preguntas. **14-B:** *Forma parte del oficio del filósofo. De hecho es lo que hacemos, formular preguntas.* No es A porque es la entrevistadora la que plantea la cuestión *¿Es bueno preguntarse cosas?* y el Sr. Torralba no responde que sea bueno o malo, sino que forma parte del oficio del filósofo. No es C porque Francesc Torralba dice que *a veces encuentras respuestas provisionales, nunca científicas.* **15-B:** *[…] cuando hablamos del sentido de la vida nunca encontramos una respuesta concluyente […].* No es A porque en el texto no se dice que haya que indagar en la vida de los demás para dar sentido a la propia vida, sino que *uno indaga, experimenta, explora, escucha cómo los otros han dado sentido a su vida y trata de buscar su propio sentido.* No es C porque no se dice que los teólogos tengan la respuesta definitiva al sentido de la vida, sino que *dentro de los científicos habría respuestas muy distintas, y también dentro de los teólogos y dentro de los filósofos, porque no hay una única respuesta al sentido de la vida y eso es lo más interesante.* **16-A:** *[…] pero creo que hay determinados acontecimientos que suscitan esta pregunta a todo el mundo […] pero la pregunta sobre el sentido de la vida aparece en situaciones clave.* No es B porque es la entrevistadora la que dice *Muchas veces escuchamos que los que no piensan son más felices,* y el filósofo solo afirma que es cierto que *eso se dice mucho.* No es C porque no se dice que pasear por la playa nos haga plantearnos el sentido de la vida, sino que en ciertas circunstancias, no siempre las mismas para todos, como puede ser pasear por la playa o perder a un ser querido, puede surgir esta pregunta. **17-A:** *[…] lo que en el fondo nos hace concluir que lo que da sentido a la vida no es tanto el tener o disponer de confort y bienestar, sino el poseer vínculos sólidos […].* No es B: *es verdad que es una pregunta que <u>no</u> está siempre presente, por lo general.* No es C porque lo que dice el Sr. Torralba es que nuestras preguntas suelen ser instrumentales, esto es, materiales, y estas no provocan ningún planteamiento sobre el sentido de la vida. **18-C:** *Sin embargo, en otros países donde viven con una comodidad enorme, muchas personas se quitan la vida.* No es A: *Hay países donde resulta muy difícil vivir un día más, y sin embargo el* índice de suicidios es muy bajo, no que haya países donde es difícil plantearse el sentido de la vida. No es B porque lo que escuchamos es lo siguiente: *[…] lo que da sentido a la vida no es tanto el tener o disponer de confort y bienestar, sino el poseer vínculos sólidos.*

Pistas 26-32. Tarea 4, p. 204: 19-D: Persona 1 *La Iglesia celebraba San Fermín […] así que al final acabaron uniéndose ambas cosas, la fiesta religiosa y la de los toros.* **20-B: Persona 2** *En general los extranjeros vienen a correr sin saber cómo se hace y sin mucha conciencia, pensando que los toros son como perros.* **21-H: Persona 3** *[…] desde 1924, año en que empezaron los registros oficiales de los sanfermines, han muerto 15 personas.* **22-F: Persona 4** *Probablemente sea la semana en la que menos gente* *de Pamplona hay en Pamplona.* **23-G: Persona 5** *[…] pero el problema es que hay gente que se mete sin saber.* **24-I: Persona 6** Creo que *si desaparecieran los sanfermines acabaríamos con el turismo.* Los enunciados que sobran son A (*por el mal tiempo del otoño, se pidió al obispo que cambiara la fiesta, que se celebra desde 1591 en verano*), C (*el joven muerto tenía 27 años*) y E (la persona 5 dice: *[…] la persona que ha caído se levanta y eso no hay que hacerlo,* no dice nada de los toros cuando se caen).

Pista 33. Tarea 5, p. 205: 25-C: *La sátira, el baile, la música callejera, el humor, la alegría y la burla, son los rasgos más distintivos.* No es A porque lo que escuchamos es: *La máscara y el disfraz crean confusión […].* No es B porque no se dice que el Carnaval de Buenos Aires sea peligroso o subversivo, sino que *Por esta rebelión contra lo establecido muchas veces se lo señaló como subversivo.* **26-B:** *[…] esclavos disfrazados de señores y al revés, hombres transformados en mujer, etc.* No es A porque se dice que *los esclavos negros se congregaban junto a sus amos para celebrar este festejo.* No es C porque escuchamos lo siguiente: *[…] los carnavales porteños llegaron a ser famosos, e incluso <u>fueron</u> motivo de escándalo,* no que los carnavales porteños <u>sean</u> un escándalo en sí mismos. **27-B:** *Traído a nuestras tierras por los conquistadores, el Carnaval es un festejo muy antiguo en el continente europeo.* No son A porque, como vemos en la frase anterior, el Carnaval fue llevado por los europeos a América. Tampoco es C porque los conquistadores llevaron el Carnaval a América, pero no se dice nada de que lo consideraran subversivo. **28-C:** *La costumbre que caracterizó al Carnaval porteño fue la de arrojarse agua.* No es A porque lo que escuchamos es que *A fines del siglo XIX, pese a la ordenanza que prohibía arrojar agua, se hicieron famosos los frascos Cradwell, que se vendían en la farmacia Cradwell de la calle San Martín y Rivadavia. Estos arrojaban agua perfumada.* No es B porque, en primer lugar, no se arrojaban los frascos, sino su contenido y, en segundo lugar, esto ocurría a finales del siglo XIX, no después de ese siglo. **29-A:** *La dictadura, en 1976, anuló el artículo primero de la ley por la cual el lunes y martes de Carnaval eran feriados nacionales.* No es B porque escuchamos que *Al despuntar el siglo XIX, cada barrio tenía su murga.* No es C porque lo que escuchamos es que Los Averiados de Palermo fue una de las murgas (agrupaciones de Carnaval) legendarias de los años 30, no que fuera un grupo de músicos importante. **30-A:** *Muchos jóvenes artistas del teatro, la música y la danza han retomado la estética carnavalesca, dando difusión a este género en distintos centros culturales.* No es B porque no se dice que la dictadura prohibiera los Carnavales, sino que dejó de ser fiesta nacional. No es C porque escuchamos todo lo contrario, esto es: *[…] la participación y la creación colectiva eliminan el discurso anticarnavalero.*

Examen 7. Viajes, transportes, geografía y medio ambiente

LÉXICO

VIAJES   p. 216

1. Respuesta libre. Sugerencias: en documentación: pasaporte, visado (según país de origen), DNI (documento nacional de identidad); Ropa: vaqueros, camisetas, jersey, bañadores, toalla, falda, vestidos: Bolsa de aseo: champú, gel, pasta y cepillo de dientes…; aparatos electrónicos: teléfono móvil, cargador del móvil; Guías, otros: guías turísticas, gafas de sol…
2. Respuesta abierta con el vocabulario nuevo.
3. Posibles respuestas: a-7; b-1,4; c-1,4,6; d-3; e-8; f-2 y 5; g-1-5; h-4 y 6.
4. a. La tienda de campaña-2; b. El hostal-1; c. El albergue-4; d. El bungaló-6; e. La pensión-3; f. El parador-5.
Los jóvenes y las familias con niños a las que les gustan la naturaleza suelen ir de camping; A los bungalós van las familias a las que les gusta la naturaleza, pero que quieren tener más comodidad. Los jóvenes suelen ir a albergues y pensiones por ser económicos y para conocer a gente de otros países; las familias suelen ir a hostales por ser más económicos que los hoteles y tener a menudo prestaciones similares; A los paradores van parejas de mediana edad o mayores con cierto poder adquisitivo.

5. a-3; b-2; c-1; d-4. Resto: a, b, c se refieren al *camping*. La cama supletoria se relaciona con hotel u hostal.

6. Respuesta libre

7. a-4; b-3; c-1; d-2. Respuesta libre. No, no es lo mismo. En la escalada se puede subir una pared, no necesariamente una montaña.

8. Respuesta abierta que debe incluir el vocabulario propuesto.

9. a-3; b-1; c-4; d-2; e-5.

10. a. la toalla, el bañador, la crema, las gafas de sol y un libro o una revista…; b. los niños: jugar en la orilla, hacer castillos de arena, bañarse…; los jóvenes: bañarse, bucear, jugar a las palas, jugar al volei-bol…; los mayores: bañarse, caminar por la orilla, tomar el sol, pescar…; c. de color verde; d. respuesta libre: fría, caliente, transparente, con olas…; e. al puesto de socorro; f. transparente.

11. *Hay mucha gente bañándose y jugando con las olas. En primer plano hay una señora sentada debajo de una sombrilla leyendo un libro. A su lado hay un niño bebiendo. También vemos a una pareja hablando y a unos niños haciendo un castillo de arena. A la orilla hay una pareja jugando a las palas y un hombre corriendo escuchando música.*

12. Falta explicar en una frase cada accidente geográfico.

1-ñ: Parte de la costa rocosa y cortada verticalmente respecto al mar.

2-p: Parte de la costa que penetra en el mar.

3-o: Entrada del mar entre dos cabos.

4-m: Paso comprendido entre dos tierras y por el cual un mar se comunica con otro.

5-l: Entrada del mar en la costa menor que la de un golfo.

8-c: Serie de montañas unidas entre sí.

9-h: Terreno extenso y llano.

10-d: Gran elevación natural del terreno.

11-f: Elevación de terreno más pequeña que la montaña.

12-e: Llanura situada entre montañas.

13-a: Llanura extensa a cierta altura sobre el nivel del mar.

14-k: Conjunto de islas agrupadas en una superficie más o menos extensa de mar.

No están representadas 6: la laguna y 7: la cascada.

13. 1-d; 2-c; 3-b; 4-e; 5-f; 6-a.

14. a-4; b-6; c-2; d-5; e-7; f-3; g-1.

15. Los intrusos: Serie 1: desértico porque las otras palabras se refieren a un tiempo ni con mucho frío ni con mucho calor. Debe ir en la serie 3. Serie 2: cálido porque las otras palabras se refieren a un tiempo variable. Debe ir en la serie 4. Serie 3: cambiante porque las otras palabras se refieren a tipos de clima. Debe ir en la serie 2. Serie 4: primaveral porque las otras palabras se refieren a un tiempo con mucho calor Debe ir en la serie 1. Resto, respuesta libre.

16. A: Granizo: granizar; Helada: helar; Nieve: nevar; Lluvia: llover. B. a-3: Soplar el viento (también es posible hacer Ø viento); b-1: Hacer un día estupendo, horrible; c-5: Estar nublado, despejado (también es posible estar un día estupendo, horrible); d-2: Caer una nevada, una helada, una tormenta, un chaparrón. (También es posible haber una nevada, una helada, una tormenta + adjetivo: *ha habido una nevada intensa*). e-4: Haber una ola de frío, de calor. Resto, respuesta libre.

17. a. Cambiar de aires: marcharse a otro lugar por salud, trabajo; b. Ponernos en marcha: iniciar, empezar un proyecto o trabajo. c. Tiempo de perros: tiempo muy malo y desagradable. d. De sol a sol: desde que sale el sol hasta que se pone, es decir, todo el día. e. Del tiempo: se dice de una bebida que está a temperatura ambiente, que no está refrigerada. f. Estar en las nubes: estar fuera de la realidad, como soñando. g. Viaje relámpago: viaje rápido y urgente. h. Hacer tiempo: entretenerse o pasar el tiempo mientras se espera alguna cosa.

1. a-interurbano. b-cruzar la frontera. c-pasar la aduana. d-la vía. e-el semáforo. f-el paso de cebra. g-el túnel. h- haber un embotellamiento. i-el carril bici.
2. a. transbordo; b. RENFE; c. el pasajero; d. el vagón; e. el andén; f. el compartimento; g. el asiento.
3. 1-b; 2-c; 3-e; 4-a; 5-d.
4. Respuesta libre.
5. a. Saqué, sacamos; b. retraso; c. había cancelado; d. escala; e. asientos; f. despegar; g. azafata; h. aterrizó; aterrizamos.
6. Respuesta libre.
7. Respuesta libre.
8. Respuesta libre.
9. a-3. La matrícula: la placa donde vienen los número y letras identificativos del coche; b-4. el maletero: compartimento en la parte posterior donde se guardan las maletas; c-2. los faros: las luces delanteras; d-1. El parabrisas: el cristal de la parte delantera; e-5. Las ruedas: las 4 cuatro piezas circulares que dan vueltas y que hacen que se mueva el coche.
10. a. Falso; son gratuitas. Solo las autopistas son de peaje (de pago); b. Verdadero; c. Falso: tienen doble carril en cada sentido. d. Verdadero. e. Falso; son de color rojo y blanco.
11. a-2; b-6; c-5; d-1; e-3; f-7; g-4; h-8.
12. Respuesta libre.
13. a-5; b-6; c-3; d-7; e-4; f-8; g-2; h-9; i-1.
14. a. tuvo un pinchazo; b. En una rueda delantera; c. Frenó bruscamente y paró a un lado de la carretera; d. Porque no sabía cambiar la rueda; e. con una grúa.
15. Respuesta abierta usando el vocabulario propuesto.
16. a-9; b-8; c-10; d-2; e-5; f-4; g-1; h-6; i-7; j-3.
17. a: como sardinas en lata; b: frenar en seco; c: a altas horas de la madrugada; d: para parar un tren; e: a todo tren; f: dar marcha atrás; g: a todo correr; h: está como un tren; i: mandar a la porra; j: a tope.

GEOGRAFÍA Y MEDIO AMBIENTE   p. 224   **Examen 7**

1. 1-b: La constelación; 2-c: Eclipse total; 3-e: El cohete; 4-a: La puesta sol; 5-d: La luna llena.
2. a. luna llena; b. constelaciones; c. ponerse; d. la astrología; e. el cohete; f. lanzamiento espacial. Resto, respuesta libre.
3. Respuesta libre.
4. Respuesta libre.
5. a-3; b-1; c-2; d-5; e-6; f-4.
6. a-2; b-1; c-4; d-3.
7. Respuesta libre.
8. a-Cultivar; b-ecológica; c-crecer; d-regar; e-sembrar; f-semilla; g-haya brotado; h- trasplanta; i-cosecha.
9. a. un perro policía, un perro de caza; b. la golondrina; c. el tiburón; d. la serpiente; e. la gallina, el conejo, la vaca, el cerdo; f. el lobo.
Resto, respuesta libre.
10. a-2; b-1; c-4; d-3. Resto; respuesta libre.
11. 1. eólica (del viento); 2. nuclear; 3. biomasa; 4. eléctrica; 5. Solar.
Ventajas. Eólica: es muy efectiva en zonas o regiones donde hay mucho viento. **Nuclear:** se puede instalar en cualquier lugar que reúna unas condiciones. La producción de energía es ilimitada. **Biomasa:** es una forma de aprovechamiento de los residuos en zonas agrícolas y ganaderas. **Eléctrica:** energía muy eficiente en ríos con mucho caudal o en mares con mucho movimiento de agua. **Solar:** forma de energía barata que permite el autoabastecimiento en viviendas. También se pueden instalar paneles en terrenos poco productivos donde hay mucho sol.

Inconvenientes. Eólica: no funciona si no hay viento. Los molinos son muy caros. **Nuclear:** peligro de escapes por accidentes o catástrofes como terremotos o maremotos. Los residuos nucleares son muy contaminantes y peligrosos para la salud. **Biomasa:** no es posible en regiones que no son agrícolas y ganaderas. Requiere mucha inversión. **Eléctrica:** se necesitan grandes caudales de agua. **Solar:** para obtener se necesitan grandes espacios. Los paneles pueden ser contaminantes si no se reciclan adecuadamente.

12. Respuesta libre.

13. a. contenedor gris; b. contenedor azul; c. contenedor amarillo; si es de plástico o contenedor verde si es de vidrio; d. contenedor amarillo; e. contenedor verde; f. contenedor azul; g. contenedor verde.

14. Posibles respuestas: a. una sequía: falta de alimentos, hambre, desnutrición. b. un maremoto: destrucción de ciudades, muertes, escapes radiactivos… c. una inundación: destrucción de casas, de obras públicas, de carreteras, muertes… d. un incendio: destrucción de casas, bosques, muertes, pérdida de biodiversidad. e. terremoto: destrucción, muertes, epidemias… f. un huracán: destrucción de viviendas, de locales, de bosques y parajes naturales, muertes… g. una erupción de un volcán: desaparición de pueblos, ciudades, muertes, intoxicaciones…

15. A. a-10; b-7; c-1; d-8; e-12; f-11; g-2; h-4; i-13; j-5; k-3; l-6; m-9. B. Respuesta libre.

16. a. no dejar a alguien ni a sol ni a sombra; b. hacer el burro; c. ver las estrellas; d. tomar el aire; e. ser un bicho raro; f. Ser un cielo; g. tocar madera; h. Estar como una cabra; i. Ser la oveja negra; j. Ponérsele a alguien la carne de gallina.

17. Respuesta libre.

GRAMÁTICA   Examen 7

SERIE 1   p. 228

1-C: tan… fuerte **…como.** Nexo que introduce una oración subordinada comparativa de igualdad, en la que se compara la cualidad del viento (*fuerte*) con el periodo de tiempo (*antes*). La opción a) necesitaría llevar la preposición *de* detrás de *igual* para ser correcta y en la opción b) *tanto* no puede ir delante de un adjetivo o de un adverbio, solo delante de un sustantivo o *como*.

2-A: tanto… calor **…como.** Oración subordinada comparativa de igualdad en la que se cuantifica e intensifica el sustantivo (*calor*) en relación con el espacio de tiempo (*hoy*). El nexo comparativo *tanto* concuerda con el sustantivo que va detrás. La opción b) es incorrecta porque *tan* solo puede ir delante de adjetivos o adverbios. La c) sería correcta si fuese *el mismo… que*.

3-B: lo mismo que. Nexo que introduce una oración subordinada comparativa de igualdad, en la que se compara una acción (*correr*) con un objeto (*nuestro coche*). La opción a) es incorrecta porque tendría que llevar detrás un adjetivo y el nexo comparativo *que* (*igual de rápido que…*). La c) también lo es porque necesita llevar detrás un sustantivo y porque no tiene ningún sentido después del verbo correr.

4-B: más huevos **que.** Nexo comparativo que introduce una subordinada comparativa de superioridad, en la que se cuantifica o intensifica un sustantivo (*huevos*) en comparación con el término de la comparación, *las gallinas*. *Tantos que* de la opción a) es un nexo consecutivo, no comparativo y es, por lo tanto, incorrecto. La opción c) *Más de…* también lo es, porque siempre va unido y porque se usa para expresar la superioridad de una cantidad (*la gallina pone más de dos huevos*).

5-B: más corre **de.** Esta estructura comparativa *el/la/los/las que más + verbo + de + sustantivo o pronombre* tiene un valor superlativo de superioridad. Las opciones a) y b) son incompatibles con esta estructura.

6-A: superior (a). Este nexo introduce una comparación de superioridad. Las opciones b) y c) tienen que ir seguidas del nexo comparativo *que* y no pueden llevar detrás la preposición *a,* por lo que son incorrectas.

7-B: menos lejos de la playa **que.** Nexo comparativo que introduce una subordinada comparativa de inferioridad y que indica que la distancia (*lejos*) es inferior a la de un periodo de tiempo anterior (*el año pasado*). Por el contexto (*no te quejes*) sabemos que la distancia comparada todavía es grande, pero no es superior ni igual a la del año anterior; por eso las opciones a) y c) son incorrectas.

8-C: inferior a. Nexo que introduce una comparación de inferioridad. La opción a) es ilógica en este contexto (*habrá heladas*) y a *la mitad,* opción b), le falta la preposición *de* para ser correcta y además, no tiene mucho sentido en la frase.

9-C: la mitad de espacio **que.** Nexo de comparación de inferioridad introducida por un partitivo *la mitad* (puede ser también un numeral) + *de* + *adjetivo o sustantivo* + *que.* La opción a) es ilógica en este contexto porque la persona se queja de falta de espacio y de terraza, no de lo contrario. La opción b) es incorrecta porque no puede ir delante de la preposición *de.*

10-B: más que. Nexo que forma parte de la estructura *no + verbo + más que + cantidad,* que se usa en esta frase para enfatizar que esa cantidad, que es una cifra exacta, es muy barata. Las opciones a) y c) son ilógicas en este contexto.

11-A: más que. La estructura comparativa introducida por *verbo + nada más que* + cantidad se usa en esta frase para enfatizar que ese precio exacto fue muy barato. Las opciones b) y c) son incorrectas porque se refieren a una cantidad inexacta superior e inferior, respectivamente, a los 15€ del ejemplo.

12-C: más de. Con este nexo se indica que la distancia es aproximada y superior a los 30 Km. La opción a) es incorrecta delante de número en este contexto y la b) no tiene lógica con el *no llegamos* que aparece en la frase.

SERIE 2   p. 228

1-A: hayan dicho. En esta frase hay una oración subordinada concesiva introducida por *aunque* que presenta una dificultad (*los padres le han dicho que vuelva pronto*) que no impide que se cumpla la acción principal (*no pienso hacerlo*). Con el verbo de la concesiva en pretérito perfecto de subjuntivo el joven expresa que no le importa lo que digan sus padres. También sería correcto en esta frase *mis padres me han dicho*, pero en este caso simplemente se trasmite la información nueva sin que tenga la implicación de indiferencia como con el verbo en modo subjuntivo. Las otras opciones son incorrectas porque no siguen las reglas de la correlación de tiempos.

2-B: llueva. Normalmente en las concesivas se puede usar el verbo tanto en modo indicativo como en subjuntivo. Pero en este ejemplo no es posible la alternancia ya que no se sabe si se cumplirá u ocurrirá la acción de llover y por lo tanto, es obligado el uso del subjuntivo. Las otras opciones son incorrectas.

3-C: a pesar de. El nexo concesivo *a pesar de,* a diferencia de *aunque,* puede construirse con sustantivo o infinitivo detrás. Por este motivo las otras opciones son incorrectas.

4-B: a pesar de. Es un ejemplo del nexo concesivo *a pesar de* con infinitivo detrás. Esta construcción es incompatible con *aunque* y con el *que* de la opción c).

5-B: estaríamos. Oración concesiva referida a una situación hipotética de futuro expresado con el verbo en condicional. Las otras opciones son incorrectas porque se refieren a situaciones de pasado.

6-C: hace… hace El nexo concesivo *tanto si… como si* se usa para presentar dos ideas alternativas. Este nexo es incompatible con el presente de subjuntivo, el futuro y el condicional, por este motivo las otras opciones son incorrectas.

7-A: me acompañaras. El nexo concesivo *tanto si… como si no* con imperfecto de subjuntivo presenta una situación hipotética de difícil realización. Las otras opciones son incompatibles con este nexo.

8-A: Por más. Nexo concesivo que añade un valor de insistencia en el impedimento de que se cumpla la acción principal. La opción b) necesitaría un sustantivo femenino plural detrás para ser correcto y la c) es ilógica en la frase.

9-C: Por muchos. Nexo concesivo que aporta la idea de cantidad al impedimento que plantea la frase. Va seguido de nombre masculino plural (*árboles*) y de *que.* La opción a) es incorrecta porque no concuerda con árboles y la b) es ilógica.

10-B: sea. Este verbo de la concesiva introducida por el nexo *por poco que* va en subjuntivo porque la frase principal se refiere al futuro y, por tanto, la acción es desconocida (*hagamos*). En este caso no es posible la alternancia con el presente de indicativo de la opción a). Y tampoco es posible el futuro *será* de la opción c).

11-C: incluso si. Este es un nexo concesivo que presenta un impedimento menos fuerte que el resto. Además, tiene cierto valor condicional que le hace incompatible gramaticalmente con el presente de subjuntivo, con el futuro y con el condicional. A las otras opciones a) y b) les falta la conjunción *que* para ser correctas.

12-C: y eso. El nexo concesivo *y eso que* se usa generalmente en un registro informal y suele tener un valor de reproche. La frase que introduce va detrás de la principal.

SERIE 3   p. 229

1-A: Está. Es un ejemplo de estilo indirecto, que consiste en reproducir las palabras de otras personas muchas veces en situaciones o momentos distintos de los que se produjeron. En este ejemplo el mensaje real está en presente (*está lloviendo*) y se produce en un lugar (*aquí*), pero se trasmite como algo pasado (*dijo*) y referido a otro lugar (*allí*). Las formas verbales correctas son *está,* que actualiza la información o enfatiza que llueve mucho; o *estaba*, que no aparece como opción. La opción b) no es correcta porque *estará* se refiere al futuro y no al presente o pasado. Y la opción c) *estaría* trasmite una hipótesis y no un hecho real.

2-C: tenía. En el estilo indirecto el presente *tiene* cambia a imperfecto *tenía* cuando el verbo que reproduce la información (*decir*) está en pretérito perfecto simple (*dijo*). También es posible usar *tiene* si se quiere enfatizar la información. Las opciones a) y b) son incorrectas porque no se ajustan a las reglas de correlación de tiempos verbales.

3-A: ha producido. En la trasmisión de esta información se conserva el tiempo verbal de la información real (*se ha producido*) para darle énfasis o actualizar el contenido. También sería correcto *había producido*. Las otras opciones a) y b) no se ajustan a la correlación de tiempos verbales.

4-B: había habido. El verbo *hubo* del mensaje original se transforma en *había habido* cuando se trasmite un hecho pasado con el pretérito pretérito perfecto simple *dijo*. También sería correcto *ha habido*. La opción a) es incorrecta porque se refiere al presente y no al pasado y la b) también lo es porque expresa una hipótesis y no un hecho real.

5-C: cultivaría. Es el tiempo verbal correcto, según las reglas de correlación de tiempos, para trasmitir una acción futura (*cultivaré*) con el verbo que trasmite la información en pretérito perfecto simple *dijo*. En este caso la opción b) *cultivará* no es compatible con el verbo e*stuviera* de la adverbial de tiempo. La opción a) no tiene lógica en este contexto.

6-B: habría. Es el tiempo correcto para trasmitir un hecho futuro con el verbo *decir* en pretérito perfecto simple (*dijeron*). También sería correcto *hay,* que en este caso tendría valor de futuro. La opción a) no es correcta porque se refiere al pasado y no al futuro y la c) tampoco, porque el verbo *decir* es un verbo de dicción, (como *indicar, afirmar, señalar, manifestar*, *declarar…*) que rige indicativo.

7-B: viviría. Cuando se trasmite una hipótesis, se mantiene el tiempo condicional (*viviría*) del mensaje original. Por este motivo las otras opciones a) y c) son incorrectas.

8-C: vendría. Es el tiempo correcto para trasmitir un hecho futuro con el verbo *decir* en pretérito perfecto simple (*dijo*). Las otras opciones a) y b) no se ajustan a la correlación de tiempos verbales. Además, La opción a) no vale porque *aquí* implica la utilización de *venir* y excluye *ir*.

9-B: el verano pasado. En el estilo indirecto, además del verbo, pueden sufrir cambios algunos elementos de lugar o tiempo de la frase cuando las circunstancias entre la información real y la reproducida son diferentes. De este modo, *este verano* se trasforma en *el verano pasado* para ajustarse a la nueva situación temporal expresada con el pretérito perfecto simple *dijo*. Las otras opciones a) y c) no son correctas para referir un hecho expresado en pretérito perfecto compuesto (*he estado*).

10-C: aquí. El adverbio *allí* indica que, en el mensaje real, la casa de los amigos está lejos del lugar donde se encuentran las personas invitadas. *Aquí* se refiere a la casa donde los dueños están esperando a sus invitados, información que sabemos gracias al contexto (*pon la mesa*). Las opciones a) y b) son incorrectas porque no coinciden con el lugar en el que se trasmite la información.

11-C: hoy. La situación temporal es diferente entre el mensaje real (*mañana*) y el referido (*hoy*), por eso cuando se transmite el mensaje es necesario realizar ese cambio de los adverbios de tiempo. Las otras opciones a) y b) son incorrectas porque no sitúan la acción en el tiempo adecuado en la frase.

12-A: según dicen. Este es un ejemplo de cita encubierta que implica que la persona que trasmite la información muestra un distanciamiento del mensaje que reproduce. Esta fórmula no lleva detrás la conjunción *que*, va entre pausas y tiene entonación independiente. Las otras opciones b) y c) son incorrectas en este contexto.

SERIE 4   p. 229

1-A: si. Cuando se reproducen preguntas que no van introducidas por un interrogativo y que tienen respuestas cerradas (sí, no…) se suele usar los verbos *decir* o *preguntar* seguidos de la conjunción *si*. También se puede usar las dos conjunciones juntas, *que si,* pero no, *que* únicamente. Por esta razón la opción

b) es incorrecta. Y también lo es la c) *qué* porque no puede usarse un interrogativo para transmitir este tipo de preguntas.

2-C: qué. En este ejemplo se reproduce una pregunta introducida por el interrogativo *qué*. En las interrogativas parciales como esta se incluye el interrogativo detrás del verbo *decir o preguntar*. También sería posible usar las dos conjunciones juntas *que qué,* pero es incorrecto usar solo *que* como en la opción b). La a) es incorrecta en este tipo de interrogativas.

3-C: adónde. Es el mismo ejemplo que el anterior pero con la acción referida al pasado e introducida por el interrogativo *adónde*. Cuando se trasmiten este tipo de preguntas es obligado repetir el interrogativo detrás del verbo *decir o preguntar.* Las opciones a) y b) son incorrectas porque *si y donde* no son interrogativos.

4-B: si. Es un ejemplo de estilo indirecto de interrogativa total referida al pasado. Las otras opciones a) y c) son incorrectas para reproducir este tipo de interrogativas.

5-C: cuándo. Otro ejemplo de estilo indirecto de interrogativas parciales, en este caso referida al futuro. Las opciones a) y b) son incorrectas porque *si y cuando* no son interrogativos.

6-B: iba a ir. Es la única opción que se ajusta a las reglas de correlación de tiempos del estilo indirecto. La opción a) es incorrecta porque el verbo va en modo subjuntivo y la c) porque el tiempo verbal es incorrecto.

7-A: esperemos. En este ejemplo el verbo *decir* tiene el valor de orden o mandato y por este motivo rige modo subjuntivo en la frase reproducida. Las opciones b) y c) son incorrectas porque los verbos *esperaríamos y esperáis* están en modo indicativo.

8-C: olvidáramos. También en este ejemplo con el verbo *decir* se transmite una orden o mandato, en este caso referido al pasado, y por eso el verbo va en imperfecto de subjuntivo. Las opciones a) y b) son incorrectas porque los verbos *olvidaremos y olvidamos* van en indicativo. Al utilizar el estilo indirecto, es interesante subrayar que el cambio de perspectiva obliga a sustituir el verbo *traer* por el verbo *llevar*.

9-B: que. En este ejemplo se reproduce una petición, no una pregunta, por eso se usa el verbo *pedir* seguido de la conjunción *que*. Las opciones a) y c) solo son posibles cuando se transmiten preguntas.

10-B: recomendó. Cuando se trasmiten recomendaciones se usan verbos como *recomendar, sugerir, aconsejar…* en el tiempo verbal ajustado a la situación. La opción a) es incorrecta porque en esta frase no se transmite una pregunta y la c) también lo es porque es incompatible con el verbo *reciclara*.

11-C: Que te vayas. Es posible usar el estilo indirecto sin el verbo introductor para mostrar mayor grado de recriminación a una orden o petición que ya se había dado. La opción a) es incorrecta porque va en modo indicativo y la reproducción de la orden debe ir en subjuntivo y la b) también lo es porque está incompleta: le falta la conjunción *que*.

12-B: que no. Es otro ejemplo de uso del estilo indirecto para reproducir una orden ya dada sin repetirla. Las otras opciones a) y c) no son correctas para transmitir órdenes o mandatos.

FUNCIONES   Examen 7

SERIE 1   p. 230

1-C: con lo de. Con la fórmula *qué pasó con lo de…* se solicita el relato completo de una información previamente compartida. Las otras opciones a) y b) son incorrectas porque están incompletas: a *con de* le falta *lo* y a *con lo* le falta *de*.

2-C: Pues verás. Con esta fórmula se introduce un relato previamente solicitado. El registro es familiar o coloquial. Es la única opción que lleva coma detrás y entonación independiente. Por este motivo, las opciones a) y b) son incorrectas.

3-A: Pues nada. Otra fórmula para iniciar un relato que también va entre comas y con entonación independiente. Las opciones b) y c) no van entre comas ni tampoco van seguidas **de la conjunción *que*, y por lo tanto no son correctas.**

4-C: Te has enterado de lo de. Fórmula para introducir el tema de un relato con la que se comprueba además si el interlocutor conoce la información. La opción a) para ser correcta no debería llevar detrás *de Juan* sino *le ha pasado a Juan.* Y la b) debería ir seguida de *lo de*.

5-C: momentito. La fórmula *¿Tienes un momento, o momentito?* se usa saber si el interlocutor dispone de tiempo para escuchar un relato. La opción a) tendría que ser *¿Tienes prisa?* para ser correcta. Y la b), *¿Tienes tiempo?*

6-B: Sabían. Con las fórmulas *¿Sabía…? ¿Sabían…? ¿Sabe? ¿Sabes?...* se introduce una información que puede ser conocida o no por los oyentes. En este ejemplo la situación es formal y se refiere a la persona *ustedes*, por este motivo las opciones a) y c) son incorrectas.

7-C: En serio. Con la pregunta *¿En serio?* reaccionamos ante un relato mostrando nuestra sorpresa o incredulidad. La opción a) sería correcta para expresar esta función si fuera entre exclamaciones y con una tilde en *que*: ¡Qué me dices! La opción b) es incorrecta.

8-A: Me encantaría. Con la fórmula *me encantaría que me lo contaras, pero + excusa…* nos excusamos y manifestamos nuestro impedimento para que se inicie el relato. La opción b) *Disculpa* y la c) *Perdóname*, van seguidas directamente por la excusa sin expresar el impedimento, así que son incorrectas.

9-A: No me digas. ¡No me digas! es una fórmula para expresar sorpresa y subrayar que se sigue el relato con interés, como otras similares: ¡Qué me dices!, ¡Es increíble!... La opción b) es incorrecta porque el interrogativo no lleva tilde y la c), porque esta fórmula para mostrar interés por el relato no se usa entre exclamaciones.

10-B: lo entiendo. Con esta fórmula se muestra comprensión e interés por el relato. La opción a) no es adecuada en este contexto y la c) está incompleta, tendría que ser *es alucinante,* y tampoco tendría lógica en la frase.

11-B: no te parece. Con esta pregunta se pide la opinión y se controla la atención del interlocutor. Las opciones a) y c) son incorrectas porque con la primera se quiere comprobar información y con la segunda se expresa decepción. En ninguno de los dos casos se pide opinión.

12-C: de repente. Con este exponente se introduce un hecho inesperado. Este matiz no lo aporta la opción a) *por eso*. Para ser correcta, la opción b) debería ser *de pronto*.

SERIE 2   p. 230

1-B: lo primero es que. Fórmula para iniciar y ordenar una información. Las opciones a) y c) no son correctas en este contexto porque son fórmulas que deberían ir seguidas de comas.

2-C: por su parte. Con esta locución adverbial se da continuidad al relato y se traslada la iniciativa de la acción a Ana y Juan. Las otras opciones a) y b) son incorrectas porque se corresponden con la presentación de la información, no con una fase posterior.

3-C: sino también. Los conectores se usan para relacionar distintos elementos de una información y en este caso, el nexo correlativo adversativo *no solo… sino también* sirve para ofrecer un contraste entre dos elementos de una frase. Las opciones a) y b) son incorrectas en este contexto.

4-A: en cambio. Es otro conector que se usa para ofrecer un contraste entre dos elementos de una frase. Va precedido de una pausa y tiene entonación independiente. La opción b) es incorrecta y la c) está incompleta: tendría que ser *mientras que.*

5-C: De todas maneras. Es una fórmula con la que se retoma una información anterior (*llegamos tarde*) para mostrar distanciamiento hacia ella y para mencionar que lo que ocurrió después (*cancelaron el vuelo*) fue más destacable que la primera información. La opción a) sirve para reformular la información y la b) se usa para resumir la información en un registro coloquial. Ninguna de las dos sirve para trasmitir la función de distanciamiento, por eso son incorrectas.

6-C: mejor dicho. Con esta fórmula se aclara o corrige lo dicho anteriormente. Las opciones a) y b) se usan para recapitular o resumir la información, no para rectificarla y son, por lo tanto, incorrectas.

7-C: Total, que. Fórmula para recapitular y resumir la información. Las opciones a) y b) no aportan este valor y por eso no son correctas.

8-C: concretamente. Este adverbio se usa en el relato para destacar un elemento y precisar la información. Otros similares son: *particularmente, justamente, precisamente…* La opción a), *una cosa,* se usa para introducir una digresión, no para destacar un elemento. Y la b), para resumir la información. Son incorrectas, por lo tanto.

9-B: ha dicho. La fórmula *como ha dicho* y otras similares como: *como dice, como diría…* se usan para introducir palabras de otras personas en un relato. Las opciones a) y c) no están en la 3ª persona, que sería lo correcto, sino en la 2ª. Serían correctas estas dos opciones en 2ª persona si *Ana* fuera un vocativo, pero en ese caso debería tener una coma delante.

10-C: Por cierto. Esta locución se usa para introducir una digresión o una información nueva en un discurso. La opción a) se usa para aclarar información y la b) para resumirla y son, por tanto, incorrectas.

11-A: A propósito. Con esta locución se introduce una digresión que se ha recordado al mencionar ese tema en la conversación. La opción b) se usa para cerrar una digresión, no para iniciarla. Y la c), para cambiar de tema, no para sacar un tema relacionado con lo que se acaba de decir. Las dos son incorrectas.

12-B: cambiemos de tema. Con esta fórmula se quiere dar un giro a la conversación. En la opción a) se indica que lo que se ha dicho no está relacionado con el tema de la conversación. Y la c) se usa para introducir una digresión. Las dos son, por lo tanto, incorrectas.

SERIE 3 p. 231

1-C: antes de que se me olvide. Con esta fórmula discursiva se interrumpe el relato para introducir una información que se considera importante. La opción a) se usaría para rechazar un tema y la b) para seguir el relato con interés. Son, por tanto, incorrectas.

2-A: Puedo decir una cosa. Esta fórmula interrogativa sirve para introducir información relevante interrumpiendo el relato. Las otras fórmulas b) y c) son incorrectas porque no pueden ir entre interrogaciones y porque no trasmiten esta función.

3-B: Déjame terminar. Fórmula para solicitar que se reanude el discurso después de una interrupción. En a) y c) es el interlocutor el que solicita este permiso y no el hablante, por lo que son incorrectas.

4-C: hablas tú. Con la fórmula *luego hablas tú si quieres* el hablante defiende la continuidad de su discurso frente a la interrupción del interlocutor. Las fórmulas de a) y b) sirven para la misma función pero no son correctas sintácticamente en este contexto.

5-A: Usted primero. Fórmula cortés para conceder la palabra a alguien. La opción b) se usa para interrumpir un relato y la c) es una fórmula en un registro informal; por lo tanto, ambos son incorrectos.

6-A: Ya termino. Fórmula para indicar que se desea continuar y que se está finalizando el discurso. *Tú primero* de la opción b) se usa para conceder la palabra y *Te escucho* de la opción c), para pedir que un interlocutor, (tú), reanude el discurso cuando la frase se dirige a varias personas a las que se les habla de usted (*agradecerles su...*). Las dos son, por tanto, incorrectas.

7-B: no me interrumpa. Fórmula para expresar que se desea continuar el discurso tras una interrupción. La opción a) es incorrecta porque se usa para conceder la palabra y la c) es incorrecta sintácticamente en este contexto.

8-C: Respecto. Con fórmulas como *respecto a, en relación con etc.* se introducen nuevos temas o aspectos de un tema en el discurso. *Por cierto* de la opción a) sirve para introducir una digresión que puede no estar relacionada con el tema. Y *Por otra parte*, de la opción b) se usa para ordenar la información y para señalar aspectos diferentes de un tema.

9-B: en relación con. Fórmula para introducir un tema nuevo o un aspecto del mismo. Las otras opciones a) y c) también tienen la misma función pero son incorrectas porque son incompatibles sintácticamente.

10-B: A continuación. Fórmula para introducir un tema que se va a tratar en ese momento. Las otras opciones a) y c) también tienen la misma función, pero son incorrectas porque se usan en un registro informal.

11-B: y nada. Fórmula usada en un registro informal. Esto lo vemos en el uso de la abreviación *poli* y en el uso del presente (*me para)* en lugar del pretérito perfecto simple (*me paró*) para concluir un relato. Las otras opciones a) y c) no se suelen utilizar en situaciones coloquiales.

12-A: en conclusión. Fórmula para concluir una argumentación en un registro neutro o formal. Otras similares son: *Para finalizar, Resumiendo, En suma...* Las opciones b) y c) solo son apropiadas en contextos informales, y en consecuencia, son incorrectas.

13-A: te dejo. Fórmula para terminar una conversación informal telefónica o cara a cara. Las opciones b) y c) son incorrectas porque no tienen lógica en este contexto.

14-B: hablamos. Fórmula informal para cerrar una conversación. La opción a) es incorrecta porque se usa para advertir o avisar a alguien; y la c) es incorrecta en este contexto.

4. CORRECCIÓN DE ERRORES p. 231

a. Hay que hacer algo **que sirva** (las oraciones de relativo con antecedente desconocido rigen subjuntivo) para eliminar **los residuos tóxicos**.

b. Me parece un poco curioso que **el 27 por ciento o el 27 %** (si se escribe) **prefiera** (*Me parece curioso* es una valoración y por tanto rige subjuntivo en la subordinada) la playa como **destino de** vacaciones. Para hablar de viajes se usa la palabra *destino*: *destinación* no se usa en este sentido.

c. Nadar (o bañarse) en un sitio así es **poco saludable** (no existe la palabra *insaludable*).

d. El tema de **la** energía nuclear es muy **controvertido** (aunque en algún país de América se usa *controversial* por influencia del inglés, es preferible el adjetivo *controvertido*).

e. El año pasado **hubo** (se usa el pretérito perfecto simple porque se trata de una acción específica, no habitual) un terremoto a las cuatro **de** (se usa la preposición *de* cuando aparece la hora delante) la mañana en Nepal.

f. Con respecto a **las** especies **al** borde de extinción creo que no hay soluciones (es incorrecto el uso del determinante *las* detrás del verbo *haber)* que **sean** (se trata de una oración de relativo con antecedente negado (*no hay*) y desconocido) **fáciles de** tomar.

g. En vacaciones estuvimos **de** viaje y nos **lo** pasamos bien, pero **llovió** y no **teníamos** paragua**s**.

h. Hay **poca** agua en el mundo y las políticas (sobre su distribución) son poco **realistas** (la palabra *realística* no existe).

i. En Madrid hay **un buen** sistema (aunque *sistema* termina en –a es una palabra de género masculino) de **transporte público** (existe la palabra *transportación* pero se usa en otros contextos).

j. Ha aumentado el coche en la ciudad y si esto **ocurre** (las oraciones condicionales nunca pueden ir con presente de subjuntivo, futuro y condicional) hay que cambiar **la manera o de manera** de pensar.

5. USO DE PREPOSICIONES   p. 231

a. Habitantes **por** Km^2. b. Estará **en** obras. c. Especies animales **en** peligro de extinción. d. Salieron **de** puente. e. Se salió **de** la carretera. f. Chocó **contra** unos arbustos. g. Consta **de** 30 preguntas. h. Depende **de** la situación. i. En relación **con** el número. j. Protegerse **de/a** las radiaciones.

MODELO DE EXAMEN 7

Prueba 1   **Comprensión de lectura**

Tarea 1, p. 232: 1-A: Según el texto, el entusiasmo de los viajes depende de… la edad de la persona. *Muchos son los puestos de trabajo en los que hay que viajar. Cuando eres joven, lo agradeces […]. Con el paso de los años, te gustaría no tener que viajar tanto y pasar más días en tu casa.* No es B porque el paso de los años se refiere a la edad de la persona, no a los años que lleva en la empresa. No es C porque en el texto se señalan los factores negativos de viajar solo y acompañado, sin indicar las ventajas de cada una de estas opciones. **2-C:** En el texto se señala que… la planificación del trabajo en el destino debe ser posterior a la compra del billete de avión. *Elige primero el vuelo y ajusta después los horarios de tus reuniones.* No es A: *podrás ahorrar hasta un 50% en el billete de avión*, es decir, como máximo se ahorra un 50%, pero no más. Además el viaje se refiere a su conjunto (billete + hotel + dietas, etc.), no solamente al vuelo. No es B: el pago con tarjeta ofrece un seguro de viajes gratuito y otras ventajas, pero no una reducción en el precio del billete. **3-C:** En el texto se advierte de que… es conveniente fotocopiar algunos documentos como medida de precaución. […] *haz una fotocopia de los documentos más importantes, por si perdieses alguno de ellos.* No es A, pues se indica que el visado debe tener, como mínimo, seis meses <u>más</u> de duración en el momento del viaje. No es B, porque se recomienda hacer fotocopias <u>por si acaso</u> se pierde algún documento, pero no se dice que se lleven fotocopias <u>en lugar de</u> los documentos originales. **4-B:** En el texto se recomienda… llevar algunos objetos dentro del avión. *No factures tu ordenador, PDA, móvil, ni la documentación importante […].* No es A: en el texto se advierte de que no hay que separarse de algunos objetos, pero no se habla de las facturas de dichos objetos. No es C porque en el texto se dice que debe duplicarse la información en un sistema remoto o en un disco externo, pero no que se lleve consigo esa información. **5-B:** Según el texto… no debe romperse la rutina del ejercicio físico en los viajes de trabajo. *Si te gusta el deporte […] trata de mantener tus hábitos.* No es A porque la recomendación de buscar un hotel con gimnasio o cercano a un parque se hace si gusta el deporte, no en cualquier caso. No es C porque se dice que alojarse cerca de un parque ofrece facilidades para no abandonar la práctica deportiva. No se señala que el parque deba contar con instalaciones para hacer deporte. **6-A:** En el texto se indica que… los viajes ofrecen oportunidades de romper con la rutina. *Aprovecha la soledad del viaje para hacer cosas que habitualmente no puedes hacer.* No es B: se recomienda romper con la rutina de la vida diaria, no con la de los viajes. No es C: en el texto se recomienda hacer alguna actividad lúdica durante el viaje, lo que puede incluir una visita a museos o exposiciones. Eso no significa que en todos los hoteles haya un servicio para contratar una visita guiada.

Tarea 2, p. 234: 7-B: ¿Quién señala que es posible que el ser humano modifique levemente el clima? Elisa admite que *quizá intervengamos un poco en este calentamiento,* pero esa intervención es pequeña: *es poco en comparación con los cambios naturales.* Por tanto, la modificación es mínima. **8-A:** ¿Quién indica que el calor ha subido de forma gradual desde hace treinta años? Blas señala que hay un *aumento progresivo de la temperatura,* es decir, una subida gradual *en las tres últimas décadas;* esto es, desde hace treinta años. **9-C:** ¿Quién advierte, de forma explícita, que es esencial no caer en el pesimismo respecto al cambio climático? Antonio indica que es *preciso* evitar el *catastrofismo,* palabras que, en el texto, equivalen a los términos *esencial* y *pesimismo,* respectivamente. **10-D:** ¿Quién juzga que no hay pruebas de la intervención del hombre en el cambio climático? Señala Marina: *Nadie ha demostrado que el ser humano sea el culpable.* **11-B:** ¿Quién afirma que debe considerarse el nivel de desarrollo de cada país para solucionar los problemas ambientales? Elisa juzga que, para mejorar la situación, en los países desarrollados *debemos enfrentarnos a los auténticos daños que infligimos al medio ambiente;* mientras que en los países subdesarrollados, *hemos de intentar que salgan de la pobreza con tecnología moderna.* **12-D:** ¿Quién considera que los datos sobre la subida de temperaturas son pesimistas y no justificados? Marina ofrece los siguientes datos: *emitimos 6 000 millones de toneladas de C0$_2$ y en la atmósfera hay 750 000* que apoyan su afirmación previa: *Las temperaturas suben, pero medio grado en dos siglos (0,6º) es una miseria, lo que muestra el tipo de alarmismo al que nos enfrentamos.* **13-C:** ¿Quién precisa que los cambios en el clima son atribuibles únicamente a las personas? Antonio sostiene que *el cambio climático es un fenómeno inequívoco atribuido al impacto del ser humano,* sin indicar la existencia de otras causas. **14-B:** ¿Quién señala que la subida de temperaturas no ha sido uniforme últimamente? Elisa dice que el clima lleva un siglo de *lento* e *irregular calentamiento,* es decir, se trata de una subida no uniforme de la temperatura. **15-A:** ¿Quién menciona que hay pruebas científicas del cambio climático? Blas considera que *los datos instrumentales (temperatura, observaciones)* y *las observaciones de los efectos del cambio climático son incontestables,* es decir, tienen estatuto científico. **16-D:** ¿Quién indica que el cambio climático no es exclusivo de nuestro planeta? Marina aporta un ejemplo para argumentar su tesis: *El calentamiento de Marte es una prueba capital.*

Tarea 3, p. 236: 17-C: Según ha informado la empresa Campos Corporación, que presta el servicio, el balance de este primer mes es satisfactorio. El fragmento suprimido está vinculado semánticamente a la oración previa, al hablar del *balance de este primer mes.* **18-F:** Como ha recordado la compañía, estos últimos necesitan la autorización de los padres para abonarse al sistema. *Estos últimos* representa, dentro del fragmento eliminado, a los menores de edad mencionados en la oración anterior, que necesitan, por esa condición, contar con una autorización paterna. **19-B:** Las opiniones de los usuarios a través de las redes sociales y de la página web son también muy positivas. El fragmento omitido se conecta temáticamente al anterior, que habla de las opiniones (*sensaciones*) de la calle. La misma línea se observa *también* en la página web y en las redes sociales. **20-A:** Por ello, podemos decir que Valladolid es un ejemplo de civismo, ha subrayado Santiago Sevilla. El fragmento suprimido resume, en una afirmación, los datos del párrafo, que indican la existencia de un comportamiento cívico: *Ni se han constatado actos vandálicos, ni se han tenido que retirar las bicis por la noche…* **21-D:** El sistema pone a disposición de los interesados dos tipos de tarifa: Bonobici y Usuario Puntual. El fragmento eliminado menciona los dos tipos de tarifa que se explican a continuación: el Bonobici y el Usuario Puntual. **22-G:** Ambos tipos de abono contarán con unas tarifas que bajarán su precio cuanto mayor sea el tiempo de uso de la bici. El fragmento omitido comienza con *Ambos tipos de abono,* referencia clara a la descripción de los dos tipos de abono que se realiza en la oración previa. Los enunciados que sobran son E y H.

Tarea 4, p. 238: 23-C: lo que. El pronombre neutro *lo* representa toda la información de la oración previa (*manteníamos preparadas las maletas de mano*). Esa función es imposible para *el* o *las,* capaces de representar un sustantivo, pero nunca un contenido oracional. **24-A: son.** Se describe el comportamiento de los gorilas, usando para ello el presente de indicativo. Podría parafrasearse esta oración del modo siguiente: *estábamos leyendo sobre los gorilas* [...], *que son vegetarianos, mansos y con sentido de familia.* Se habla de algo identificado, lo que imposibilita el empleo de *sean* o *fueran,* presente y pretérito imperfecto de subjuntivo respectivamente. **25-B: deberíamos.** El uso del condicional sirve aquí para expresar una sugerencia realizada por la abuela. Este sentido no puede comunicarse con el futuro (*deberemos*) y tampoco con el pretérito pluscuamperfecto de indicativo (*habíamos debido*). **26-B: lo.** Cuando el complemento directo aparece en primera posición oracional es obligatoria su repetición con pronombre, en este caso *lo,* por tratarse de un referente masculino. **27-C: llevaba.** Se expresa aquí una condición real, con un sentido próximo a *cuando podía, nos llevaba.* Este significado es imposible de expresar con el pretérito imperfecto de subjuntivo (*llevara*) y con el condicional (*llevaría),* apto para expresar una hipótesis referida al presente o al futuro: *Si pudiera, nos llevaría.* **28-A: pillara.** *Temer* expresa un sentimiento y por ello exige el subjuntivo tras la conjunción *que.* Esto convierte en incorrectas las opciones B (condicional) y C (pretérito imperfecto), por tratarse de tiempos de indicativo. **29-A: Eso.** Este pronombre representa toda la oración precedente (*Chile* [...] *en el mar*). *Ese* y *esa* no pueden referirse a un contenido oracional, sino a sustantivos, lo que hace que sean incorrectos. **30-C: por.** *Apoyada por* es un caso de voz pasiva: *Algunos santos apoyaban a mi abuela → Mi abuela [era] apoyada por algunos santos.* Esto justifica la presencia de *por* y la incorrección de las otras dos opciones. **31-A: a no ser que.** Esta locución expresa una condición negativa. Tal contenido no es comunicado por *con tal de que* ni por *a condición de que,* lo que las hace inapropiadas en este contexto. **32-B: de.** *Más de* indica una cantidad aproximada, mientras que *más que* se usa para una comparación. La preposición *con* es errónea en este contexto. **33-C: a.** *Acostumbrarse* exige la preposición *a.* Por esta razón son incorrectas las preposiciones *de* y *para.* **34-B: que.** No es posible el uso de *los cuales* o *quienes* en una oración especificativa sin preposición o sin una coma delante. **35-B: siempre que.** Esta conjunción condicional es equivalente a *con tal de que* y ambas pueden parafrasearse por *con la condición necesaria de que. Por si (por si acaso)* significa *en caso de una posible contingencia.* Esta opción, junto a *si,* es incorrecta tanto por su significado como por impedir el uso del presente de subjuntivo. **36-A: sino.** *Sino* contrapone una opción afirmativa a una opción negativa previamente mencionada, es decir, corrige lo manifestado anteriormente. Tal significado no es expresable con *pero* y tampoco con *salvo.*

Prueba 2	**Comprensión auditiva**	**CDII**

Pistas 35-40. Tarea 1, p. 239: 1-C: La mujer preferiría hacer un viaje en barco o a un país asiático. A la mujer le apetece hacer *un crucero,* que es un viaje en barco, o hacer un viaje a Tailandia. No es A porque el hombre no le propone a su novia *acampar* (ir de *camping* o con tienda de campaña), sino ir a *un hotelito rural o una cabaña.* Y no es B porque el hombre no dice que tenga intención de subir a una montaña, sino que quiere *tener vistas* (ver) a las montañas. **2-A:** La mujer encuentra dentro de una bolsa un objeto que usa el niño para bañarse. La mujer pregunta por *el flotador* (objeto para flotar en el agua) del niño y luego dice... *¡Ah, sí!,* refiriéndose a que lo ha encontrado dentro de la otra bolsa, siguiendo las indicaciones del marido. No es B porque a la mujer le dan asco las *algas* (especie de plantas acuáticas), no los bichos. Y no es C porque el hombre propone *jugar a las palas* (un juego con una pelota pequeña y dos raquetas de madera o plástico similar al tenis), no a las cartas. **3-A:** Quiere escribir una queja por el mal servicio del hotel. La mujer pide la hoja de reclamaciones para escribir una queja por el mal servicio del hotel. No es B, porque la mujer había reservado una *habitación doble,* es decir, una habitación con dos camas, no con una cama extra. Se queja de que le han puesto una cama *supletoria* (cama que suele ser de menor tamaño que las normales). Y no es C porque la mujer había reservado una habitación *que dé al mar,* es decir, orientada o con vistas al mar, y le han dado una interior (ve *al vecino de enfrente*). **4-A:** La mujer cuenta que se ha salido de la carretera y se ha dado un golpe con el coche. Al coche de la mujer se le ha *pinchado una rueda,* se ha desviado y *se ha chocado* (se ha dado un golpe) contra *unos arbustos,* pequeños árboles que suelen estar en los bordes o fuera de la carretera. No es B porque el hombre le dice que *llame al seguro para que*

le envíen una grúa (un camión para llevar el coche al taller), no un mecánico. Y no es C porque la mujer pide a su marido que le cambie la rueda pinchada por la *de repuesto*, no al revés. **5-B:** Los cuatro amigos van a viajar en tren. Las palabras *compartimento y vagón* solo pueden referirse a tren, medio de transporte que van a utilizar para viajar. No es A porque se dice que *van a hacer alpinismo* (escalada), pero también, *descenso de barrancos*. Y no es C porque no se dice que se pronostica que vaya a llover a partir de la tarde del sábado, sino que la mujer tiene miedo (*Ya verás como…*) de que a esa hora llueva de forma repentina e intensa (*caer un chaparrón*). **6-C:** El hombre le pide a su mujer que no disminuya la velocidad del coche en la curva. *¡No, Margarita, no frenes aquí…!* El marido alerta con esta orden del peligro de disminuir la velocidad (*frenar*) en *plena curva* (parte de la carretera donde no suele haber mucha visibilidad), para dar la vuelta. No es A porque el navegador no dice que tenga que girar a la derecha en la rotonda, sino en el *cruce* que está antes. Tampoco es B porque no se dice que tengan que dar la vuelta en cuanto cojan la A1, sino antes de cogerla.

Pista 41. Tarea 2, p. 240: 0-B: Los motivos para hacer viajes organizados no son los mismos en todas las personas. Joan dice que las motivaciones para hacer viajes organizados son distintas en cada persona. **7-B:** Para algunos viajeros, sus compañeros constituyen parte de los inconvenientes del viaje organizado. En este caso Joan habla de *daño inevitable*, es decir, unos inconvenientes del viaje en las personas que viajan por curiosidad y ansia de conocimiento: *En muchos casos […] el compañero de viaje es un daño inevitable.* **8-C:** La relación siempre será agradable con todos los compañeros, si el viajero está motivado. No lo dice ni Joan ni Montse; al contrario, Joan dice que las motivaciones para viajar son diferentes y que dependiendo de ellas, las relaciones con los compañeros serán también diferentes: *Por tanto en la medida en que las motivaciones son diferentes en los viajeros, la relación con los compañeros también será distinta.* **9-A:** Viajar es adquirir conocimientos y experimentar otras cosas diferentes a las de tu vida cotidiana. Montse dice: *Los viajes son algo más que simples contenidos. No es ir a ver un país o ciudad determinados, sino que hay muchas más cosas, sobre todo vivir experiencias y sensaciones distintas.* **10-C:** Los compañeros que cantan en el viaje suelen ser insoportables. No lo dice ni Joan ni Montse: Montse dice que hay algunos viajeros que son insoportables porque *siempre quieren llevar la voz cantante*, esto es, ser los organizadores y líderes del grupo; no quiere decir *los que cantan. Claro, a veces hay compañeros insoportables: el que no se ducha, el que quiere llevar la voz cantante…* **11-A:** La lengua del país de destino hace que no siempre puedas relacionarte con la gente del lugar. Montse dice: *Lo que limita esto es el idioma, claro […]*, utilizando un sinónimo de *lengua*. **12-B:** A todos nos gusta formar parte de un grupo y al mismo tiempo nos atrae lo que no es igual a nosotros. Joan dice: *En realidad los humanos nos movemos entre dos extremos: el gusto por lo que es distinto y nuevo y la necesidad de ser una comunidad.*

Pista 42. Tarea 3, p. 241: 13-C: En la audición escuchamos que el tiempo es algo que muchos expertos siempre han tratado de dominar. *A lo largo de la historia varios científicos han intentado controlar el tiempo.* No es A porque en ningún lugar del audio dicen que sea posible viajar al pasado. Tampoco es B, porque según el doctor Lozano *no se puede decir ni que sí ni que no ahora mismo.* No afirma rotundamente que no se pueda viajar en el tiempo. **14-B:** El entrevistado dice que un científico ruso dedujo que no se puede viajar al pasado. *Prigogine, Premio Nobel ruso, en uno de sus trabajos sacó varias conclusiones, una de las cuales es el hecho de que del pasado solo se puede fluir al presente y del presente solo se puede fluir al futuro.* No es A porque lo que dice Lozano es que Prigogine descubrió, entre muchas otras cosas, que existe un flujo del pasado al presente y del presente al futuro. No es C porque Prigogine no extrajo varias conclusiones respecto al flujo presente-futuro, sino que entre varias conclusiones, una hablaba del flujo pasado-presente-futuro. **15-B:** Desde el punto de vista científico, teóricamente se podría viajar al futuro. *Pero eso no significa que la ciencia permita los viajes en el tiempo hacia el futuro en estos momentos de una manera clara, y cuando digo* los permita *quiero decir no tanto en la práctica como en la teoría […].* No es A porque en el audio escuchamos que teóricamente se podría viajar al futuro, no *sin duda*. No es C porque no se dice que los viajes en el tiempo sean costosos, sino que *por muy costosas y elaboradas que sean las máquinas* no es factible hoy en día hacer estos viajes. **16-A:** El doctor Lozano dice que no cree posible que hoy en día podamos comunicarnos con otros universos. *[…] comunicarnos con alguien que está en otro plano o en otra dimensión. Ahora mismo no parece factible […].* No es B porque no se habla de que se hayan descubierto universos y dimensiones diferentes sino que *no hay ninguna razón científica* *para pensar que no existan.* No es C porque en el audio se dice que la *transcomunicación* es comunicarse con otras dimensiones, no que sirva para viajar en el tiempo. **17-A:** Los experimentos con el tiempo no son seguros. *Sabemos que experimentar con el tiempo puede resultar muy peligroso.* No es B porque lo que dice el doctor Lozano es que los agujeros espacio-temporales se han conseguido en muchas ocasiones, no que los experimentos abran esos agujeros. Tampoco es C porque en ningún lugar del audio dicen que este tipo de experimentos pertenezcan a la vanguardia científica, sino que Tom Bearden y Peter Kelly hicieron un experimento de vanguardia. **18-C:** En la audición escuchamos que muchos científicos han experimentado con el concepto espacio-temporal. *El hecho de abrir un agujero en el espacio-tiempo se ha conseguido en muchas ocasiones.* No es A porque se han hecho experimentos con micropartículas, no con macropartículas. No es B porque lo que escuchamos es lo siguiente: *A nivel microscópico este fenómeno se repite en muchas ocasiones, pero de ahí a trasladarlo al campo humano, hay un abismo impresionante.*

Pistas 43-49. Tarea 4, p. 242: Persona 0: La retransmisión de la llegada del hombre a la Luna fue un pretexto para que sus padres estuvieran juntos. La frase correcta es la I: […] *la Luna les brindó la coartada perfecta para irse a un teleclub y estar juntos hasta altas horas* […]. **19-J:** Por un lado quería ver la televisión y por otro se sentía en la obligación de no hacerlo. **Persona 1:** […] *Me sentía emocionado como periodista ante lo que estaba ocurriendo y al mismo tiempo nervioso como padre* […]. **20-C:** Ella y su familia estuvieron todo el día impresionados con la noticia. **Persona 2:** […] *después de estar todo el día emocionados* […]. **21-A:** Una persona de su familia no terminaba de creerse que el hombre hubiera llegado a la luna. **Persona 3:** […] *Mi abuela no se lo creía* […]. **22-E:** Estaba de vacaciones con su familia en la playa. **Persona 4:** *Yo estaba en un pueblo de la Costa Brava, con mis padres, de veraneo* […]. **23-B:** Estaba seducido por los temas relacionados con los descubrimientos y el espacio exterior. **Persona 5:** *La iconografía del espacio, de los nuevos mundos, me tenía auténticamente cautivado* […]. **24-H:** Para esta persona el ser humano es maravilloso, capaz de experiencias increíbles. **Persona 6:** […] *yo saco siempre una conclusión: que el ser humano es increíble y que a veces hace cosas fantásticas* […]. Los enunciados que sobran son D (Tenía 10 años y estaba veraneando en Málaga.), ya que la persona que estaba en ese lugar cuenta que iba a trabajar y dejaba a sus hijas con su madre, luego no podía tener diez años, F (El llegar a la Luna por primera vez dejó una huella en esta persona que no se borra nunca.), puesto que de lo que habla la persona 5 es de la huella física que los astronautas dejaron en la Luna no del recuerdo que él tiene y G (Esta persona creía que todo era un engaño y que los hombres que parecían estar en la Luna, en realidad estaban de vacaciones.), pues la persona 3 explica que era su abuela la que decía: *No, estos se han ido de vacaciones y luego vuelven contándonos que han estado en la Luna*, no ella.

Pista 50. Tarea 5, p. 243: 25-A: En esta audición se dice que el acercarnos a la figura de Cristóbal Colón puede resultar atrayente No es B porque en el audio no se dice que acercarnos a la figura de Colón se trate de una encrucijada, sino que *tal vez sea una tentación irresistible acercarse a la figura de Cristóbal Colón […] como si se tratara de una* encrucijada *de misterios por resolver.* Tampoco es C porque no escuchamos que el hecho de acercarnos a la figura de Colón sea contradictorio, sino que hay aspectos de su vida, estudiados por historiadores, que resultan contradictorios. **26-B:** Este locutor se pregunta cómo sería Colón físicamente. No es A porque lo que se pregunta el locutor del audio es por qué ahora, *500 años después* del descubrimiento, los datos de identidad del almirante siguen siendo *motivo de discusión.* Tampoco es C porque el locutor no se pregunta si Colón nació hace 500 años en Génova, sino si *hemos aceptado la ciudad italiana de Génova como el lugar de origen de Cristóbal Colón.* **27-A:** En el audio se cuestiona si tal vez alguien fue a América antes que Colón. No es B porque no se afirma en ninguna parte del audio que Colón conociera las rutas anteriores, si las había, sino que el locutor se pregunta cómo conocía una ruta que nadie, en teoría, había hecho antes. Tampoco es C porque no escuchamos que hubiera rutas de poniente a occidente, sino que *navegar* a occidente para llegar a poniente *es una idea que venía repitiéndose desde la más remota antigüedad.* **28-C:** En la audición nos cuentan que hay referencias escritas de viajes a América anteriores a Colón. No se dice que Holberg viajara a América en 1347 A, sino que escribió un libro donde se habla de un viaje a América en 1347, ciento cincuenta años antes que Colón. Tampoco se dice que Colón llegara a la península del Labrador C, sino que lo hicieron los navegantes del viaje contado por Holberg. **29-C:** En este audio escuchamos que es raro que Colón desembarcara en Portugal al regresar de América. No es A porque no sabemos si Colón se planteó muchos interrogantes. Lo que escuchamos es que en su biografía los interrogantes se suceden. Tampoco es B porque es una incógnita si Colón fue respetuoso con la cultura indígena o todo lo contrario. **30-B:** El locutor dice que se discuten muchas cosas sobre la vida de Colón. No es A porque no está claro cuándo y dónde murió Colón, aunque se tenga como cierto que su tumba está en Sevilla. Tampoco es C porque no escuchamos que la vida de Colón esté siendo censurada ahora, sino que no sabemos mucho de ella hoy dado que parece oficial la censura en la época contemporánea a Colón cuando se ejercía: *es fruto de una censura oficial que ha condicionado nuestra percepción clara de los hechos.*

SECCIÓN CARACTERÍSTICAS Y CONSEJOS

Prueba 1. Tarea 1, p. 253

1. La respuesta a) es incorrecta porque este enunciado es diferente al texto en:
A. Significado: en el texto se hace una suposición (*seguramente, habrá*) y en el enunciado se hace una afirmación: *se ha convertido*.
C. Aspectos gramaticales: tiempos verbales: habrá (futuro) expresa una hipótesis, es diferente a se ha convertido (pasado) que expresa algo que ha ocurrido.
2. La respuesta a) es parcialmente correcta, por lo tanto es incorrecta. El enunciado es equivalente al texto en:
B. Léxico: «se parecían mucho» es similar a la locución del texto: «eran como dos gotas de agua».
Pero es diferente al texto en:
C. Significado: la segunda parte del enunciado es incorrecta porque se dice que las mujeres estaban muy unidas en el pasado, mientras que en el texto aparece «era difícil distinguirlas cuando estaban juntas», es decir cuando estaban físicamente cerca la una de la otra.
3. La respuesta a) es incorrecta porque este enunciado es diferente al texto en:
A. Significado: *en la mayor parte de **los países** europeos* del texto no es lo mismo que *la mayoría de **los europeos*** del enunciado. Además, el texto habla de la prohibición de fumar y la opción de respuesta, de una posible consecuencia: la de fumar solamente en casa.
El enunciado es equivalente al texto en:
C. Aspectos gramaticales: los cuantificadores *la mayor parte* y *la mayoría* son equivalentes.
4. La respuesta a) es incorrecta porque este enunciado es diferente al texto en:
A Significado: en el texto se dice que hay problemas de abastecimiento de materias primas, no de distribución, como aparece en el enunciado.
El enunciado sí es equivalente al texto en:
B léxico: *conflicto armado* y *guerra* significan lo mismo.
5. La respuesta a) es incorrecta porque este enunciado es diferente al texto en:
A. Significado: aunque pueda parecer lógica la opción del enunciado de que deben eliminarse de la dieta…, esta idea no aparece en el texto, donde solo se habla de los problemas que plantean en el organismo, es solo una posible consecuencia.

Prueba 1. Tarea 2, p. 254

1-B: La opción correcta está en el texto B porque en el enunciado, la pregunta sobre los dos tipos de educación (tradicional y *on*-line) está en presente *se complementan;* y en el texto B también se hace referencia a los dos tipos de educación, también en tiempo presente: *se ayudan, se complementan…* En cambio en el texto A también se menciona lo mismo pero referido al futuro (*ambas se complementarán y apoyarán)* y por lo tanto, esta opción no es posible.
2-A: En el enunciado se habla de un *cambio en la forma de pensar* de los directivos de empresas ante las enseñanza *on*-line, lo cual es equivalente a *este sistema implica un cambio de mentalidad en la dirección de formación de la empresa.* En el texto B no se dice nada de esto.

Prueba 1. Tarea 3, p. 255
Ejercicio 1
1-A: Entre el texto y el fragmento se puede observar una relación léxica: en el texto aparece *la revista* y en el fragmento un tipo específico de contenido de la misma: *un artículo*. También se ve una relación léxica entre *la publicidad subliminal* del texto y el sinónimo *un anuncio de estas características* del fragmento. También hay una conexión lógica y sintáctica entre el fragmento y el conector *Es decir*, que introduce un ejemplo de lo que se dice en el fragmento: *refuerza una determinada conducta.*
2-B: Hay una relación sintáctica y lógica de oposición entre el fragmento: **no** *podemos percibir* frente al texto: *Sin embargo, nuestro cerebro* **sí** *puede,* por medio de adverbios de negación y de afirmación y de una conjunción adversativa.
3-C: Se aprecia una relación lógica de consecuencia entre el texto y el fragmento introducida por el nexo consecutivo. *Por lo tanto.* También existe una relación léxica de repetición de dos palabras de la misma familia: *elecciones* y *elegimos.* Y además, se observa una relación gramatical entre una parte del contenido del texto y el pronombre demostrativo neutro *aquello* que lo sustituye.

Ejercicios 2 y 3, p. 256-257
1. El fragmento está relacionado con el texto en el contenido: los dos hablan de diferentes formas de aprender. Esta diferencia se expresa mediante pronombres que distribuyen la información: *Uno* y *otro* que aparecen justo después de *se separó en dos grupos.* También hay una relación gramatical en el uso del pronombre *lo* del fragmento que sustituye al *aprenderían* del texto. Además se evita repetir esta palabra mediante un equivalente léxico: *haría.*
2. Este fragmento tiene una relación lógica con el texto: en los dos se habla de los resultados académicos del estudio llevado a cabo. En el fragmento se añade información nueva mediante el adverbio *además,* un conector. Hay también una relación léxica con el sinónimo *calificaciones* que evita repetir la palabra *notas* del texto.
3. Hay una relación de contenido entre el texto (se habla de que no hay pérdida de atención) y el fragmento (su consecuencia es que el rendimiento de los alumnos es mayor). Esto se consigue gramaticalmente mediante el demostrativo *Eso,* que sustituye a la idea de que no hay pérdida de atención. El pronombre *ellas* es otro elemento gramatical que tiene la función discursiva de evitar la repetición de *nuevas tecnologías.*
4. Este fragmento hace un resumen del contenido del párrafo por medio del conector *en definitiva.* Las relaciones de significado y discursivas son evidentes.
5. Otro elemento discursivo que sirve para precisar la información, *De hecho,* permite relacionar este fragmento con el texto. En los dos casos se trata la preferencia de la tecnología como forma de entretenimiento por parte de los jóvenes. La relación léxica es clara por la repetición de la palabra *televisor* y su sinónimo *televisión* en la parte del texto que va después del fragmento.
6. La fórmula de cierre *se puede concluir,* nos ayuda a situar este fragmento al final del texto. La conexión sintáctica con él se ve en el nexo consecutivo *tantas (ventajas)...* que tiene su correlación al final del párrafo: *que no debería impedirse...*
Sobran los fragmentos C y G

Prueba 1. Tarea 4, p. 258
1-B: como. En este ejemplo se basa en la relación sintáctica entre dos elementos y en el uso del conector adecuado para esa función. En este caso se trata de una subordinada **comparativa** y no consecutiva, por eso no es posible la opción a).
2-A: a. Este ítem se centra en el uso de una preposición concreta dentro de una locución adverbial.
3-A: le. Este ítem pretende diferenciar dos usos posibles del pronombre de objeto indirecto de 3ª persona. **En este caso el verbo es intransitivo**, pero existe también la opción, que no aparece aquí, de la siguiente construcción: *extrañarse de* algo. En este caso el pronombre sería *se.*
4-C: estuviera. Este ejemplo está basado en el uso del modo subjuntivo por la presencia del verbo de sentimiento *extrañarse* y en la correlación de tiempos verbales, ya que el pretérito perfecto simple *extrañó* obliga al uso del imperfecto de subjuntivo en la oración subordinada.
5-C: pero. En este caso se pretende diferenciar el uso de estas dos conjunciones: *sino* y *pero* dentro de una oración coordinada. Hay un contraste de ideas, pero no una rectificación, que es lo que tendría que ocurrir para que *sino* fuera correcta.

Prueba 3. Tarea 2. Opción A, p. 263
Ejercicio 1

En los últimos cinco años se ha producido en España un cambio muy significativo en el consumo de medios, según un estudio realizado en 2015 por AIMC.

Como vemos en el gráfico, entre 2010 y 2015 disminuyó el tiempo de lectura de prensa escrita: diarios, revistas, etc.; en cambio casi se duplicó (de 57 minutos pasó a 102) el dedicado a Internet.

A pesar de este aumento, me sorprende que todavía los españoles dediquen casi cuatro horas diarias a ver la televisión y que ese tiempo haya aumentado en los últimos cinco años.

Otro dato que llama la atención es que se haya mantenido el consumo de cine y sobre todo, que la gente oiga la radio más de una hora al día. Creo que es algo que no sucede en otros países.

Para concluir podemos decir que Internet está cambiando rápidamente nuestros hábitos. Antes dedicábamos más tiempo a leer periódicos y revistas mientras que ahora preferimos estar conectados a la red. Y la previsión es que estos cambios aumenten a medio plazo.

Ejercicio 2, p. 264

a. 7.: Casi dos **tercios;** b.1.: el índice/**porcentaje**; 1: al **40 %** (o cuarenta por ciento); c. 4: **se ha reducido/se redujo** casi a la mitad. d. 1: el índice/porcentaje; 1: es (casi) **del 60 %** (o del sesenta por ciento). e.3: un **aumento**. f. 5: la **primera posición**. g.7: **cifra**; 2: **es superior**; h. 2: **la misma**.

Prueba 3, Tarea 2. Opción B, p. 265
Partes que contiene esta reseña:

Introducción:
La casa de Bernarda […] el Teatro Español.
Desarrollo:
Argumento: Trata de la situación [...] tras la muerte de su marido.
Temas generales: En esta obra se denuncia una moral antigua […] libertad del amor.
Estructura: La obra está dividida en tres actos…
Desarrollo de la acción: … la tensión del conflicto va subiendo hasta llegar a…
Desenlace: … desenlace trágico e inesperado.
Personajes: el personaje de Bernarda […] Adela, que se rebela.
Actores: Las actrices interpretaron […] la juventud y la pasión.
Estilo: … carácter simbólico…
Puesta en escena: La escenografía […] ayudaron…
Conclusión: Recomiendo […] sociedad.

Prueba 4, Tarea 1, p. 267
Partes de la intervención: introducción, argumentos y formas usadas.

Introducción: Voy a hablar del […]
Argumentos. 1. Regulación del periodismo en Internet. 2. Ayudas para la igualdad digital y económica. 3. Libertad de expresión con censura en algunos casos. 4. Campañas para evitar el sedentarismo y la adicción a Internet. 5. Convivencia entre prensa en papel y digital.
Opinar: yo diría que; creo que…; me parece que…; en mi opinión…
Mostrar acuerdo: yo estoy de acuerdo con la idea de que…; yo estoy completamente a favor de que…
Mostrar desacuerdo: no estoy en absoluto de acuerdo con que…
Valorar: eso está muy bien…; me parece una buena idea…; Y eso no es bueno.

Primera edición: 2016

© Edelsa Grupo Didascalia, S.A. Madrid, 2016.

Autoras Respuestas explicadas curso completo y características y consejos: Pilar Alzugaray,
Autoras soluciones modelos de examen: Pilar Alzugaray, Paz Bartolomé, María José Barrios.
Dirección y coordinación editorial: Departamento de Edición de Edelsa.
Diseño de cubierta: Departamento de Imagen de Edelsa.
Diseño y maquetación interior: Estudios Grafimarque S.L.

Imprime: Gómez Aparicio Grupo Gráfico

ISBN: 978-84-9081-681-3
Depósito legal: M-25484-2016

Impreso en España/*Printed in Spain*

CD Audio:
Locuciones y montaje sonoro: ALTA FRECUENCIA MADRID. Tel. 915195277, www.altafrecuencia.com
Voces: Juani Femenia, José Antonio Páramo, Ariel Tobillo (voz argentina), Octavio Eguiluz (voz mexicana).
Las locuciones en las que aparecen personajes famosos son adaptaciones de entrevistas reales. Sin embargo, las
voces son interpretadas por actores.

Nota:
La editorial Edelsa ha solicitado todos los permisos de reproducción correspondientes y da las gracias a quienes
han prestado su colaboración.

«Cualquier forma de reproducción de esta obra solo puede ser realizada con la autorización de la editorial, salvo
excepción prevista por la ley. Diríjase a CEDRO (Centro Español de Derechos Reprográficos, *www.cedro.org*) si
necesita fotocopiar o escanear algún fragmento de esta obra».